Jornada Microsserviços

Antonio Muniz
Roan Brasil Monteiro
Albert Xavier
André Pontes Sampaio
Dorival Querino
Eduardo Costa
Norberto Hideaki Enomoto
Sandro Giacomozzi

Jornada Microsserviços

Do zero ao avançado somando conceitos e práticas

BRASPORT

Rio de Janeiro
2022

Editor: Sergio Martins de Oliveira
Gerente de Produção Editorial: Marina dos Anjos Martins de Oliveira
Editoração Eletrônica: Abreu's System
Capa:

J82 Jornada microsserviços : do zero ao avançado somando conceitos e práticas / Antonio Muniz ... [et al.]. – Rio de Janeiro: Brasport, 2022.
352 p. ; il ; 17 x 24 cm.

Inclui bibliografia.
ISBN 978-65-88431-58-0

1. Microsserviços. 2. Sistemas distribuídos. 3. Arquitetura da informação. 4. Linguagem de programação. I. Muniz, Antonio. II. Monteiro, Roan Brasil. III. Xavier, Albert. IV. Sampaio, André Pontes. VII. Título.

CDU 004.2

Catalogação na fonte: Bruna Heller (CRB10/2348)

Índice para catálogo sistemático:
1. Arquitetura de computadores 004.2

BRASPORT Livros e Multimídia Ltda.
Rua Washington Luís, 9, sobreloja – Centro
20230-900 – Rio de Janeiro-RJ
Tels. Fax: (21)2568.1415/3497.2162
e-mails: marketing@brasport.com.br
vendas@brasport.com.br
editorial@brasport.com.br
www.brasport.com.br

Prefácio

As developers, we are constantly searching for a better way to do everything we do. From paring milliseconds from application initialization to increasing system-wide performance and availability – and everything in between – developers are driven by forces internal and external to do better, do more, and do it faster.

Like all examples, it can be carried too far, but there are some interesting parallels between systems and physical structures. Both are limited, and enabled, by the architecture used to create them.

Microservices architectures were developed, refined, and continue to evolve to address shortcomings in alternative system architectures. Like any architectural choice, they offer pros and cons, and a microservices architecture should be chosen with all of those in mind. The goal of this book is to foster discussion and share knowledge from numerous thoughtful developers, helping the reader better understand microservices and if they choose to do so, better implement them.

Thanks to everyone who contributed to this book and thus, this important discussion! And thank you to my dear friend Roan Brasil Monteiro for giving me the opportunity to play a small part in it. Go forth and build better!

Mark Heckler
Cloud Developer Advocate, Java/JVM Languages
Microsoft

Tradução do prefácio

Como desenvolvedor, nós constantemente procuramos a melhor maneira de fazer tudo o que fazemos. Desde a redução dos milissegundos ao inicializar uma aplicação até o aumento do desempenho e disponibilidade do sistema – e tudo mais – os desenvolvedores são guiados por forças internas e externas com foco em fazer mais, da melhor maneira e rápido.

Como todos os exemplos, existem alguns paralelos interessantes entre sistemas e estruturas físicas. Ambos são limitados e ativados pela arquitetura usada para criá-los.

As arquiteturas de microsserviços foram desenvolvidas, refinadas e continuam a evoluir para tratar das deficiências nas arquiteturas de sistemas alternativos. Como qualquer escolha arquitetural, existem prós e contras, e uma arquitetura de microsserviços deve ser escolhida levando em consideração tudo isso. O objetivo deste livro é fomentar a discussão e compartilhar o conhecimento de vários desenvolvedores, ajudando o leitor a entender melhor os microsserviços e, caso opte por fazê-los, implementá-los da melhor maneira possível.

Obrigado a todos que contribuíram neste livro para essa importante discussão. E obrigado ao meu querido amigo Roan Brasil Monteiro por me dar a oportunidade de ter um pequeno papel nisso. Vá em frente e construa o melhor.

Mark Heckler
Cloud Developer Advocate, Java/JVM Languages
Microsoft

A Jornada Colaborativa

Juntos somos mais inteligentes e transformamos mais vidas!

Era uma vez um professor universitário que sonhava em lançar um livro quando finalizou o mestrado em 2006.

Depois de algumas ideias para publicação em temas como certificação Microsoft, gestão de projetos e gestão de serviços, o sonho começou a ser concretizado em 2017 com o livro "Jornada DevOps", mas alguns obstáculos travaram sua evolução após a definição da estrutura final para a certificação oficial EXIN e a escrita de três capítulos.

Em setembro de 2018, durante uma palestra na PUC Minas, surgiu um *click*: "será que outras pessoas apaixonadas por *DevOps* ajudariam com a escrita colaborativa?" Dezenas de pessoas aceitaram o convite e o livro foi lançado para 350 pessoas no dia 06 de junho de 2019 no Centro de Convenções SulAmérica no Rio de Janeiro, após um intenso trabalho coordenado com pessoas de várias cidades que nunca haviam trabalhado juntas antes.

Após essa experiência bem-sucedida com muitos aprendizados, a escalada dos times gerou grandes amizades, novas iniciativas e conseguimos doar R$ 277 mil para instituições carentes com o lançamento dos primeiros 15 livros em 23 eventos Jornada Summit com mais de 15 mil participantes.

Sonhamos transformar mais vidas somando a inteligência coletiva e o apoio de empresas amigas...

Livros escritos pela Jornada Colaborativa até o momento:

1. "Jornada DevOps", com 33 coautores e 4 curadores.
2. "Jornada Ágil e Digital", com 56 coautores e 2 curadores.

3. "Jornada Ágil de Qualidade", com 24 coautores e 4 curadores.
4. "Jornada Saudável", com 26 coautores e 7 curadores.
5. "Jornada Ágil do Produto", com 69 coautores e 4 curadores.
6. "Jornada DevOps 2ª edição", *best-seller* com 36 coautores e 4 curadores.
7. "Jornada Ágil de Liderança", com 86 coautores e 5 curadores.
8. "Jornada do Ágil Escalado", com 64 coautores e 6 curadores.
9. "Jornada Java", com 32 coautores e 6 curadores.
10. "Jornada Business Agility", com 48 coautores e 5 curadores.
11. "Jornada Kanban na prática", com 23 coautores e 5 curadores.
12. "Jornada Colaborativa", com 44 autores e 1 curador.
13. "Jornada RH Ágil", com 52 coautores e 7 curadores.
14. "Jornada CSC", com 46 coautores e 6 curadores.
15. "Jornada Azure DevOps", com 19 coautores e 7 curadores.
16. "Jornada OKR na prática", com 42 coautores e 5 curadores.
17. "Jornada Python", com 57 coautores e 8 curadores.
18. "Jornada de Inclusão", com 40 coautores e 8 curadores.
19. "Jornada da Facilitação", com 72 coautores e 6 curadores.
20. "Jornada Microsserviços", com 27 coautores e 8 curadores.

Apresentação da Jornada Microsserviços

Diferentemente da grande maioria dos livros que iniciamos através da interação com as pessoas que eu já conhecia, "Jornada Microserviços" iniciou com uma mensagem que recebi do Roan no WhatsApp.

Mesmo já tendo escrito um capítulo abordando esse importante tema em nosso primeiro livro, o *best-seller* "Jornada DevOps", não estava em nosso *roadmap* iniciar um livro para aprofundar o assunto. Como o Roan foi indicado pelo meu grande amigo Rodrigo Moutinho, resolvi priorizar o início dessa nova Jornada e colaborar na concretização do seu sonho.

Fiquei empolgado com nossa conversa inicial e decidimos mobilizar outras pessoas incríveis para iniciar mais um livro colaborativo. Como o time organizador tem um importante papel na escrita colaborativa, o próximo passo foi escolher pessoas dedicadas e comprometidas com a curadoria para garantir a qualidade de todo o conteúdo. Um dos grandes desafios das atividades que realizamos na Jornada Colaborativa é priorizar uma parte do nosso tempo para a escrita dos livros, e o líder do time organizador desempenha importante papel para mobilizar os coautores e orquestrar todas as ações necessárias para o sucesso no resultado final para nossos leitores, a nossa razão de ser.

Após os aprendizados nos primeiros livros, estamos escolhendo os participantes do time organizador com critérios mais objetivos, pois o sucesso da escrita colaborativa depende de pessoas super engajadas e com forte inteligência emocional para se relacionar com os coautores e evitar conflitos desnecessários. Montamos um timaço na curadoria e fiquei ainda mais tranquilo com a participação de pessoas de quem eu já tinha excelentes referências em outras iniciativas e que tiveram uma atuação fundamental para a conclusão deste livro: Dorival Querino e Sandro Giacomozzi.

A escolha das pessoas com experiências diversificadas também é um passo muito importante para o time de autores, e parabenizo todos que se comprometeram com o seu melhor para mais uma construção coletiva de sucesso.

Tenho grande orgulho de ter plantado a semente da escalada dos livros e saber que posso seguir com minhas atribuições na mentoria de novas lideranças, visando mobilizar novas pessoas apaixonadas para transformar mais vidas com a cultura colaborativa e a inteligência coletiva. Lembro-me de que precisei participar de pouquíssimas reuniões com o time deste livro e as demais ações foram lideradas pelo time organizador.

Gosto de reforçar em minhas palestras e mentorias a importância de adaptar as práticas que funcionam no Vale do Silício para a realidade brasileira porque nossas organizações vivem particularidades e contextos específicos.

Estou convicto de que cada leitor será beneficiado em sua carreira com a aplicação desse conteúdo de alta qualidade que é indicado para profissionais comprometidos em entregar soluções para seus clientes e para a sociedade.

Parabéns ao time organizador e aos coautores pelo excelente resultado!

Antonio Muniz
Fundador da Jornada Colaborativa, JornadaCast, criador do programa LiderProExpert

Sumário

PARTE I.
INTRODUÇÃO

1. **Introdução aos microsserviços** **2**

2. **Introdução aos sistemas distribuídos** **4**
   Definição de sistemas distribuídos 4
   Objetivos dos sistemas distribuídos 7
   Tipos de sistemas distribuídos 7

3. **Definindo microsserviços** **9**
   Como diferenciar monolitos de microsserviços? 10
   Características dos microsserviços 10

4. **Vantagens e desvantagens dos microsserviços** **11**
   Vantagens 11
   Desvantagens 12

5. **Teorema de CAP** **14**

PARTE II.
ARQUITETURA

6. **Conceitos** **18**
   Tipos de arquitetura 18
      Arquitetura evolutiva 18
      Arquitetura multicamadas 19
      Arquitetura hexagonal 21
      Arquitetura orientada a eventos 22
      Arquitetura monolítica 23
      Arquitetura orientada a serviços (SOA) 24

7. Construindo aplicações nativas para a nuvem 28
Diferenças entre aplicações *cloud native* e tradicionais 29
Previsibilidade 30
Modo de operação 30
Capacidade de crescimento 30
Cooperatividade 31
Forma de desenvolvimento 31
Dependências 32
Escalabilidade 32
Recuperação de falhas 32

8. Orquestração de serviços 33
Introdução 33
O que é orquestração de serviços? 33
Explorando uma solução arquitetural 34
Conclusão 36

9. Coreografia 37
Introdução 37
O que é coreografia de serviços? 37
Explorando uma solução arquitetural 38
Orquestrar ou coreografar serviços? 41
Vantagens da orquestração sobre a coreografia 41
Vantagens da coreografia sobre a orquestração 41
Os benefícios dos serviços de coreografia com fluxos de eventos 42
Acoplamento de serviço independente para agilidade e tolerância a falhas 42
Conclusão 43

10. Especificações e *frameworks* 44
Introdução 44
Spring Boot e Spring Cloud 44
Microsserviços com Spring Boot 45
Spring Cloud: ecossistema dos microsserviços 46
Exemplos 47
Conclusão 49
Micronaut 49
Criando aplicação pela interface *web* 50
Instalando o Micronaut 50
Criando um projeto Micronaut 51
Quarkus 53
Integração com Spring 55
Integração com Vert.x 56
Conclusão 58
Helidon 58
Arquitetura Helidon 59
Extensões 62
Conclusão 62

PARTE III.
MODELAGEM E DESIGN

11. *Domain-driven design* **64**

Domínio 65

Bounded context 68

Conclusão 69

12. Melhores práticas de modelagem de API **70**

O *Big Mandate* da Amazon 70

Modelando APIs com Swagger e Open API 71

- Introdução 71
- Criando APIs efetivas e reutilizáveis 72
- Práticas recomendadas e não recomendadas para APIs 73
- Versionamento de APIs 73
- Contratos de APIs como primeiro passo (*API First*) 74
- Criando contratos com Swagger 75
- Ferramentas Swagger: Swagger Editor 76
- Outras ferramentas interessantes para Swagger/OAS 84

Conclusão 85

13. BFF (*Backend For Frontend*) **86**

Conclusão 90

14. Decomposição de monolitos em microsserviços **91**

Decomposição por *business capabilities* 91

- Vantagens 93
- Desvantagens 93
- Conclusão 94

Decomposição por estrangulamento 94

- Exemplo 95
- Vantagens e desvantagens 96
- Conclusão 97

Decomposição por subdomínio 97

- Mas qual é a solução para definir um subdomínio? 101
- Conclusão 102

Decomposição da base de dados 102

- Definindo uma abordagem para decomposição 104
- Visualização de dados 106
- Repositório por contexto limitado 107
- Dividir banco de dados com base nos domínios e subdomínios 107
- Decomposição incremental de cada banco de dados 108
- Decomposição lógica e física 109
- Potenciais problemas 110
- Conclusão 110

PARTE IV.
PADRÕES EM MICROSSERVIÇOS

15. Comunicação interprocessos 112
Serviço de descoberta 112
Registro de serviços 113
Descoberta de serviços via *router* 115
Descoberta de serviços na aplicação cliente 116

16. Configuração externa 119
Tipos de armazenamento de configuração externa 120
Configuração em arquivo local 120
Configuração externalizada com Spring Boot 120
Configuração em armazenamento externo 121
Arquitetura do padrão 122
Prós e contras 123
Spring Cloud Config 124
Exemplo de código usando Spring (*local* YAML) 125
Conclusão 127

17. Comunicação síncrona de serviços 128
Comunicação descentralizada e síncrona 128
Comunicação orquestrada, sequencial e síncrona 129
Comunicação orquestrada, paralela e síncrona 130
Desvantagens da comunicação síncrona 130

18. *Circuit breaker* 132
Estados do padrão de projeto *circuit breaker* *133*
Estado fechado 133
Estado aberto 134
Estado semiaberto 134
Exemplo de código 135
Conclusão 138

19. Padrões para composição de microsserviços 139
CQRS 139
Conclusão 145
API Gateway 146
O que é *API Gateway*? 147
Exemplos de *API Gateway* 148
Servidores dedicados 149
Serviços de gerenciamento de APIs (*API management tools*) 150
Vantagens do *API Gateway* 150
Cuidados com o *API Gateway* 150
Conclusão 151
O padrão SAGA 151
A importância do contexto transacional 151

Consistência em uma arquitetura de microsserviços ... 152
Tipos de implementação ... 154
Implementação do SAGA coreografado ... 156
Conclusão ... 157

20. Sistemas reativos ... 158

Introdução ... 158
Desenvolvimento orientado a mensagem (*message-driven development*) ... 159
Arquitetura de um *message broker* ... 159
Exemplo de código ... 163
Microsserviço "Producer" ... 164
Microsserviço "Consumer" ... 165
Desenvolvimento orientado a eventos (*event-driven development*) ... 165
Eventos ... 166
Características da EDA ... 166
Considerações para escolha da EDA ... 167
Topologia do *event-driven* ... 168
Consumidores de eventos e estilos de processamento ... 169
Padrões da EDA ... 170
Vantagens da EDA ... 172
Desvantagens da EDA ... 172
Microsserviços reativos – Spring Webflux ... 173
Introdução ... 173
Quais problemas o WebFlux resolve ... 176
Arquitetura ... 179
Prós e contras dessa arquitetura ... 181
Quando é recomendado (ou não) utilizar esta arquitetura ... 181

PARTE V.
TÓPICOS AVANÇADOS – ECOSSISTEMA

21. Melhores práticas para microsserviços ... 184

Boas práticas para construção de aplicações nativas para nuvem com *Twelve-Factor App* ... 184
O versionamento da sua aplicação ... 184
Declaração explícita e isolamento de dependências ... 185
Configurações pertencentes ao ambiente ... 185
Tratar serviços de apoio como recursos que possam ser facilmente anexados ... 186
Criação de *releases* versionadas e imutáveis que possam ser facilmente implantadas e retiradas de produção ... 187
Aplicações não deverão possuir estado ... 187
Gestão de atribuições de *hosts* e portas pela infraestrutura ... 188
Maximização de robustez da aplicação com inicializações rápidas e desligamentos seguros ... 188
Manter ambientes similares ... 188
Escalando a aplicação horizontalmente ... 189

Tratamento de *logs* como um fluxo de eventos ... 189
Atenção às tarefas de administração ... 190

22. Virtualização ... 191

23. Microsserviços na nuvem ... 194
Exemplo de microsserviços na nuvem ... 194
Migrando a arquitetura para a nuvem ... 195
Escolha do provedor ... 195
Servidores na nuvem ... 196
Serviços de banco de dados ... 197
Armazenamento de objetos ... 197
Contêineres na nuvem ... 198
Serverless – microsserviços sem servidor ... 201
O que é *serverless*? ... 201
Funções *serverless* ... 203
API Gateway ... 203
Armazenamento de objetos ... 203
Banco de dados SQL *serverless* ... 203
Banco de dados NoSQL ... 204
Fila de mensagens ... 204
Orquestração de funções *serverless* ... 204
Contêiners *serverless* ... 204
Conclusão ... 205

24. *Infrastructure as Code* (IaC) ... 206
Ferramentas de IaC ... 207
Terraform ... 207
Gravando a configuração com o *Console Recorder for AWS* ... 210
Conclusão ... 213

25. Introdução à malha de serviços (*service mesh*) ... 214
Istio ... 215
Arquitetura do Istio ... 216
Componentes do Istio ... 216
Envoy ... 216
Istiod ... 217
Conclusão ... 220

26. *DevOps* ... 221
Vantagens e desvantagens com microsserviços ... 222

27. Integração contínua ... 226
Automatizando um microsserviço em Java ... 228
Entrega contínua *vs.* implantação contínua ... 232

28. Observabilidade 236
A necessidade de observabilidade 236
O que é observabilidade? 236
Desafios de monitoramento de microsserviços para equipes *DevOps* 237
Monitoramento *versus* observabilidade 238
Observabilidade como cultura, e não como uma preocupação operacional 240
Os três pilares da observabilidade 240
  Métricas 242
  Logs de eventos 245
  Rastreamento e monitoração sintética 248
Resolvendo gargalos nos microsserviços 251
  Enfrentando os desafios no monitoramento de microsserviços 251
AIOps 254
  O papel da AI/ML na monitoração das operações de TI 255
  Alerta com base em dados de monitoramento 257
Melhores práticas para alertas 258
  Quais sinais de monitoramento geram valor ao negócio? 258
  Depurando falhas 259
  Olhando para o futuro: *OpenTelemetry* para melhor cobertura 261
Conclusão 261

29. Segurança 262
Autenticação 262
Autorização 267
SSL/TLS 270
JWT 270
  Token 272
Frameworks de segurança 275
  Boas práticas 275
Conclusão 276

30. Testes 277
Testes de unidade 277
  JUnit 279
  Mocks 283
Testcontainers 285
  Banco de dados 286
  Estudo de caso com Spring Boot 288
  Conclusão 292
Testes de integração e de contrato 292
  PACT 293
  Implementação de teste de contrato no consumidor 294
  Implementação de teste de contrato no produtor 296
  PACT states 296
  Conclusão 297

31. Quando não utilizar microsserviços 298

As gerações de Santo Graal (*no clue generation*) 298

Os problemas dos microsserviços 299

Os erros mais comuns com microsserviços 299

32. Microsserviços e monitoração: quais os desafios? 302

Estudo de caso: instituição bancária brasileira 303

Conclusão: observabilidade como ferramenta de análise da arquitetura 307

Referências bibliográficas 309

Dedicatória e agradecimentos 321

Sobre os autores e curadores 325

PARTE I.
INTRODUÇÃO

1. Introdução aos microsserviços

Roan Brasil Monteiro

Mas, afinal, quando surgiu o termo "microsserviços"? O ano era 1978. A primeira publicação a respeito do conceito foi o clássico artigo "Unix Time-Sharing System: Foreword", escrito por pioneiros do sistema UNIX como McIlroy, Pinson e Tague (1978). Mas o tema ganhou força em uma conferência de arquitetos de software no ano de 2011, onde estes utilizaram o termo "microsserviços" para definir um novo estilo arquitetural que estavam utilizando.

Hoje em dia, as *startups*, as pequenas e as grandes corporações têm buscado a adoção de microsserviços e cada vez mais precisam de profissionais nessa área. O assunto é muito sério e traz uma grande contribuição para o mundo corporativo, onde existe muita demanda por escalabilidade e elasticidade de processos e de negócios. Com isso, podemos ter muitas empresas atendendo a milhões, ou quem sabe bilhões, de clientes, como Netflix, Uber, Amazon, Google, Facebook etc.

A popularidade dos microsserviços tem se tornado muito alta nos últimos anos. A principal justificativa são suas vantagens somadas ao crescimento da *cloud* e a conteinerização, facilitando a escalabilidade e dando uma flexibilidade maior ao processo de desenvolvimento de software. Acredito que você deva estar se perguntando por onde começar a montar todo esse quebra-cabeça de microsserviços, abstrair domínios, subdomínios e tudo mais. Neste livro provemos ferramentas para ajudá-lo a tomar decisões, entendendo melhor o conceito e sua aplicabilidade. Temos visto muitos avanços da tecnologia – a cada ano que se passa, passamos a adotá-los no nosso dia a dia a fim de facilitar a vida não só dos desenvolvedores, mas de toda a humanidade. Eric Evans, em seu livro *Domain-Driven Design* (2003), nos ajudou a compreender a importância de representar um mundo real em nosso código, nos auxiliando a modelar melhor nossos sistemas de maneira mais fidedigna à realidade.

Apesar de uma aplicação monolítica poder ter um certo grau de modularidade, no qual você agrupa domínios em respectivos módulos, ela continua empacotando tudo em uma única aplicação com total dependência entre si. Veja, por exemplo, a alteração de um módulo que tem funcionalidade de pagamentos: ao ser implantado em produção, impacta outros módulos como o de cadastro do cliente, pois é preciso mover todo o pacote para esse ambiente. Com o tempo, o software vai se tornando cada vez maior e como consequência temos maior dificuldade de implantar e até de dar manutenção.

Muitos autores, como Martin Fowler (2015a), por exemplo, aconselham a tomar cuidado no que tange a começar seu desenvolvimento com microsserviços. Apesar de ter muitas vantagens, começar a desenvolver diretamente sem ter um mínimo de conhecimento nem sempre pode ser uma boa decisão. Fowler sugere como uma boa abordagem começar por monolitos e depois ir evoluindo a fim de tomar a decisão de mudar para uma arquitetura de microsserviços ou não. Inclusive, ele disse que presenciou projetos indo por água abaixo ao começar diretamente já desenvolvendo com microsserviços. No mundo da tecnologia não existem soluções "bala de prata"[1] e cada caso tem que ser avaliado. Se o sistema não precisa ter certa escalabilidade e elasticidade logo de início, é preciso avaliar com cautela antes de tomar essa decisão.

As informações sobre microsserviços estão muito espalhadas, com pouco conteúdo em português. Logo nasceu a ideia deste livro com o objetivo de colocar pessoas com grande conhecimento no mercado para escrever sobre microsserviços. Aqui você encontrará tudo o que há de melhor sobre microsserviços para conseguir tomar decisões e implantar um *stack* completo dessa solução em um ambiente corporativo, caso seja a sua realidade. O objetivo deste livro é lhe dar um canivete suíço com a missão de ajudá-lo na tomada de decisões e na escolha das melhores ferramentas para aplicabilidade dessa solução arquitetural.

---

1 Bala de prata seria uma solução que se aplicasse a qualquer problema em qualquer situação.

2. Introdução aos sistemas distribuídos

Roan Brasil Monteiro

Definição de sistemas distribuídos

Falamos de sistemas distribuídos neste capítulo porque o conceito de microsserviços nasceu da sua teoria. Achamos então interessante fazer uma breve introdução do assunto para você, leitor.

Segundo Tanenbaum e Van Steen (2007), no livro *Sistemas Distribuídos: princípios e paradigmas*, a definição para sistemas distribuídos é dada como:

> *Um sistema distribuído é um conjunto de computadores independentes que se apresenta a seus usuários como um sistema único e coerente.*

Se formos desmembrar essa definição de Tanenbaum e Van Steen, encontramos dois aspectos relevantes para o assunto: conjunto de computadores independentes e um único sistema. Se fizermos uma comparação com o que temos hoje, a única diferença é que conseguimos ter vários softwares rodando em uma mesma máquina. Então poderíamos fazer alguns ajustes nessa definição, trazendo-a mais para o presente.

> *Um sistema distribuído é um conjunto de software e/ou hardware independente que se apresenta a seus usuários como um sistema único e coerente.*

Trocando a palavra "computadores" por "software e/ou hardware", temos uma definição mais atualizada para os dias de hoje. Além disso, podemos considerar, para a época, uma definição muito importante pela maneira de Tanembaum e Van Steen designarem computadores como componentes, ou seja, uma parte de um todo dentro de uma lógica ou domínio de negócio mais complexo. Mas tudo isso é bastante transparente para o usuário, que de forma alguma perceberá quando algumas partes estiverem em manutenção, sendo substituídas ou até mesmo escaladas para comportar um maior número de usuários ou sistemas conectados nele. Podemos verificar que existe uma coleção de computadores, processos e *threads* envolvidos hoje em uma arquitetura de sistemas distribuídos que se comunicam principalmente através de uma rede.

A nível de comparação, temos máquinas e redes diferentes que pertencem a organizações diferentes. Um exemplo bem claro no nosso dia a dia é o *OpenId*, onde você consegue se autenticar com dados do Facebook, Google ou Twitter em sistemas que não pertencem a essas corporações. Tanenbaum e Van Steen, em seu livro *Sistemas Distribuídos* (2007), já faziam essa definição de que não apenas os sistemas distribuídos deveriam estar em sua organização, mas também em organizações diferentes que o usuário enxerga como sistema único. Esse sistema único Tanenbaum e Van Steen (2007) denominam de *middleware*.

O *middleware* é uma camada que fica entre a aplicação e o sistema operacional. O *OpenID* é considerado um *middleware* que faz uma interface entre o sistema de autenticação e a aplicação, que usa a autenticação dessas empresas, mas não possui qualquer relação com elas. O *middleware* simplifica as camadas mais baixas tirando toda a complexidade e utilizando interfaces padrões para integração em qualquer sistema com a funcionalidade de autenticação do Facebook, Google ou Twitter.

Cada vez temos mais e mais pessoas conectando-se através da internet, seja através de aplicativos *mobile* e/ou *web browsers*. Isso fez surgir várias *startups*, *marketplaces*, redes sociais, comércios eletrônicos etc. Mas como escalar tantas aplicações com cada vez mais e mais pessoas tendo acesso à internet, não importa a classe social? A escalabilidade leva a pensarmos em sistemas distribuídos, pois eles acabam aplicando a escalabilidade de apenas parte do seu sistema que realmente está sendo um gargalo (*bottleneck*). Em um sistema não distribuído (Figura 1.1), quando precisamos escalar algo, devemos replicar todo o código em um outro servidor. Existe um gasto desnecessário, pois você está utilizando hardware de um software que talvez não precise ocupar aquela instância *idle*. Já com sistemas distribuídos, podemos focar realmente em escalar aquela parte que os sistemas mais requisitam. Mas, claro, exige-se cuidado, pois gerenciar pedaços de software espalhado é mais difícil e existe bastante monitoração.

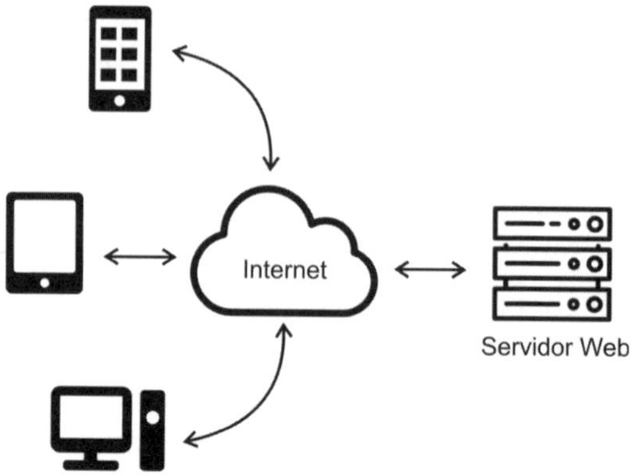

Figura 2.1. Arquitetura cliente-servidor[2].
Fonte: o autor.

Nos dias atuais, a escalabilidade pode ser aplicada tanto a software quanto a hardware e/ou uma combinação de ambos. Já presenciei softwares que foram pensados para serem escalados, mas as áreas acabaram não conversando e compraram um único servidor com uma configuração muito boa. Por outro lado, podem acontecer situações em que temos vários hardwares e o software não foi feito para escalar, causando gargalo da aplicação e uma percepção bem ruim para o usuário final. Com isso, não se consegue escalar, independentemente de qual seja o problema, e a impressão é de que o software não está com bom desempenho.

Burns (2018) define sistemas distribuídos como um sistema composto por mais de um componente de hardware ou software e que se comunica através de rede, sincronizando e coordenando suas ações através de mensagens. Essa definição, mais atual para os dias de hoje, traz uma ideia simplificada e resumida do que são sistemas distribuídos, até aplicável a microsserviços.

Concluindo, antigamente só tínhamos aplicação rodando em uma única máquina, ou o conceito de cliente-servidor. A partir do momento em que temos um cliente conseguindo acessar remotamente uma aplicação sem saber se é uma única aplicação ou um sistema distribuído, podemos já denominar esse sistema como distribuído. Muitos autores viram nisso a revolução da computação, que continuou ao longo dos anos até chegar em temas mais atuais como microsserviços.

[2] Fluxograma de um sistema não distribuído.

Objetivos dos sistemas distribuídos

Tanenbaum e Van Steen (2007) elencaram quatro objetivos importantes na arquitetura e concepção de sistemas distribuídos que devem ser levados em consideração, principalmente no que tange a não deixar transparecer para o usuário que o sistema é distribuído. São eles, resumidamente:

- ✓ **Acesso a recursos:** criar uma maneira de facilitar a conexão de usuários/aplicação dos recursos de forma segura.
- ✓ **Transparência:** prover ao usuário uma percepção de que o sistema é único, abstraindo toda e qualquer camada complexa por trás da implementação e/ou desenho arquitetural.
- ✓ **Flexibilidade:** existe a possibilidade em sistemas distribuídos de colocar novas funcionalidades sem a percepção do usuário.
- ✓ **Escalabilidade:** permitir que o sistema administre de maneira fácil o aumento da demanda.

Tipos de sistemas distribuídos

Segundo Tanenbaum e Van Steen (2007), existem diversos tipos de sistemas distribuídos:

- ✓ **Computação em *cluster* (*cluster computing*):** esse tipo de arquitetura normalmente trabalha com uma diversificação de hardwares e sistemas operacionais semelhantes através de uma conexão de rede local, onde, normalmente, um único programa é executado paralelamente. Existe um nó mestre responsável por delegar as tarefas aos nós escravos e por sincronizar a interface com o usuário.
- ✓ **Computação em grade (*grid computing*):** as máquinas podem possuir hardware e sistemas operacionais diferentes. Podem estar fisicamente em corporações totalmente diferentes. A computação em grade compartilha armazenamento e estrutura de processamento. Nos dias atuais, a computação em grade está caindo em desuso em função da computação em nuvem.
- ✓ **Computação em nuvem (*cloud computing*):** um dos termos mais falados nos dias de hoje e que abordaremos com mais detalhe nos capítulos posteriores. Resumidamente, ela permite utilizar e rodar seu programa em uma máquina virtual. Pode-se utilizar um recurso como Gmail ou Google Drive, por exemplo, ou até uma aplicação, como Google Docs. Isso evita que você tenha que

construir e manter sua infraestrutura, abstraindo essa manutenção dos seus negócios.

- ✓ **Sistemas de informação distribuídos:** no caso de um sistema bancário, por exemplo, provê mecanismos para que o usuário acesse sua conta através de um *tablet* ou computador pessoal. O maior desafio é a interoperabilidade entre sistemas, pois precisa-se que toda interface tenha acesso a eles.
  - **Processamento de transações:** esse é um dos tópicos mais importantes – em capítulos posteriores abordaremos SAGA *pattern*, onde faremos um processamento de transações em sistemas distribuídos utilizando microsserviços. Mas o que definiria uma transação? Sacar dinheiro do caixa eletrônico. No caso de haver um problema (como debitar da sua conta e o dinheiro não sair no caixa eletrônico), precisamos garantir a atomicidade da transação. Um *rollback* tem que ser engatilhado em casos de erros, e hoje nos bancos de dados isso é algo bem comum, mas para um sistema distribuído temos um grau de complexidade um pouco maior para garantir a **ACID** da transação:
    - ◊ **Atômica:** sempre a transação é tratada como algo único, no qual só possui dois caminhos: sucesso ou falha. Não existe meio termo.
    - ◊ **Consistente:** a transação utiliza qualquer execução em uma base de dados que garanta e respeite sua integridade.
    - ◊ **Isolada:** com o intuito de evitar que transações interfiram umas nas outras, o isolamento consegue garantir que o resultado seja o mesmo.
    - ◊ **Durável:** garante a permanência da transação, mesmo que esta seja comprometida.
- ✓ **Sistemas distribuídos pervasivos:** são sistemas que rodam em equipamentos de pequeno porte como computação móvel e pequenos sistemas embarcados.

O surgimento de sistemas distribuídos foi um passo bastante importante para abrir caminho e aparecer conceitos e tecnologias como microsserviços. Assuntos como escalabilidade, atrelada a ferramentas como Docker Swarm e Kubernetes com *autoscale*, e computação na nuvem são cada vez mais e mais realidade dentro do mundo corporativo. Concluímos que os microsserviços são definitivamente sistemas distribuídos implementados em sua mais bela forma e essência.

3. Definindo microsserviços

Roan Brasil Monteiro

Antes de iniciarmos a definição de microsserviços, precisamos citar Roy Fielding, que fez do *REST* a mais importante maneira de transmitir conteúdo através do protocolo HTTP (FIELDING et al., 1999) no ano de 2000 em sua dissertação (FIELDING, 2000). Ele ainda define verbos HTTP em analogia com ações relacionadas a bancos de dados como criação utilizando *POST*, leitura utilizando *GET*, atualização utilizando *PUT* e/ou *PATCH* e deleção utilizando *DELETE*, o famoso *CRUD* (*Create, Read, Update, Delete*).

Tabela 3.1. Verbos HTTP e operações de CRUD.
Fonte: Fielding (2000).

Operação	HTTP	SQL
Create	*Put/Post*	*Insert*
Read	*Get*	*Select*
Update	*Put/Patch*	*Update*
Delete	*Delete*	*Delete*

Então, vamos lá: o que é microsserviços?

Martin Fowler e James Lewis (LEWIS; FOWLER, 2014) possuem a seguinte visão:

> *Em resumo, o estilo arquitetural microsserviço é uma abordagem para desenvolver uma única aplicação como uma suíte de pequenos serviços, cada qual rodando em um processo próprio e se comunicando através de mecanismos leves, frequentemente através de APIs HTTP. Esses serviços são construídos através de pequenas responsabilidades e publicados independentemente através de um processo de deploy automatizado.*

Já o autor do livro *Building Microservices: designing fine-grained systems* (2015), Sam Newman, define como sendo "pequenos serviços autônomos que trabalham juntos orientados a um domínio de negócio".

Eu também preparei minha própria definição de microsserviços:

> *É um serviço que implementa uma pequena parte de subdomínio, dentro de um contexto mais complexo de domínio de negócio, que é totalmente independente, que pode ser publicado em qualquer ambiente, desde cloud pública ou privada, usando diferentes tipos de protocolo em um ambiente de integração e entrega contínuas.*

Podemos dizer que microsserviços é uma forma de desenvolver uma aplicação facilmente escalável, desacoplada e independente. E cada serviço pode ser escrito em uma linguagem de programação diferente.

Como diferenciar monolitos de microsserviços?

Imagine uma peça única e grande. Isso seria um monolito, uma unidade única, bem grande e indivisível. Se você vier a precisar mover essa peça, sempre terá que mexê-la por inteiro e tomar cuidado para não esbarrar nos lugares. Já os microsserviços seriam pequenas pecinhas de Lego que cabem no seu bolso. É possível movê-los com sucesso de forma quase que imperceptível.

Características dos microsserviços

Os microsserviços possuem muitas características que lhes são peculiares. Para não tornar o assunto muito extenso, serão listados a seguir os seus aspectos primordiais e bem relevantes, de acordo com *Microservices on AWS* (AWS, 2017). Os microsserviços devem ser:

- ✓ **Descentralizados:** com a descentralização, sempre será possível um *deploy* rápido, sem dependência e de forma rotineira. Os bancos de dados dos microsserviços devem ser únicos de acordo com seu domínio.
- ✓ **Poliglotas:** microsserviços têm versatilidade para conversar com outras aplicações feitas em diferentes linguagens de programação, pois utilizam sempre canais únicos e padronizados, como, por exemplo, o *REST* através dos verbos HTTP, ou até através de gRPC.
- ✓ **Autônomos:** microsserviços podem ser retirados de um ecossistema e ser substituídos a qualquer momento. Rodam sem depender de nenhum outro serviço e morrem sem precisar desligar o sistema como um todo. Não dependem de nada além de sua própria implementação para funcionar.
- ✓ **Princípio da responsabilidade única (MARTIN, 2014):** microsserviços devem fazer uma única coisa e fazer essa coisa bem.

4. Vantagens e desvantagens dos microsserviços

Roan Brasil Monteiro

Antes de tudo, vale ressaltar desde já que uma análise deve ser feita em cada problema, pois não existe bala de prata – microsserviços não devem ser aplicados em todas as circunstâncias. Falaremos nos próximos capítulos quando não utilizar microsserviços. Saiba de antemão que qualquer solução na computação não é completamente eficiente para todos os cenários possíveis, e cada escolha acarreta uma renúncia, seja qual ela for. O que você deve fazer é tentar minimizar as desvantagens e maximizar as vantagens.

Neste capítulo apresentamos as vantagens e desvantagens que devem ser consideradas na implementação de microsserviços em sua organização.

Vantagens

✓ ***Deploys* pequenos e mais rápidos:** como os microsserviços são pequenos, é mais fácil e rápido fazer implantações em qualquer ambiente. Hoje os microsserviços são utilizados com integração contínua, o que proporciona certa autonomia, não precisando passar por um comitê de mudanças para implantar uma solução. Com isso, conseguimos agregar maior valor ao negócio em termos de *time to market*. Já com monolitos, o controle é um pouco maior e existe todo um comitê de gestão de mudanças que precisa ser respeitado, com horários predefinidos e janelas de *deploy* para cada aplicação, impossibilitando assim uma maior agilidade nas entregas.

✓ **Fácil de entender:** os microsserviços são de fácil entendimento até para desenvolvedores que chegaram recentemente na empresa, pois eles começam avaliando apenas uma pequena parte e com o tempo fica fácil enxergar o todo.

✓ **Escalabilidade:** de maneira simplória, se existe uma necessidade de escalar algo dentro da perspectiva de microsserviços, apenas precisamos identificar qual pedaço precisa ser escalado e com uma pequena configuração escalamos de maneira barata e pragmática. Já dentro da visão de monolitos, precisamos subir toda a aplicação em conjunto, tendo um gasto financeiro maior e uma utilização de hardware maior.

- ✓ **Alinhamento organizacional:** o tempo de resposta ao mercado, ou simplesmente *time to market*, é bastante rápido. Somado à metodologia ágil, a produtividade aumenta muito – como é o caso do Spotify, que definiu o conceito de *squad*, com times pequenos e totalmente responsáveis por aquele produto. Com isso, o processo de desenvolvimento se torna simples, fácil e direto, focado em atingir as necessidades da organização (e/ou do mercado) o mais rápido possível.
- ✓ **Resiliência:** se um componente começar a falhar, você consegue isolá-lo facilmente, não impactando toda a aplicação e sim apenas uma parte dela. Há uma melhor tolerância a falhas em comparação a sistemas monolíticos.
- ✓ **Plataforma e linguagens agnósticas:** você pode utilizar mais de uma linguagem de programação para desenvolver seu sistema, apenas respeitando algumas premissas básicas.
- ✓ **Menor risco na adoção de novas tecnologias:** nas aplicações monolíticas, o impacto de atualizar ou utilizar novas tecnologias é tão grande que nem vale o esforço. Já com os microsserviços, pequenos pedacinhos de software possibilitam uma atualização ou adoção de nova tecnologia com o risco totalmente minimizado.
- ✓ **Composição:** pensando em nível de API, você consegue utilizar uma funcionalidade e consumi-la com diferentes propósitos.

Desvantagens

São apresentadas aqui algumas das desvantagens que ao longo do tempo acabei percebendo ao trabalhar com microsserviços. Foram dificuldades que encontrei no meu caminho pessoal e algumas tiradas de um site que eu gosto muito, que é o Cloud Academy (NEMER, 2019).

- ✓ **Difícil de testar:** realizar testes só do *backend* de um monolito já não é tarefa fácil. Agora, realizar um teste integrado, ponta a ponta, com microsserviços em mais de um servidor é muito complexo, pois o *log* está espalhado em diversas máquinas ou *containers*. Para testar algo desse tamanho e complexidade é necessário conhecer não só a tecnologia como também o negócio. Falaremos mais à frente sobre como testar microsserviços.
- ✓ **Difícil de monitorar:** sabemos que a monitoração é primordial e muito difícil de se realizar. É preciso monitorar a parte da infraestrutura e a parte da aplicação,

e isso se torna muito complicado. Mas felizmente algumas ótimas ferramentas vêm surgindo no mercado para facilitar esse trabalho.

✓ **Dificuldade de encontrar o problema:** pense que o software está espalhado e nem todos têm a visão do todo; nesse contexto, encontrar exatamente onde está o problema acaba se tornando uma das desvantagens do microsserviço. Muitas vezes o problema acaba sendo tão intrincado que fica difícil saber exatamente onde e qual é o problema.

✓ **Comunicação mais complexa:** a dificuldade da comunicação vem basicamente do processamento de mensagens e latência de redes. Como cada serviço deve ser pensado de forma isolada e independente, é necessário um cuidado extra com as requisições entre eles. Isso pode demandar esforço extra de programação para evitar problemas do gênero.

✓ **Implementação de segurança:** envolver uma arquitetura muito bem definida, tanto na parte de infraestrutura como de softwares e *frameworks*, se torna um tanto quanto complexo, especialmente em termos de autenticação e autorização.

Podemos concluir que a arquitetura de microsserviços possui um grau de complexidade maior pelo fato de ser um sistema distribuído. Como citado anteriormente, uma arquitetura de microsserviços gera um desafio maior na questão da qualidade de software se comparada a uma arquitetura monolítica, pois a complexidade de dependências e interações aumenta na medida em que o software evolui.

Conforme examinado neste capítulo, existem vários pontos a serem analisados antes de optar pela arquitetura de microsserviços. É essencial que a equipe conheça o caminho a ser trilhado e tome decisões de qualidade para que o projeto seja um sucesso.

5. Teorema de CAP

Roan Brasil Monteiro

Segundo Martin Fowler e Pramod J. Sadalage (2013), as três propriedades da palavra CAP que dá nome ao teorema são uma abreviação de consistência (*consistency*), disponibilidade (*availability*) e tolerância a partições (*partition tolerance*). É muito comum para sistemas de banco de dados distribuídos e assume-se que não se pode ter todas ao mesmo tempo, apenas duas delas. Sobre elas podemos dizer (MEHRA, 2019):

✓ **Consistência:** garantia de leitura do dado mais atualizado. Todos os nós em um *cluster* sempre retornarão os mesmos dados – independentemente da máquina em que esses dados estiverem, a visão do usuário será a mesma. Trata-se de consistência na ordem de execução do processamento de todas as requisições efetuadas, ou seja, se tivermos uma leitura após uma persistência de um novo atributo, todas as leituras subsequentes devem retornar esses dados atualizados. Ou seja, sempre todos enxergam os mesmos dados.

✓ **Disponibilidade:** prioriza a redundância total dos dados. O sistema sempre está aberto para retornar uma resposta a todas as requisições de leitura e escrita dentro de um tempo esperado. Para manter a disponibilidade, todo nó deve responder a uma requisição dentro de um tempo mínimo esperado. Ou seja, todos sempre conseguem ler e escrever, pois a disponibilidade é abstrata para o usuário.

✓ **Tolerância a partições:** o sistema é distribuído em diversas partições ou nós e tem como objetivo continuar operando no caso de acontecer alguma falha de rede; para isso, ele é dividido em partições. Ou seja, tudo funciona corretamente, apesar das falhas parciais.

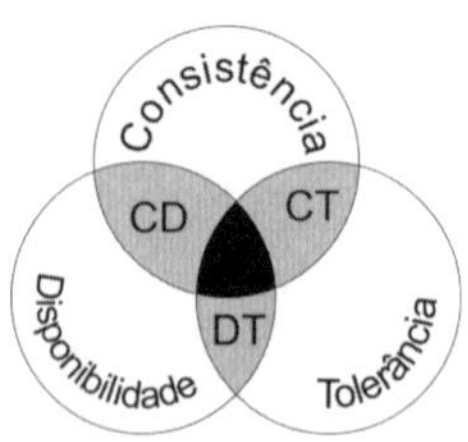

Figura 5.1. Teorema de CAP.
Fonte: adaptado de Mehra (2019).

Esse teorema de CAP, ainda segundo Martin Fowler, diz que um sistema de banco de dados distribuídos pode ter apenas duas propriedades implementadas ao mesmo tempo. Isso, consequentemente, nos permite realizar três combinações: CA, CP e AP.

- ✓ **Consistência – Disponibilidade (CA):** são sistemas com consistências fortes, com suporte a transações ACID e alta disponibilidade. Ou seja, toda requisição que chega a esse sistema sempre terá uma resposta consistente. Não é para escalabilidade massiva, pois nesse caso a escalabilidade é vertical. Possui uma arquitetura na qual os servidores apontam para o mesmo disco, o que denominamos de *shared disk*.
- ✓ **Consistência – Tolerância a partições (CP):** esses sistemas são tolerantes a partições porque escalam horizontalmente. Além disso, também suportam consistência forte, suporte a transações e tolerância a falhas em nós específicos. Não tem arquitetura *shared disk*. Eles seguem uma arquitetura *shared nothing*, onde cada servidor/nó tem seu próprio recurso e não compartilha nada. Quando existir uma falha da informação, somente um pequeno pedaço dela estará indisponível.
- ✓ **Disponibilidade – Tolerância a partições (AP):** tem muita disponibilidade. Sempre que requisitar, o sistema retornará alguma informação. Mas atenção, essa informação pode não ser consistente ou íntegra. Como esse modelo suporta tolerância à partição, pode ter alguma falha e os dados podem não ter sido replicados entre nós, apesar de escalar muito bem e o *throughput* ser muito bom.

Na hora de definir seu banco de dados para microsserviços que não seja relacional (por exemplo, um banco de dados distribuídos NoSQL), é importante saber fazer a escolha certa com o intuito de não haver perda de dados em sua arquitetura de microsserviços.

PARTE II.
ARQUITETURA

6. Conceitos

Eduardo Costa

Tipos de arquitetura

Quando construímos uma aplicação, devemos levar em consideração os problemas que a solução desenvolvida irá resolver sob diversos aspectos, a fim de determinar a arquitetura adequada que suporte tais necessidades. O estilo de arquitetura escolhido reflete no design do código e consequentemente nos custos de evolução do software criado. Diversos estilos de arquitetura com foco em atender aos mais variados problemas são catalogados. Neste capítulo iremos discorrer sobre alguns desses estilos facilmente encontrados em aplicações de médio e grande porte.

Arquitetura evolutiva

Dentre os vários aspectos de uma arquitetura, a capacidade de absorver mudanças é um fator inevitável que precisa ser levado em consideração na construção de um software robusto. Os requisitos mudam com frequência, novos entendimentos do negócio são formados, problemas são corrigidos e a única certeza que se tem sobre o futuro do software é que mudanças serão necessárias. Dado esse cenário, mesmo ao definir um estilo de arquitetura no início do projeto, ele estará sujeito a sofrer mudanças para se adaptar às necessidades que estão por surgir. Para suportar e diminuir os riscos de tais mudanças, pode-se empregar a arquitetura evolutiva.

Em seu livro *Building Evolutionary Architectures* (2017), Neal Ford, Rebecca Parsons e Patrick Kua definem:

> *Uma arquitetura evolutiva suporta mudanças incrementais, guiadas e em várias dimensões.*

Ser capaz de facilitar mudanças incrementais permite que o software entregue valor ao usuário final de forma mais rápida. Adotar um estilo de arquitetura que desacople suas partes a fim de que a dependência entre elas seja cada vez menor facilita tais mudanças incrementais.

Com o passar do tempo, e à medida que mudanças são inseridas, é possível que aspectos básicos da arquitetura sejam violados. Por exemplo: em uma arquitetura construída para promover melhor performance, a evolução do código pode trazer efeitos colaterais que causem *overhead*. Para evitar essa degradação é importante que tais mudanças sejam guiadas. Na arquitetura evolutiva é empregado o conceito de *fitness functions*, que se traduz em uma série de métricas e testes criados com o objetivo de avaliar características importantes da arquitetura para detectar sua degradação e guiar a manutenção do código.

Por fim, ao evoluir uma arquitetura, deve-se estar atento ao relacionamento entre as diversas partes do software, incluindo seus aspectos ortogonais, como segurança, armazenamento, persistência, entre outros. Deve ser levado em conta como o software se relaciona com tais dimensões a fim de estabelecer claros limites e desacoplamento entre as partes, o que facilitará a manutenção ou substituição de tecnologias.

Arquitetura multicamadas

A arquitetura multicamadas, também conhecida como *layered architecture* em inglês, é um estilo de arquitetura facilmente encontrado em aplicações de software. Pode também ser encontrada com o nome de *N-Tier* e possui variações nomeadas como arquitetura *2-Tier* e *3-Tier*, sendo esta última a mais popular. Uma característica presente em todas suas variações é o princípio das responsabilidades bem definidas entre cada camada. Camadas superiores só devem se comunicar com as camadas inferiores, não sendo permitida a comunicação em sentido contrário. O desacoplamento em cada uma das camadas torna possível a adoção de tecnologias distintas em cada uma delas, conforme exemplificado na imagem a seguir.

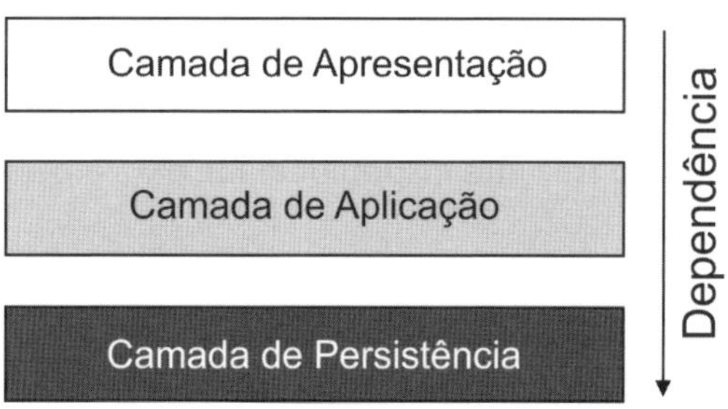

Figura 6.1. Arquitetura multicamadas.
Fonte: o autor.

Podemos elencar as responsabilidades de cada camada como segue:

- ✓ A camada de **apresentação** é responsável pela exibição das informações para o usuário, normalmente uma interface gráfica.
- ✓ Na camada de **aplicação** reside a lógica de negócio.
- ✓ A camada de **persistência** é responsável pela leitura e pelo armazenamento dos dados.

Tim Berglund, em sua palestra *Four Distributed Systems Architectural Patterns*, (DEVOXX POLAND, s.d.) apresenta o que ele chama de arquitetura moderna em três camadas, que consiste na aplicação desse estilo arquitetural fazendo uso de tecnologias comum no ambiente em nuvens.

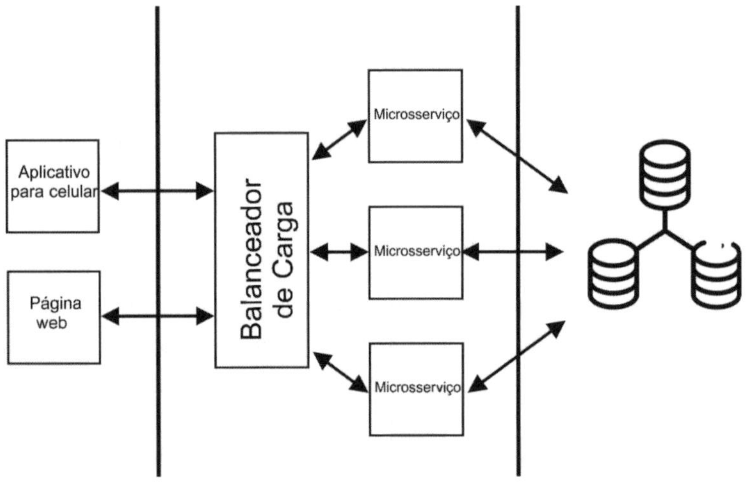

Figura 6.2. Arquitetura moderna em três camadas.
Fonte: o autor.

Na figura, podemos observar que a camada de apresentação faz uso de APIs presentes na camada de aplicação e que por meio de um balanceador de carga consegue redirecionar as requisições de dados para uma das diversas instâncias escaladas horizontalmente por um gerenciador de *container*. Na camada de persistência, um banco de dados distribuído traz alta disponibilidade para a persistência dos dados.

Arquitetura hexagonal

A arquitetura hexagonal apresentada inicialmente por Alistair Cockburn em seu website (COCKBURN, 2005), também conhecida como arquitetura de portas e adaptadores (*ports & adapters*), representa a aplicação através de uma forma geométrica hexagonal. O mundo externo ao hexágono é implementado por adaptadores e representa tudo que está de fora da aplicação, interagindo com ela por meio de portas criadas para esse fim.

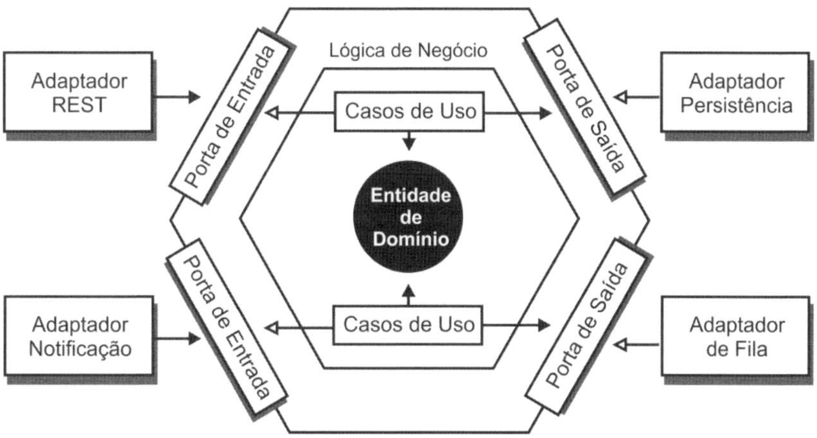

Figura 6.3. Arquitetura hexagonal.
Fonte: o autor.

Na figura podemos observar que os adaptadores à esquerda são aqueles que fornecem estímulos de entrada para a aplicação, enquanto os adaptadores da direita são chamados pela aplicação ao externalizar alguma informação. Ao centro encontra-se a lógica de negócio representada por casos de uso e entidades de domínio.

Portas de entrada, como neste exemplo, podem ser representadas por serviços de casos de uso que expõem uma API da lógica do negócio, enquanto as portas de saída podem ser representadas por uma interface DAO (*Data Access Object*) que define um conjunto de operações de persistência.

Os adaptadores de entradas podem ser presenteados por controladores *REST* com *endpoints* que recebem requisições externas e disparam ações através das portas de entrada. Já os adaptadores implementam as portas de saída e, como no exemplo, poderiam consistir na implementação de um repositório de persistência DAO com lógica necessária para fazer a comunicação com o banco de dados.

Um dos grandes benefícios desse estilo de arquitetura está no desacoplamento das entidades de domínio e das camadas exteriores. Esse desacoplamento facilita a criação de testes de unidade e beneficia a implementação do *domain-driven design*, onde as classes de domínio têm um profundo entendimento dos processos e regras de negócio, para resolução de problemas mais complexos.

Arquitetura orientada a eventos

A arquitetura orientada a eventos, também conhecida como *event-driven architecture* em inglês, é um estilo de arquitetura com alto desacoplamento entre os serviços que formam um sistema e que trabalha com comunicação totalmente assíncrona entre eles.

A troca de informações nessa arquitetura ocorre com a produção e o consumo de eventos. Adam Bellemare, em seu livro *Building Event-Driven Microservices* (2020), define um evento como um registro de qualquer coisa que aconteceu dentro do escopo de comunicação do negócio, por exemplo: gerar uma fatura, reservar uma sala de reunião ou contratar um empregado. Todas essas ações são exemplos de eventos que devem ser gerados e registrados, assim como são feitos com *logs*, e devem conter todas as informações do que ocorreu. Na figura a seguir temos um exemplo desse estilo de arquitetura.

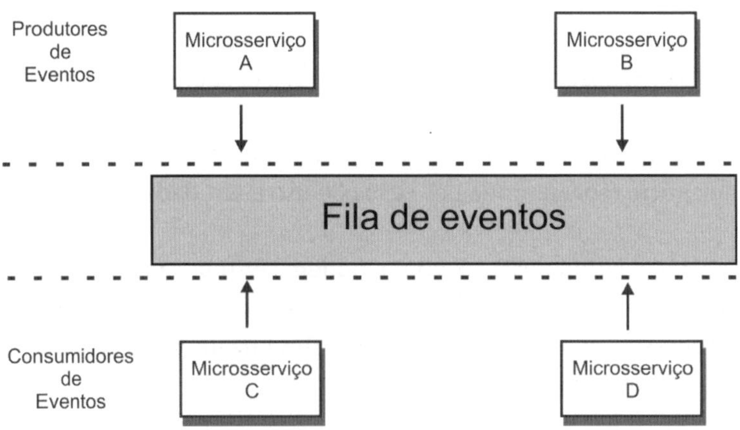

Figura 6.4. Arquitetura orientada a eventos.
Fonte: o autor.

Cada serviço pode produzir um conjunto de eventos que geram mensagens contendo informações da ação que acaba de ocorrer. Esses eventos são colocados em um sistema centralizado de filas. A partir desse momento, outros serviços interessados em consumir tal evento reagem à nova mensagem fazendo sua leitura e uso dos dados recém-lidos.

Esse desacoplamento permite criar sistemas com alta escalabilidade e grande complexidade. Sua natureza assíncrona traz diversos desafios no desenvolvimento e na operação de sistemas com esse tipo de arquitetura, o que exige atenção redobrada durante sua implementação. É de extrema importância planejar com antecedência como será a monitoria desse tipo de sistema e como os eventos poderão ser rastreados nos diversos serviços quando houver a investigação de eventuais problemas.

Arquitetura monolítica

Na arquitetura monolítica a aplicação é estruturada em um único componente para implantação. Sua complexidade de desenvolvimento é menor quando comparada a outros tipos de arquiteturas, o que a torna de mais fácil entendimento quando analisamos seu código e a interação entre as partes.

Nessa arquitetura a troca de informações entre os módulos internos do sistema ocorre dentro de um mesmo processo, tornando a comunicação rápida e eficiente. A natureza de sua organização única facilita o teste de ponta a ponta e realiza mudanças que afetam diversas partes do sistema, como exemplificado na imagem a seguir.

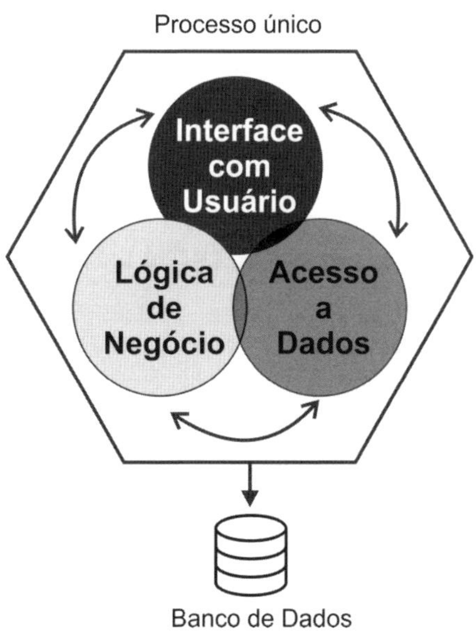

Figura 6.5. Arquitetura monolítica.
Fonte: o autor.

Normalmente, ao iniciar uma nova aplicação baseada em um contexto de negócio ainda sem muito domínio e entendimento pelo time, é normal começar a codificação com esse estilo de arquitetura. A organização física do código é criada em pacotes e com módulos bem definidos. À medida que o projeto cresce e seu entendimento aumenta, é natural a tomada de decisão de migrar tais módulos para uma arquitetura distribuída.

Apesar da simplicidade inicial, o crescimento da base de código aumenta a complexidade e deixa a inclusão de mudanças mais lentas. O fato de ser organizado em um único repositório faz com que surjam conflitos em times grandes onde diversas pessoas alteram o mesmo código. Chris Richardson (s.d.) elenca alguns problemas que ocorrem nesse cenário de base de código única e time grande:

- ✓ O ambiente de desenvolvimento se torna lento e menos produtivo.
- ✓ Grande demora para iniciar a aplicação quando implantada.
- ✓ Maior dificuldade em realizar implantações contínuas dado o risco de falha durante o processo e maior tempo para voltar à versão estável.
- ✓ A escalabilidade pode ocorrer apenas de forma vertical ou com a criação de cópias da aplicação; no entanto, isso aumenta o tráfego para acesso aos dados que são compartilhados (por exemplo, um banco de dados).
- ✓ A adoção de novas tecnologias é mais difícil, sendo necessário manter a compatibilidade no conjunto de tecnologias utilizadas.

A arquitetura monolítica é uma boa opção para iniciar a construção de soluções de software e criar provas de conceitos de forma rápida. Sua construção de forma modularizada permite a migração para sistemas distribuídos com pouco esforço.

Arquitetura orientada a serviços (SOA)

Norberto Hideaki Enomoto

A arquitetura orientada a serviços (*Service Oriented Architecture* – SOA) é um dos estilos de arquitetura de sistema distribuídos utilizado para integração de sistemas/aplicações (IBM CLOUD EDUCATION, 2021). Nessa arquitetura utiliza-se o padrão chamado *Web Service*. O *Web Service* possui um contrato formal chamado *Web Service Description Language* – WSDL. O WSDL é uma especificação que permite descrever um *Web Service* segundo um formato XML. Um documento WSDL é um documento XML que descreve o *Web Service* como um conjunto de pontos de serviço (*endpoints*) que operam com base em trocas de mensagens. O WSDL é uma linguagem extensível e permite a descrição de pontos de serviço e suas mensagens independentemente de qual formato de mensagem ou protocolo de rede for utilizado na comunicação. Através da descrição do *Web Service* o provedor de serviços publica as especificações necessárias para o cliente invocar um serviço (contrato). O cliente não precisa saber qual a linguagem de programação ou plataforma de execução em que o provedor de serviços está baseado. Um *Web Service* pode ser desenvolvido em qualquer linguagem de programação, como, por exemplo, Java, C#, GoLang, JavaScript etc. Ele utiliza protocolo de mensagem SOAP (*Simple Object Access Protocol*) baseado no formato XML e normalmente no protocolo de comunicação HTTP, garantido interoperabilidade entre sistemas/aplicações.

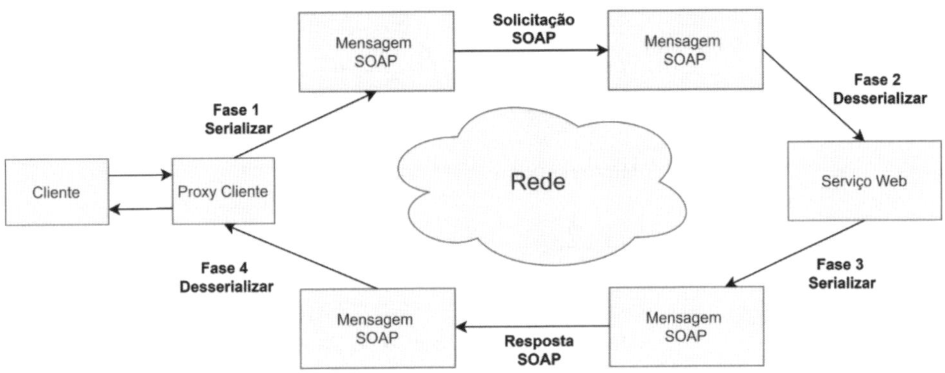

Figura 6.6. Arquitetura para chamada de um *Web Service*.
Fonte: o autor.

Arquitetura em microsserviços

A arquitetura baseada em microsserviços tem se tornado cada vez mais popular. Seu princípio prega que devemos estruturar a aplicação em diversos componentes desacoplados e que se comunicam entre si. Isso permite que cada um desses componentes, que podemos chamar de serviço, seja desenvolvido e implantado individualmente.

O conceito de *bounded context* do *domain-driven design* (DDD) se encaixa bem nesse estilo de arquitetura, uma vez que o mapeamento de domínios complexos para resolver determinado problema pode ser dividido em serviços especializados e com responsabilidades únicas.

Cada serviço é livre para adotar um conjunto de tecnologias próprias e até mesmo uma arquitetura interna diferente. O estilo de arquitetura hexagonal é amplamente usado, por conta da sua flexibilidade e do desacoplamento entre as partes do código. Devido à separação entre cada serviço, é normal haver duplicação de código entre diferentes serviços em benefício desse desacoplamento.

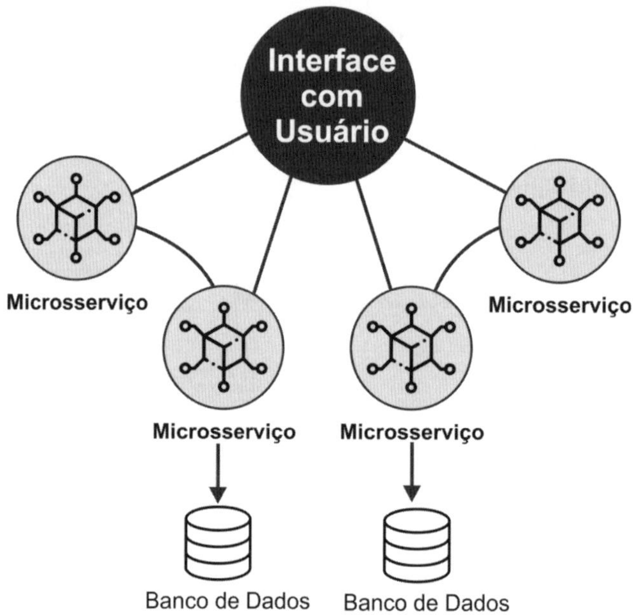

Figura 6.7. Arquitetura em microsserviços.
Fonte: o autor.

Os microsserviços expõem um conjunto de APIs que podem receber estímulos de outras aplicações ou serviços. Por serem executados em unidades independentes que contêm tudo que é necessário para sua operação, e por terem seus recursos gerenciados de forma individual, os microsserviços se mostram uma arquitetura distribuída robusta e altamente escalável.

Para suportar tal escalabilidade, é importante que os serviços sejam desenvolvidos levando em consideração as seguintes características:

Característica	**Descrição**
Possuir responsabilidade única	Cada serviço deve possuir um propósito único e bem definido
Ser leve	Possui baixo consumo de memória e processamento, além de atualizações rápidas.
Não guardar estado interno	Microsserviços comumente possuem mais de uma instância em execução e podem ser desligados e iniciados automaticamente. Não há compartilhamento de estados guardados em memória entre essas instâncias, o que pode levar a um estado de inconsistência caso elas existam.
Ser reativo	Microsserviços normalmente recebem uma grande quantidade de requisições concorrentes. Para manter a disponibilidade e o tempo de resposta, o emprego de requisições assíncronas pode ser explorado.
Ser resiliente	Microsserviços devem fazer tratamentos adequados de erros causados por falhas internas, perda de conectividade, inconsistência de dados etc., de forma que não tenham sua execução prejudicada.
Ser autocontido	Microsserviços devem fazer acesso direto apenas a recursos que pertencem a eles. Acessos a recursos de outros contextos ou base de dados devem ser feitos por meio de um serviço interno ou API criado para esse fim.

Ao mesmo tempo que a arquitetura em microsserviços trouxe agilidade no desenvolvimento de aplicações, permitindo que cada parte pudesse evoluir de forma independente, vale enfatizar que houve também aumento considerável da complexidade em diversos aspectos, como entendimento do funcionamento do sistema como um todo, rastreabilidade, geração de *logs* e monitoração.

7. Construindo aplicações nativas para a nuvem

Eduardo Costa

Estamos vivenciando um momento de transformação na forma como se constrói software. Com a oferta de serviços de infraestrutura e plataforma sob demanda, empresas podem concentrar esforços para desenvolver código de melhor qualidade e delegar aos provedores de serviços nas nuvens o provisionamento e a manutenção da infraestrutura.

É nesse cenário que surge o termo *cloud native*, cuja tradução literal significa "nativo das nuvens". Trata-se de um termo utilizado para se referir à construção de aplicações arquitetadas desde sua concepção para tirar o melhor proveito possível dos serviços oferecidos em nuvem.

Conceitos como *DevOps*, microsserviços, *containers* e *Twelve-Factor App* emergem e são amplamente explorados na construção de aplicações *cloud native*. Neste livro você será apresentado a esses conceitos em capítulos específicos sobre o assunto.

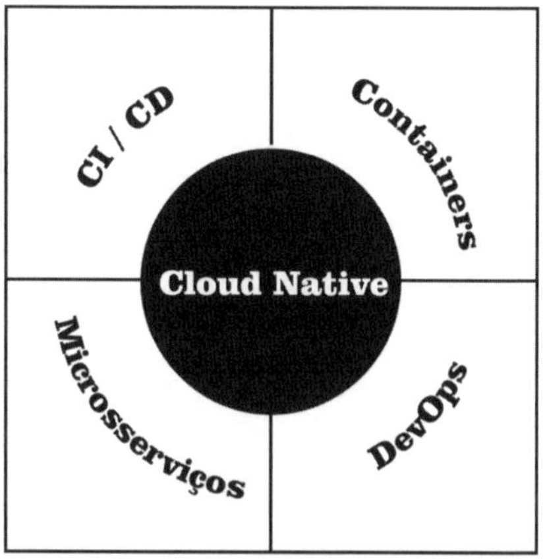

Figura 7.1. Ecossistema *cloud native*.
Fonte: o autor.

Criar aplicações *cloud native* permite que as empresas se tornem mais competitivas, pois, com elas, sistemas são implantados mais rapidamente e seus produtos se tornam mais confiáveis, resilientes e seguros. O custo para manter a aplicação em funcionamento é determinado pelo pela demanda de uso, revertendo em maior economia.

O ambiente na nuvem é composto por diversos softwares que dão suporte aos aspectos ortogonais da aplicação. *Logs*, autenticação, orquestração, elasticidade e rede são gerenciados por produtos de software oferecidos como serviço ou instalados pelo time.

Esses softwares precisam ser confiáveis e com garantias de evolução e correções a longo prazo. A fim de garantir essa necessidade, a *Cloud Native Computing Foundation* (CNCF)[3] surge como órgão de suporte às ferramentas de código aberto essenciais para construção de aplicações *cloud native*. Trata-se de um consórcio de grandes empresas que promove a neutralidade nas decisões que regem o futuro de projetos de código aberto, desempenhando um papel fundamental para sua existência (CNCF, 2021). Diversos projetos estão sob seu auxílio e supervisão, sendo classificados em níveis de maturidade e catalogados em diversas categorias no chamado *Cloud Native Landscape* (CLOUD NATIVE COMPUTING FOUNDATION, 2022). De fato, é uma rica fonte de consulta para todo desenvolvedor.

Além do *Cloud Native Landscape*, a CNCF também criou o *Cloud Native Trail Map* (CNCF, 2020), que dá uma visão geral de como as empresas podem iniciar sua jornada *cloud native*, com a sugestão de um caminho recomendado para tirar vantagem dos softwares *open source* e tecnologias *cloud native*. Em cada passo do *Trail Map* fica aberta a escolha de um fornecedor ou implementar por conta própria; já os passos após o terceiro são opcionais de acordo com a circunstância.

Diferenças entre aplicações *cloud native* e tradicionais

Aplicações *cloud native* e tradicionais se diferenciam sob diversos ângulos. Apesar dessas diferenças, aplicações tradicionais não estão destinadas a deixar de existir, porém é natural um aumento na adoção de características *cloud native*. De acordo com a empresa VMWare Tanzu (s.d.), diversos aspectos podem ser destacados ao comparar aplicações *cloud native* e tradicionais. Vamos vê-los a seguir.

---

3 Mais detalhes na página <https://www.cncf.io/>.

Previsibilidade

Aplicações *cloud native* são construídas em conformidade com *frameworks* desenhados para maximizar a resiliência. Comportamentos monitorados e previsíveis permitem que a aplicação responda de forma mais rápida a falhas. Com infraestruturas altamente customizadas e orientadas a *containers*, são estabelecidas novas formas de escrever softwares. Temos, por exemplo, as boas práticas estabelecidas no guia *Twelve-Factor App*[4].

Aplicações tradicionais não se aproveitam inteiramente dos benefícios de serem executadas na nuvem. As diferentes maneiras em que cada aplicação é arquitetada e desenvolvida impossibilita o uso de todos os recursos da nuvem. Nesse tipo de aplicação é comum que o processo de geração de um *build* leve mais tempo, novas versões sejam distribuídas em grandes blocos, sua escalabilidade seja vertical e exista grande dependência de outros serviços, tornando sua execução e implantação menos previsível.

Modo de operação

Aplicações *cloud native* permitem que seus desenvolvedores tirem vantagem do serviço de plataforma oferecido pelos provedores de serviços em nuvem e assim abstraiam sua dependência dos aspectos de infraestrutura. Dessa forma, o esforço para configurar esses serviços é menor e não há necessidade de aplicar correções para manter os serviços em correto funcionamento, podendo o time focar no desenvolvimento.

Aplicações tradicionais possuem maior dependência dos sistemas onde operam. Sua arquitetura permite que os desenvolvedores tenham acesso a camadas do mais baixo nível do sistema operacional, como hardware, rede e serviços de armazenamento. Isso aumenta a dependência da aplicação em relação ao ambiente em que operam. Essa dependência torna mais complexa a migração e escalabilidade entre novas infraestruturas, aumentando assim o risco.

Capacidade de crescimento

Aplicações *cloud native* automatizam os aspectos de configuração e provisionamento da infraestrutura, e recursos são adicionados e removidos de forma dinâmica, podendo então crescer de acordo com a necessidade e a situação. Criar aplicações que

---

4 <https://12factor.net/pt_br/>.

utilizem o *core* dos serviços nas nuvens otimiza o gerenciamento do ciclo de vida da aplicação e sua orquestração entre os diversos recursos disponíveis, e a recuperação de falhas diminui o tempo de indisponibilidade, trazendo mais confiança e promovendo a evolução do sistema.

Aplicações tradicionais são desenhadas de forma a trabalhar com soluções de infraestrutura específicas para cada aplicação. Todos os aspectos de configuração do hardware e atualização do sistema operacional precisam ser mantidos pelo time, o que pode ocasionar atrasos na implantação. O dimensionamento dos recursos em geral é maior que o necessário, pois se baseia no pior caso com uma pequena margem de segurança para um uso além da demanda estimada. O crescimento desse tipo de sistema é mais lento.

Cooperatividade

Aplicações *cloud native* promovem o trabalho de cooperação entre os integrantes do time. Permitem que ferramentas e processos sejam otimizados com um estreitamento entre as tarefas de desenvolvimento e operação. Essa utilização permite maior velocidade na implantação do código em produção.

Em aplicações tradicionais, desenvolvedores e responsáveis pela operação trabalham sob uma linha tênue para que um não interfira no trabalho do outro ao enviar o código para produção. Nelas a priorização organizacional tem precedência sobre aquilo que entrega valor ao cliente, podendo resultar em conflitos internos, baixa velocidade nas entregas e desmotivação do time.

Forma de desenvolvimento

Em aplicações *cloud native* há entregas constantes assim que novas versões estiverem disponíveis. Com entregas mais velozes, as empresas recebem *feedbacks* de forma mais rápida também e conseguem ser mais efetivas ao responder às necessidades do usuário.

Aplicações tradicionais utilizam um desenvolvimento em cascata, com entregas periódicas que normalmente levam semanas ou meses quando não geridas de forma ágil. Funcionalidades que trazem valor ao usuário podem demorar para ser entregues e a empresa perde oportunidades de ganhar novos clientes e aumentar sua receita.

Dependências

Aplicações *cloud native* são independentes. Ao utilizarem uma arquitetura distribuída, suas partes são decompostas em pequenas partes com baixo acoplamento entre os serviços. Tais serviços podem ser de responsabilidade de times independentes e menores, tornando possíveis atualizações, escalabilidade e tratamento de erros de forma independente e sem impactar outros serviços.

Aplicações tradicionais possuem alta dependência entre suas partes. Normalmente, em uma arquitetura monolítica toda a aplicação é entregue e implantada em um único pacote. Isso causa um grande acoplamento entre os serviços e diminui a velocidade durante o desenvolvimento e a implantação.

Escalabilidade

Em aplicações *cloud native* a automação do dimensionamento de recursos diminui o tempo de indisponibilidade causado por erros humanos. A infraestrutura criada como código permite que o mesmo conjunto de regras seja aplicado independentemente do tamanho da solução desenvolvida. Nesse cenário, há a automação de sistemas e não de servidores.

Aplicações tradicionais incluem grande número de procedimentos executados manualmente por humanos para o gerenciamento de servidores, redes, armazenamento e configurações. Quando em escala, o gerenciamento aplicado de forma manual na infraestrutura é mais lento e tem grande potencial de erros humanos devido ao nível de complexidade de suas operações.

Recuperação de falhas

Aplicações *cloud native* são executadas em contêineres, cujo sistema de gerenciamento e orquestração disponibiliza uma camada de abstração capaz de reagir a eventos e falhas de forma dinâmica e se recuperar rapidamente com a inicialização automática de novos contêineres.

Aplicações tradicionais, em sua grande maioria, fazem uso massivo de máquinas virtuais para serem implantadas. No geral, máquinas virtuais são menos performáticas e eficientes, levam mais tempo para serem desligadas e iniciadas, além de adicionarem uma sobrecarga de recurso mesmo antes de serem implantadas.

8. Orquestração de serviços

Daniel Gomes

Introdução

Existe uma variedade de tecnologias para auxiliar no desenvolvimento de microsserviços e comunicação entre eles. Diversos *frameworks* e bibliotecas fornecem meios para descrever, localizar e se comunicar com os serviços. Para a comunicação entre os microsserviços, existem *middlewares* que são responsáveis pela troca de mensagens através dos protocolos de comunicação. No entanto, essas soluções não fornecem uma forma de gerir a colaboração entre os microsserviços.

A colaboração entre serviços pode se tornar complexa devido ao número exacerbado de atividades e relacionamentos, por isso é recomendado definir uma estratégia como solução arquitetural. Sendo assim, segundo Sam Newman (2015), existem duas abordagens arquiteturais para fazer com que os microsserviços trabalhem juntos em direção a um objetivo comum: orquestração e coreografia.

O que é orquestração de serviços?

A orquestração (CHEN, 2019) é uma estratégia para arquitetura de microsserviços que tem como objetivo coordenar a interação entre diferentes serviços através de um componente central conhecido como orquestrador.

O orquestrador tem como responsabilidade lidar com todos os eventos enviados pelos microsserviços, tratando e coordenando a comunicação entre eles.

O componente de orquestração converte o evento em um comando e o envia para o contexto do serviço relevante.

Na próxima seção, vamos explorar o desenho de uma solução arquitetural de microsserviços de uma determinada organização sob o domínio de negócio ordem de pagamento.

Explorando uma solução arquitetural

Compreender o fluxo de comunicação faz parte da modelagem da arquitetura para essa solução. Essa questão é trazida com o objetivo de ressaltar a importância de domínios bem definidos no desenho de soluções de microsserviços. Outro ponto importante é mostrar que a comunicação entre os microsserviços deve ser somente via orquestrador, sendo essa característica um requisito importante na arquitetura de orquestração.

Segue na Figura 8.1 o detalhamento do fluxo de comunicação entre os microsserviços e orquestrador.

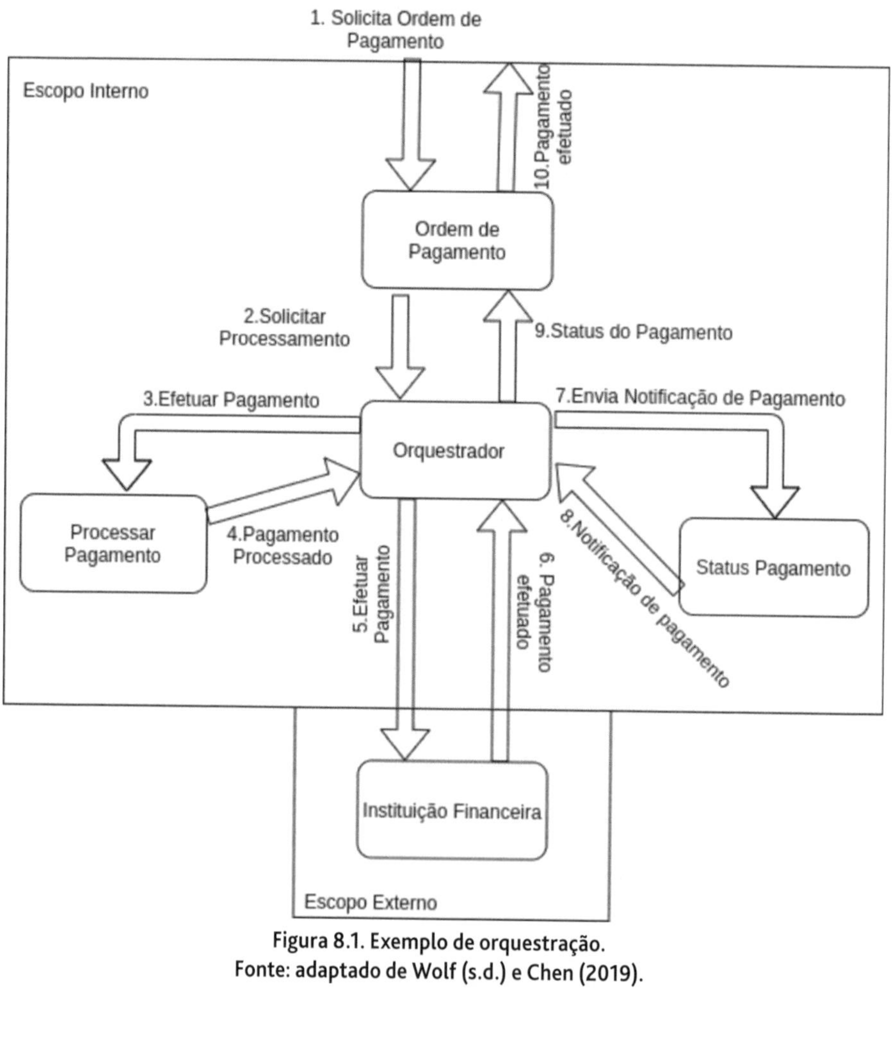

Figura 8.1. Exemplo de orquestração.
Fonte: adaptado de Wolf (s.d.) e Chen (2019).

Detalhamento:

1. Um ator externo faz uma solicitação de ordem de pagamento, onde ocorre uma requisição ao microsserviço "Ordem de Pagamento".
2. O microsserviço "Ordem de Pagamento" trata e direciona a solicitação de processamento do pagamento para o microsserviço "Processar Pagamento" através do orquestrador.
3. O orquestrador envia requisição para obter o processamento do pagamento do microsserviço "Processar Pagamento".
4. O microsserviço "Processar Pagamento" informa ao orquestrador que o pagamento foi processado.
5. O orquestrador envia uma requisição para efetuar pagamento à "Instituição Financeira" (escopo externo).
6. A "Instituição Financeira" dá como retorno para o orquestrador a notificação de pagamento efetuado.
7. Com o pagamento efetuado, o orquestrador envia uma notificação de pagamento ao microsserviço "Status Pagamento".
8. O orquestrador recebe a notificação de pagamento enviada pelo microsserviço "Status Pagamento".
9. O microsserviço "Ordem de Pagamento" recebe o status do pagamento do orquestrador.
10. O microsserviço "Ordem de Pagamento" informa ao solicitante que o pagamento foi efetuado.

Veremos a seguir algumas vantagens e desvantagens (SINGH, 2019) caso a orquestração seja escolhida como solução:

Vantagens

- ✓ Fácil de manter e gerenciar, pois unificamos o processo de negócios no centro.
- ✓ No processamento síncrono, o fluxo do aplicativo é coordenado com eficiência.

Desvantagens

- ✓ Dependência e acoplamento entre os serviços.
- ✓ O orquestrador é o centralizador de responsabilidade; se ficar inativo, o processamento será interrompido e a aplicação falhará.
- ✓ Perdemos a visibilidade, pois não estamos acompanhando o processo de negócios.

Conclusão

Neste capítulo explicamos a estratégia de orquestração, suas vantagens e desvantagens, além de seu uso em uma solução arquitetural. No exemplo foi explorado o uso de uma solução em um domínio de negócio referente a uma solicitação de pagamento e foram detalhados todos os fluxos de atividade entre os microsserviços geridos por um componente central denominado orquestrador.

Deve-se tomar cuidado no uso da estratégia de orquestração, pois, dependendo da forma que for empregada, pode tornar complexa a implementação dos microsserviços, resultando erroneamente em monolitos distribuídos. Veremos no próximo capítulo a solução alternativa à orquestração.

9. Coreografia

Daniel Gomes

Introdução

Segundo o autor Sam Newman (2015), a estratégia de coreografia de serviços pode ser um modelo de integração mais apropriado para a solução arquitetural de microsserviços. Segundo o autor, prefira coreografia em vez de orquestração e *middleware dump*, com serviços inteligentes, para garantir que você mantenha a lógica e os dados associados nos microsserviços, ajudando a manter a coesão.

Além disso, a coreografia possui características como descentralização e modelagem de domínios complexos.

O que é coreografia de serviços?

A coreografia é uma estratégia arquitetural que tem como ponto fundamental a composição de microsserviços de forma distribuída e descentralizada (MICROSOFT DOCS, 2021). Cada componente dessa arquitetura é implementado para se comportar e colaborar independentemente de ter um orquestrador.

Essa estratégia tem três aspectos fundamentais que precisam ser delineados: o **processo distribuído**, os **papéis** e os **protocolos de comunicação**. O processo distribuído é um requisito do software que demanda a cooperação entre dois ou mais participantes. Cada participante desempenha um papel, isto é, se comporta de tal modo a produzir ou consumir mensagens, colaborando com a composição dos microsserviços. Por fim, o protocolo de comunicação estabelece como as mensagens irão assegurar a colaboração entre os microsserviços, sem a necessidade de um orquestrador para coordenar o fluxo, diferentemente do que vimos no capítulo sobre orquestração.

É desejado que os componentes dessa arquitetura tenham os microsserviços implementados conforme o seu domínio e suas responsabilidades. Dessa forma, diferentes implementações de um mesmo papel podem ser facilmente alteradas conforme necessário, seja para buscar um resultado performático ou implementar novas regras de negócios. Essa estratégia traz a ideia de que cada microsserviço sabe o que fazer e como se comunicar com os demais.

A escolha dessa estratégia de construção de microsserviços leva à produção de uma aplicação altamente desacoplada e de implantação independente. Porém, esses benefícios têm um custo, pois exigem acrescentar um novo elemento na arquitetura: a fila de mensagem. A adição desse componente se torna um item a mais a ser gerenciado, acrescentando mais um ponto de falha na arquitetura da aplicação.

A figura a seguir apresenta uma visão geral da coreografia de microsserviços que se comunicam diretamente.

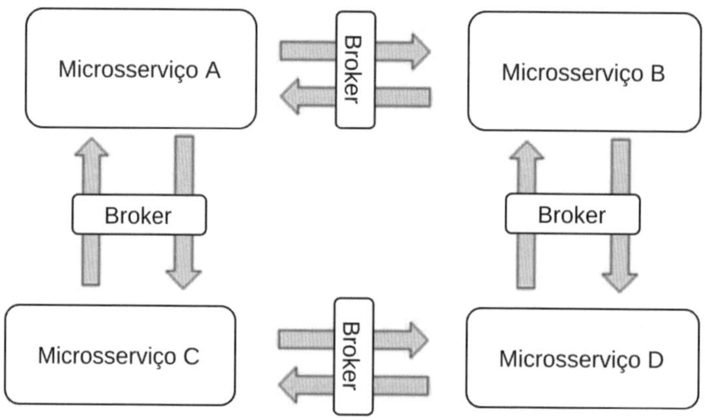

Figura 9.1. Exemplo de coreografia.
Fonte: adaptado de Stack Overflow (2021) e Wolf (s.d.).

A seguir, será explorado o mesmo exemplo de ordem de pagamento apresentado anteriormente. Analisaremos o mesmo domínio de negócio, porém seguindo a estratégia da coreografia.

Explorando uma solução arquitetural

O exemplo de coreografia a seguir traz os microsserviços apresentados no capítulo anterior: "Ordem de Pagamento", "Processar Pagamento", "Instituição Financeira" (escopo externo) e "Status Pagamento", que possuem as regras de negócio do sistema e onde as colaborações são implementadas entre os serviços sem necessitar de um componente central.

As colaborações se iniciam com as requisições externas utilizando as APIs que chegam aos microsserviços, que se comunicam diretamente. Essa comunicação acontece através de rotas que estão implementadas no próprio microsserviço. Ou seja, cada um tem a responsabilidade de implementar com qual componente da arquitetura deve se comunicar. Para esse fim, existe a opção de comunicação assíncrona, onde o emissor envia uma mensagem ao receptor e este não necessariamente a processa e retorna no mesmo momento. Uma ferramenta recomendada para esse tipo de comunicação é o *Message Broker*. Deve-se enfatizar que a comunicação assíncrona torna possível implantar a coreografia de microsserviços, pois garante o desacoplamento entre eles.

Na figura a seguir podemos observar a comunicação entre os microsserviços através dos *Message Brokers* representados pelos componentes entre as setas direcionadas. Vale lembrar que as setas representam o envio de mensagens e não o componente em si, que pode ser um produto de mensageria tal como RabbitMQ, Kafka etc.

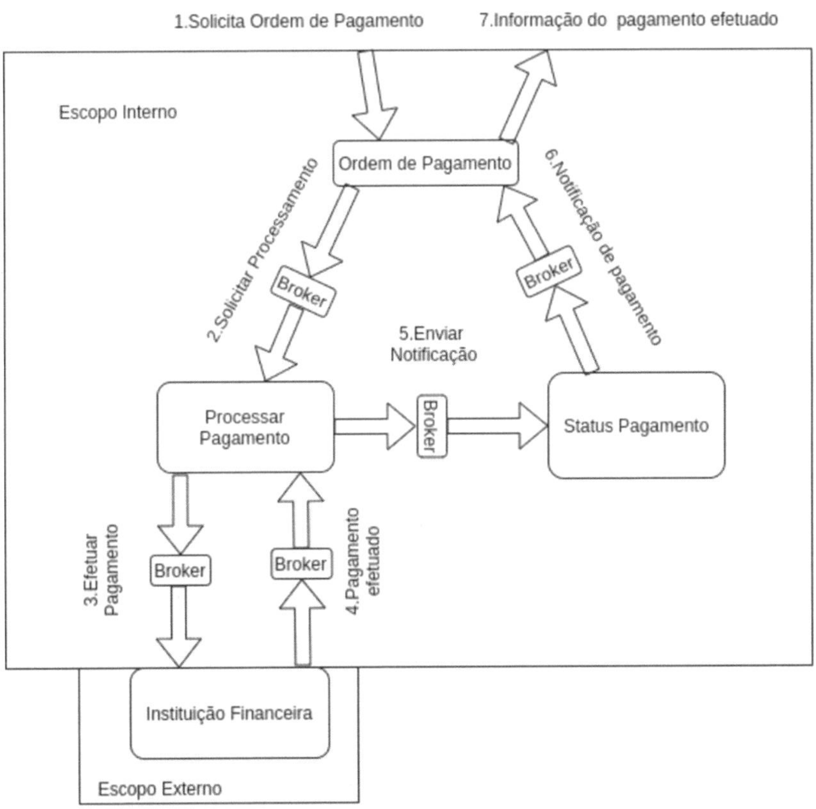

Figura 9.2. Exemplo de coreografia.
Fonte: adaptado de Stack Overflow (2021) e Wolf (s.d.).

Segue o detalhamento do fluxo de comunicação entre os microsserviços seguindo a estratégia de coreografia descrita na imagem.

Detalhamento:

Comunicação entre os serviços coreografados:

1. Solicita ordem de pagamento para o microsserviço "Ordem de Pagamento".
2. O microsserviço "Ordem de Pagamento" solicita o processamento, via mensageria, ao microsserviço "Processar Pagamento".
3. O microsserviço "Processar Pagamento" solicita a efetuação do pagamento ao microsserviço "Instituição Financeira" (escopo externo).
4. Com o pagamento efetuado, o resultado é retornado para o microsserviço "Processar Pagamento".
5. O microsserviço "Processar Pagamento" envia notificação para o microsserviço "Status Pagamento".
6. O microsserviço "Status Pagamento" envia a notificação de pagamento, dando a resposta para o microsserviço "Ordem de Pagamento".
7. O microsserviço "Ordem de Pagamento" envia a informação do pagamento efetuado para o solicitante.

Veremos a seguir algumas vantagens e desvantagens (SINGH, 2019) caso a coreografia seja escolhida como solução.

Vantagens:

- ✓ Permite processamento rápido, pois não há nenhuma dependência do controlador central (orquestrador).
- ✓ Fácil de adicionar e atualizar. Os serviços podem ser removidos ou adicionados a qualquer momento no fluxo de eventos.
- ✓ Como o controle é distribuído, não há ponto de falha único.
- ✓ Funciona bem com o modelo de entrega ágil, pois as equipes trabalham em determinados serviços e não em todo o aplicativo.
- ✓ A utilização de coreografia de serviços possibilita a utilização de outros padrões de arquitetura bastante difundidos – por exemplo, a orquestração de serviços é um pré-requisito para a implementação da segregação de consulta e comando (*Command Query Responsibility Segregation* – CQRS), bastante interessante em cenários onde o serviço tem um volume muito alto de requisições de leitura, que será explicado adiante em outro capítulo.

Desvantagens:

- ✓ A complexidade é uma questão preocupante. Cada serviço é independente para identificar e reagir com base na lógica fornecida no fluxo de eventos.
- ✓ O processo de negócios é espalhado, dificultando a manutenção e o gerenciamento do processo geral.
- ✓ A mudança de mentalidade das pessoas desenvolvedoras, já que a complexidade demanda diferentes designs de solução para problemas já conhecidos.

Orquestrar ou coreografar serviços?

Existem vantagens e desvantagens nessas duas abordagens (NEWMAN, 2019). Os requisitos impactados são: confiabilidade, modificabilidade, desempenho, custo, baixo acoplamento de serviços e tolerância a falhas. A seguir serão apresentadas comparações entre as duas estratégias, com o objetivo de auxiliar na escolha e no melhor emprego das soluções.

Vantagens da orquestração sobre a coreografia

- ✓ **Confiabilidade:** as soluções tecnológicas para gerir os microsserviços utilizando a estratégia de orquestração trazem em suas plataformas o suporte para tratamento de erros e gerenciamento de transações. Na estratégia de coreografia o tratamento de erros é mais propenso a ocorrer por conta da complexidade e da quantidade de microsserviços que precisam ser geridos. Na coreografia os tratamentos de erros ficam sob responsabilidade das equipes que vão implementar os microsserviços.
- ✓ **Modificabilidade:** atualizar soluções que utilizem a estratégia de orquestração fica mais fácil pelo fato de todo o fluxo de trabalho estar centralizado em um único componente. Na estratégia de coreografia as composições de serviços são mais complexas, pois os serviços estão distribuídos e precisam ser modificados dessa forma. Logo, existe uma facilidade maior em ter suporte de ferramentas visuais que ajudam a gerir plataformas de orquestração.

Vantagens da coreografia sobre a orquestração

- ✓ **Desempenho:** na solução de orquestração acaba ocorrendo sobrecarga no componente central. A possível queda de desempenho desse componente pode se dar devido ao alto fluxo de trabalho, que pode se tornar um gargalo. Com a coreografia essa carga é distribuída entre os componentes, já que cada um é responsável pelo seu fluxo de comunicação com outros serviços.

✓ **Custo:** a solução de coreografia não requer uma plataforma e linguagem específica para a gestão e governança; logo, a curva de aprendizado é menor.

Os benefícios dos serviços de coreografia com fluxos de eventos

Para coreografar microsserviços, você precisa de um jeito de trocar mensagens entre microsserviços sempre que algum evento acontecer (SCHABOWSKY, 2019). Precisa-se de um componente intermediário (*Message Broker*) que trate desses eventos. No momento em que um determinado microsserviço envia uma mensagem, todo o resto acontece de maneira assíncrona, sem esperar por uma resposta ou se preocupar com o que acontece a seguir. Cada serviço está observando seu ambiente e qualquer outro serviço que assine esse canal de mensagens saberá o que fazer a partir daí.

Acoplamento de serviço independente para agilidade e tolerância a falhas

Adicionar e remover serviços é muito mais simples em uma arquitetura de microsserviços coreografada. Tudo que você precisa fazer é conectar ou desconectar o microsserviço do canal apropriado no componente intermediário (*Message Broker*) de eventos. Com o acoplamento de um serviço a um componente intermediário de eventos, a adição e a remoção de microsserviços não quebram a lógica existente, resultando em menos rotatividade e fluxo de desenvolvimento.

O fato de a coreografia isolar microsserviços significa que, se um aplicativo falhar, os serviços de negócios que não dependem dele podem continuar enquanto o problema é corrigido. Também não é necessário que cada serviço tenha tratamento de erros complexo e embutido no caso de falhas na rede, pois é de responsabilidade do corretor de eventos.

Conclusão

Orquestração de microsserviços e coreografia são dois modos diferentes de interações. A orquestração usa uma abordagem centralizada para executar as decisões, é mais clara e tem melhor controle. No entanto, a coreografia dá mais liberdade para executar essas decisões.

A escolha de uma das estratégias arquiteturais de microsserviços não deve ser baseada em preferências. A decisão deve ser tomada com base no produto e nos requisitos a serem entregues, avaliando sempre as características apresentadas anteriormente e qual estratégia é a mais adequada. Portanto, você deve escolher entre essas abordagens de acordo com as demandas de sua arquitetura.

10. Especificações e *frameworks*

Daniel Gomes
Vitor Miranda
Jonas Santos
Vinicius Ferraz
Felipe Santos
Norberto Hideaki Enomoto
Natália Gonçalves Rosa

Introdução

Quando pensamos em microsserviços, é importante ter em mente que estamos abordando diferentes assuntos ao mesmo tempo, tais como: protocolos de rede, tipos de comunicação, arquitetura, transações, *logs*, testes, segurança, *deploy*, performance, escalabilidade e muitos outros. Seria extremamente complexo e pouco produtivo implementar as melhores práticas para cada um desses contextos a cada novo projeto. Pensando em simplificar essa complexidade, surgiram alguns *frameworks* para facilitar esse trabalho.

Neste capítulo faremos uma introdução aos *frameworks* Java mais populares para microsserviços, abordaremos os principais pontos de cada um e ao final o leitor estará apto a entender qual é o mais adequado para a sua necessidade.

Spring Boot e Spring Cloud

Daniel Gomes

O *framework open source* Spring é uma ferramenta com o objetivo de facilitar o processo de desenvolvimento da plataforma Java (SE e EE). O *framework* foi trazido para a comunidade em 2002, com a publicação do livro *Expert One-to-one J2EE Design and Development*, de Rod Johnson (2002). Esse livro se tornou um marco na história do desenvolvimento de aplicações corporativas baseadas na plataforma Java EE.

Em 2004, foi lançado complementarmente um outro livro chamado *Expert One-on-One J2EE Development without EJB*, do mesmo autor (JOHNSON; HOELLER, 2004).

Uma das maiores vantagens do *framework* Spring é que ele traz o conceito de *beans* e do *container* Spring. Os *beans são* a menor parte da aplicação contendo a regra de negócio e o objeto que possuirá o ciclo de vida gerenciado pelo *container* de IoC (*Inversion of Control*) e DI (*Dependency Injection*) do Spring.

Contudo, existem algumas desvantagens no uso do Spring, como, por exemplo, sua complexidade: a curva de aprendizado pode ser longa e a falta de experiência no uso do *framework* pode ocasionar erros e atrasos em seu projeto. Como suas tarefas são altamente automatizadas, existem críticas no sentido de que o desenvolvedor não possui controle do código, pois há muito trabalho sendo feito em segundo plano. Outra crítica comum é que em muitos casos o JAR (*Java Archive*) gerado possui inúmeras dependências, e isso torna a solução demasiadamente grande.

Seguindo o ciclo da evolução do *framework* Spring, temos o *Spring Boot*, que foi construído em cima do *framework* Spring. Os dois se complementam de tal forma que o primeiro se concentra em prover suporte para injeção de dependências, gerência de transações, aplicações *web*, acesso a dados, mensageria, entre outros, enquanto o Spring Boot fornece o processo de configuração, publicação e execução de seu aplicativo de forma fácil. A intenção é ter o seu projeto rodando o mais rápido possível, sem complicação, para criação de aplicativos autônomos ou preparo para implantar em produção.

Além do Spring Boot, existem outros produtos que complementam o ecossistema Spring[5]: Spring Data, Spring Cloud, Spring Cloud Data Flow, Spring Security, Spring Batch, Spring AMQP, Spring for Android, Spring for Apache Kafka, Spring Vault e outros, encontrados na documentação oficial do Spring[6]. Para a **criação de microsserviços**, destacamos o Spring Boot e o Spring Cloud, que serão apresentados a seguir.

Microsserviços com Spring Boot

O Spring Boot foi desenvolvido para facilitar a construção de microsserviços, incluindo facilidades para a configuração e publicação das aplicações. E para que a atividade de configuração e entrega seja otimizada, uma convenção sobre as configurações foi definida. Assim, pode-se aplicar a convenção para o uso de módulos como o *Web*, *Template*, Persistência, Segurança etc.

---

5 Projetos do ecossistema Spring: <https://spring.io/projects>.

6 Documentação oficial da Spring para soluções em microsserviços: <https://spring.io/microservices>.

A escolha desses módulos é feita através de dependências declaradas no pom.xml do seu projeto. Apesar de o Spring Boot utilizar convenção e deixar tudo configurado, nada impede que você crie as suas customizações caso sejam necessárias. O maior benefício do Spring Boot ao criar microsserviços é deixar-nos mais livres para focarmos nas regras de negócio da nossa aplicação.

Spring Cloud: ecossistema dos microsserviços

O Spring Cloud é um projeto que implementa vários padrões comuns exigidos pelo sistema distribuído em um conjunto de bibliotecas Java Spring fáceis de usar. Ele fornece uma série de recursos que são essenciais ao desenvolver aplicações *cloud native* (CNCF, 2018) seguindo os princípios do *The Twelve-Factor App*[7]. Ao usar o Spring Cloud, os desenvolvedores precisam apenas se concentrar na construção de recursos de negócios usando Spring Boot e aproveitar os recursos distribuídos, a tolerância a falhas, a escalabilidade, a resiliência, os *logs* e outros desafios das arquiteturas distribuídas disponíveis no Spring Cloud.

Essa arquitetura traz vários padrões a serem implementados, conseguindo garantir os requisitos mínimos para o ecossistema de microsserviços. O Spring Cloud propõe implementar os seguintes componentes: descoberta de serviços, balanceamento de carga, *circuit breaker*, rastreamento distribuído, monitoramento, *gateway* de API, entre outros.

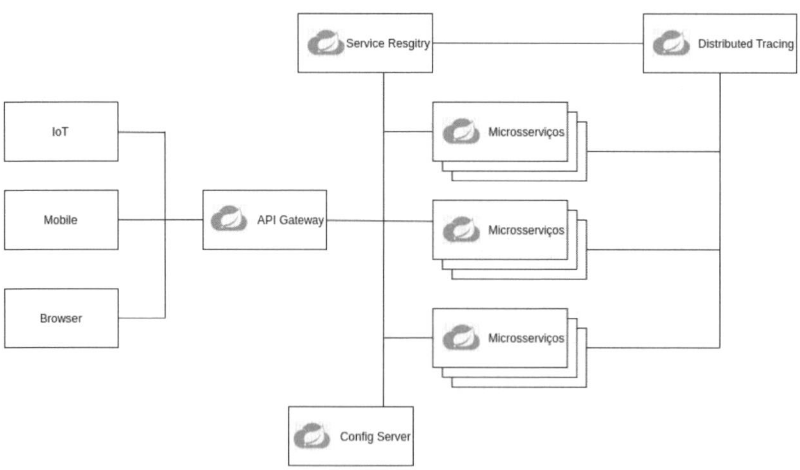

Figura 10.1. Arquitetura do ecossistema Spring Cloud.
Fonte: adaptado de Spring (s.d.).

7 <https://12factor.net/pt_br/>.

A complexidade é minimizada com os serviços disponibilizados nos projetos Spring Cloud, contendo muitos dos serviços necessários para que os microsserviços sejam executados no ecossistema dessa arquitetura.

O Spring Cloud se concentra em fornecer uma boa experiência imediata para casos de uso típicos dessa arquitetura e mecanismo de extensibilidade para cobrir outros. Essa abordagem é bastante declarativa, e muitas vezes você obtém muitos recursos com apenas uma alteração no caminho de classe e/ou uma anotação.

- ✓ *Service discovery*
- ✓ API *gateway*
- ✓ *Cloud configuration*
- ✓ *Circuit breakers*
- ✓ *Tracing*
- ✓ *Testing*

Exemplos

No exemplo a seguir podemos observar um código simples utilizando Spring Boot, onde está publicada uma *API Rest* e sendo executada através de um comando simples. Essa aplicação é disponibilizada como serviço, através de um servidor *web* embarcado que contém o binário Java compilado e implantado.

```
@SpringBootApplication
@RestController
public class SpringBootDemoApplication {

    public static void main(String[] args) {
         SpringApplcation.run(ExemploApplication.class, args);
    }

     @GetMapping("/exemplo")
     public String exemplo(@RequestParam(value = "name", defaultValue =
"Exemplo") String name) {
          return String.format("Meu primeiro %s!", name);
     }

}
```

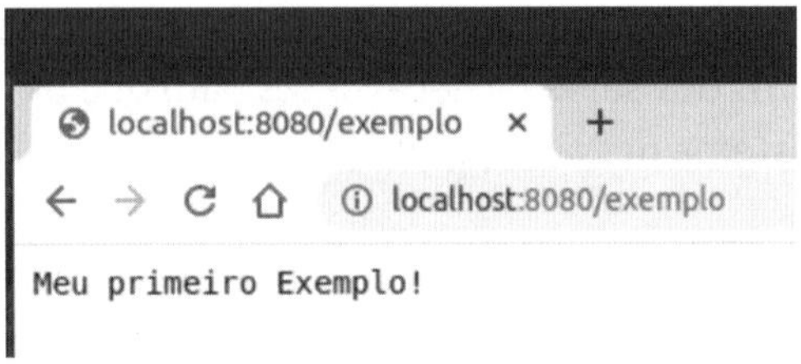

Figura 10.2. Resultado da execução do código de exemplo do Spring Boot.
Fonte: captura de tela do autor.

A utilização de Spring Cloud fornece uma experiência imediata para casos de uso típico de microsserviços. O próximo exemplo adota uma abordagem bastante declarativa, e quase sempre você obtém muitos recursos com apenas uma alteração no caminho de classe e/ou uma anotação.

```
@SpringBootApplication
@EnableEurekaServer
public class EurekaServerApplication {

    public static void main(String[] args) {
        SpringApplcation.run(ExemploApplication.class, args);
    }
}
```

Exemplo de código com Spring Cloud

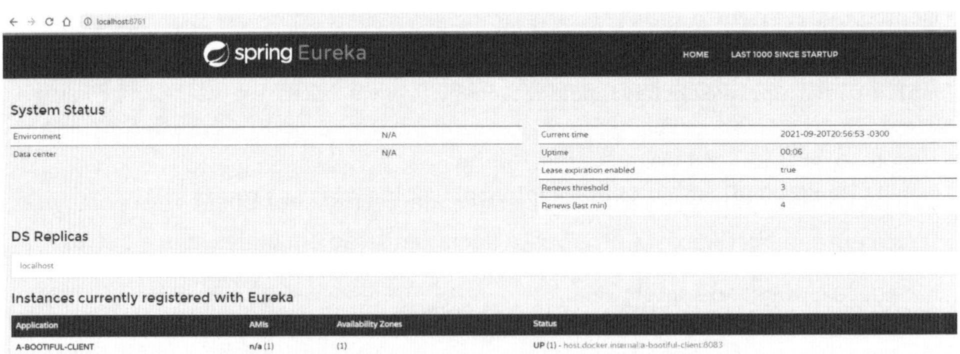

Figura 10.3. Resultado do código de exemplo Spring Cloud.
Fonte: captura de tela do autor.

Os exemplos completos estão disponíveis no GitHub do livro[8].

---

8 <https://github.com/jornada-microsservicos/livro>.

Conclusão

Esta seção apresentou uma visão geral dos *frameworks* Spring Boot e Spring Cloud, com o intuito de auxiliar e dar um direcionamento na escolha da *stack* tecnológica tanto no processo de desenvolvimento como na implantação, no teste, no *build* e no versionamento.

Trouxemos a evolução do *framework*, que tem como intuito facilitar o desenvolvimento da plataforma Java. A evolução do Spring levou ao Spring Boot e Spring Cloud, com suas inúmeras extensões complementares e componentes que propõem dar suporte ao ecossistema de microsserviços. Exemplos simples apresentados mostram como é fácil construir aplicações utilizando essa *stack* tecnológica.

Micronaut

Vitor Miranda
Jonas Santos

Micronaut é um *framework* baseado na JVM, projetado para criar microsserviços modulares e fáceis de ser testados. Seu lançamento oficial foi na data de 23 de outubro de 2018, criado pela Object Computing Inc. (OCI) (VICTOR, 2019), mesma empresa que criou o Grails[9].

Entre suas **vantagens** podemos citar a facilidade na criação de testes de unidade e, principalmente, sua alta performance, com baixo custo de memória e rápida inicialização, devido ao uso mínimo de *Reflection* e *Proxies*. Alguns pontos podem ser considerados **desvantagens**: compilação mais lenta, pois os *beans* são gerados em tempo de compilação, documentação menos diversificada, com menos opções em português, embora em seu portal exista uma vasta documentação em inglês, entre outros.

Atualmente o Micronaut oferece suporte a Java, Groovy e Kotlin. Com ele é possível criar microsserviços, aplicações *serverless*, aplicativos Android, ferramentas de CLI (*Command Line Interface*), IoT (*Internet of Things* – internet das coisas) ou um monolito. Como será demonstrado a seguir, existem duas formas principais de criar aplicações com Micronaut: uma é pela interface *web*, que é a forma mais simples e não precisa instalar nada na máquina local, e outra é pelo Micronaut CLI.

---

9 *Framework* voltado para a construção de aplicações *web* utilizando a linguagem Groovy.

Criando aplicação pela interface *web*

A maneira mais fácil de começar com o Micronaut é criando aplicação pela página *Micronaut Launch*[10], uma interface muito semelhante ao *Spring Initializr*[11].

Esta página permite obter toda a configuração inicial do projeto, bastando para isso adicionar algumas informações para a configuração do projeto:

- ✓ Tipo da aplicação (se é uma aplicação *web* padrão, de linha de comando, gRPC etc.)
- ✓ Versão do Java
- ✓ Nome do pacote
- ✓ Nome do projeto
- ✓ Versão do Micronaut
- ✓ Linguagem utilizada
- ✓ Gerenciador de dependências (*build*)
- ✓ *Framework* utilizado para os testes de unidade
- ✓ Dependências que serão adicionadas
- ✓ *Diff*, que mostra as modificações criadas pelas dependências adicionadas
- ✓ *Preview*, que mostra a estrutura e os fontes gerados pela ferramenta
- ✓ *Generate Project*, que gera um arquivo ZIP com o projeto já configurado e suas dependências declaradas
- ✓ *Included Features*, que são as dependências incluídas através do botão *Features*

Instalando o Micronaut

Para criar um projeto Micronaut, é necessário fazer a sua instalação através de uma das formas disponíveis, que atualmente pode ser por SDKman, Homebrew, MacPorts, binário no Windows ou a partir do código-fonte.

Para este exemplo optamos por utilizar o SDKman (disponível para Mac OSX, Linux, Cygwin, Solaris e FreeBSD). É necessário ter instalado previamente o JDK 1.8 ou superior e o Maven.

---

10 Página do Micronaut que gera o *setup* inicial dos projetos: <https://micronaut.io/launch>.

11 Página do Spring que faz todo o *setup* inicial do projeto com base nos *inputs* informados: <https://start.spring.io>.

No terminal, digite os seguintes comandos para instalação do SDKman e do Micronaut:

```
$ curl -s "https://get.sdkman.io" | bash
$ source "$HOME/.sdkman/bin/sdkman-init.sh"
$ sdk update
$ sdk version
$ sdk install micronaut
$ mn -version
```

Criando um projeto Micronaut

Criaremos um projeto simples utilizando o Maven para *build* e gerenciamento das dependências. Uma outra opção para o *start* do projeto é utilizar o site <https://micronaut.io/launch/>. Para criar a aplicação no terminal, execute o seguinte comando na pasta onde ficará o projeto:

```
$ mn create-app com.jornada.microsservicos.hello-word -b maven
```

Nesta criação é possível passar o parâmetro **-f**, o qual receberá as dependências que você deseja adicionar já no momento da criação do projeto. Exemplo:

```
$ mn create-app com.jornada.microsservicos.hello-word -f mysql -b maven
```

Após a execução, importe o projeto em sua IDE. Ele apresentará uma estrutura semelhante à mostrada na figura a seguir:

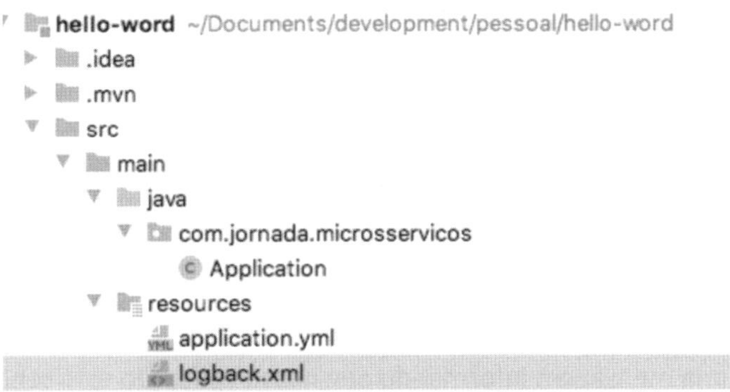

Figura 10.4. Estrutura de um projeto Micronaut.
Fonte: captura de tela do autor.

Vamos criar agora nosso primeiro *Controller.* Isso poderia ser feito do modo tradicional, mas iremos utilizar o CLI do Micronaut.

Para a criação, execute o seguinte comando:

```
$ cd hello-word/
$ mn create-controller com.jornada.microsservicos.resource.Information
```

Após a execução será criada uma pasta *resource* e dentro dela uma classe com o nome *InformationController* semelhante a:

```
@Controller("/information")
public class InformationController {

    @Get(uri="/", produces="text/plain")
    public String index() {
        return "Example Response";
    }
}
```

Também será criado um pacote de testes já incluindo um modelo inicial de chamada:

```
@MicronautTest
public class InformationControllerTest {

    @Inject
    @Client("/")
    RxHttpClient  enerat;

    @Test
    public void testIndex() throws Exception {
        assertEquals(HttpStatus.OK,  enerat.toBlocking().exchange("/
information").status());
    }
}
```

Agora vamos subir nossa aplicação. Para isso, utilize o comando a seguir, lembrando que para a execução do comando **mvn** é necessário ter o Maven instalado.

```
$ mvn compile exec:exec
```

Será exibida uma mensagem informando que nossa aplicação está sendo executada na porta 8080.

```
10:52:53.509 [main] INFO  io.micronaut.runtime.Micronaut - Startup completed
in 2588ms. Server Running: http://localhost:8080
```

Nossa URL ficou assim: http://localhost:8080/information.

Quarkus

Vinicius Ferraz
Felipe Santos

O Quarkus é um *framework open source* mantido pela Red Hat cuja primeira versão foi disponibilizada no GitHub em dezembro de 2018. Onze meses e 40 versões depois, o *framework* "supersônico e subatômico" lançaria sua versão 1.0.0 no evento Devoxx, realizado na Bélgica. Autointitulado "supersônico" por prometer disponibilizar a aplicação pronta para requisições em menos de 70% do tempo dos concorrentes e "subatômico" por utilizar 30% menos memória.

Principais vantagens do *framework:*

1. ***Live reload:*** atualiza a aplicação em execução durante o desenvolvimento em um piscar de olhos, sem necessidade de qualquer reinício.
2. ***Container first:*** aplicações com baixa utilização de memória RSS (*Resident Set Size*).
3. ***Cloud native***: adere ao *Twelve Factors architecture* em ambientes como o Kubernetes.
4. **Unifica imperativo e reativo:** combina a codificação imperativa e reativa e não blocante na mesma aplicação.
5. **Baseado em padrões:** baseado em *frameworks* e padrões consolidados, como Vert.x, Hibernate, JAX-RS, RESTEasy, CDI, MicroProfile.
6. ***Microservices first***: baixo tempo de *startup.*
7. ***Continuous test:*** funcionalidade que executa os testes à medida que o código é alterado, permitindo assim um *feedback* imediato das alterações realizadas.
8. ***Dev* UI:** disponibiliza uma página com uma visão geral das extensões que são utilizadas pela aplicação, mostrando informações e *links* úteis para o desenvolvedor.
9. ***DevServices***: inicia automaticamente modo *dev* e *containers* para algumas extensões adicionadas ao pom.xml. Com isso é possível começar o desenvolvimento sem qualquer configuração para Kafka, banco de dados, Keycloak, Redis, ActiveMQ etc.

No momento em que este livro está sendo escrito, o Quarkus disponibiliza mais de 400 extensões, porém 220 são referentes ao Apache Camel e 51 estão em modo *preview.* As extensões têm finalidade de integrar bibliotecas, *frameworks* e tecnologias ao Quarkus, facilitando assim sua configuração, utilização e compilação com

GraalVM. É possível utilizar bibliotecas além das extensões disponibilizadas, porém pode ser necessária alguma configuração extra caso queira compilar nativamente com GraalVM.

Quarkus permite gerar código nativo da sua aplicação compilando com GraalVM. A geração é trivial caso utilize apenas as extensões ou bibliotecas externas que não usem *reflection*. Mas a utilização de código nativo deve ser bem avaliada em aplicações nas quais seja importante fazer *debug* no ambiente produtivo, ou que não sejam *serverless*.

Para disponibilizar *endpoints* reativos, é necessário apenas adicionar a extensão **quarkus-resteasy-reactive**. Ela é responsável por avaliar o código e decidir qual estratégia de *dispatching* será aplicada. As estratégias a seguir podem ser alteradas utilizando as anotações **@Blocking** e **@NonBlocking**.

Assinatura do método	**Estratégia de *dispatching***
T metodo(...)	*Worker Thread*
Uni<T> metodo (...)	I/O *Thread*
CompletionStage<T> metodo (...)	I/O *Thread*
Multi<T> metodo (...)	I/O *Thread*
Publisher<T> metodo (...)	I/O *Thread*
@Transactional CompletionStage<T> metodo (...)	*Worker Thread*

Por tratar-se de um *framework* novo, a quantidade de material disponível na internet ainda é baixa e poucas empresas o utilizam em ambiente produtivo no momento da escrita deste capítulo. É considerado por muitos um *framework* promissor, principalmente se a comunidade continuar crescendo no ritmo acelerado como está atualmente.

Para iniciar o desenvolvimento é necessário apenas ter JDK 11 e Maven 3.8.1+ configurados no computador. Para edição do código é possível utilizar qualquer IDE, porém já existem *plugins* que aumentam a produtividade para Eclipse, VSCode e IntelliJ. Acessando <https://code.quarkus.io/> é possível criar o projeto de modo muito similar ao famoso *Spring Initializr*.

Seguindo a especificação de *MicroProfile*, a forma padrão de disponibilizar os serviços *REST* é utilizando as anotações de JAX-RS, conforme exemplo:

```
@Path("/carros")
@Produces(MediaType.APPLICATION_JSON)
@Consumes(MediaType.APPLICATION_JSON)
public class CarroResource {

    @POST
    public void adicionarCarro(AdicionarCarro adicionarCarro) {
        ...
    }

    @GET
    public List<Carro> buscarCarros() {
        ...
    }

    @PUT
    @Path("{id}")
    public void atualizarCarro(@PathParam("id") Integer id,
       AtualizarCarro atualizarCarro) {
        ...
    }

    @DELETE
    @Path("{id}")
    public void apagarCarro(@PathParam("id") Integer id) {
        ...
    }
}
```

Integração com Spring

Na tentativa de atrair desenvolvedores Spring, atualmente são disponibilizadas nove extensões Spring: spring-web, spring-di, spring-data-jpa, spring-cache, spring-data-rest, spring-security, spring-cloud-config-client, spring-scheduled e spring-boot-properties. O Quarkus faz o mapeamento das anotações do Spring para as anotações padrões do Quarkus. O exemplo anterior utilizando as anotações do spring-web ficaria assim:

```
@RestController
@RequestMapping(path = "/carros",
    consumes="application/json",
    produces = "application/json")
public class CarroController {

    @PostMapping
    public void adicionarCarro(@RequestBody AdicionarCarro
       adicionarCarro) {

    }

    @GetMapping
    public List<Carro> buscarCarros() {
        return null;
    }

    @PutMapping("{id}")
    public void atualizarCarro(@PathVariable(name = "id") Integer id,
       AtualizarCarro atualizarCarro) {

    }

    @DeleteMapping("{id}")
    public void apagarCarro(@PathVariable(name = "id")  Integer id) {

    }
}
```

Integração com Vert.x

A base HTTP do Quarkus utiliza o *framework* Vert.x e por isso migrar aplicações desenvolvidas em Vert.x é uma tarefa tranquila. O exemplo anterior utilizando o *router do* Vert.x ficaria assim:

```
@ApplicationScoped
public class CarroVerticle {

    public void init(@Observes Router router) {
        router.get("/carros").handler(this::buscarCarros);
        router.route("/carros*").handler(BodyHandler.create());
        router.post("/carros").handler(this::adicionarCarro);
        router.put("/carros/:id").handler(this::atualizarCarro);
        router.delete("/carros/:id").handler(this::apagarCarro);
    }

    private void adicionarCarro(RoutingContext routingContext) {
        AdicionarCarro adicionarCarro =
            Json.decodeValue(routingContext.getBodyAsString(),
            AdicionarCarro.class);
        ...
    }

    private void buscarCarros(RoutingContext routingContext) {
        ...
    }

    private void atualizarCarro(RoutingContext routingContext) {
        String id = routingContext.request().getParam("id");
        AtualizarCarro atualizarCarro =
            Json.decodeValue(routingContext.getBodyAsString(),
        AtualizarCarro.class);
        ...
    }

    private void apagarCarro(RoutingContext routingContext) {
        String id = routingContext.request().getParam("id");
        ...
    }
}
```

Conclusão

A baixa curva de aprendizado confirma que a utilização de padrões e bibliotecas já consolidados no mundo Java foi uma escolha certeira para conseguir novas adoções. O crescimento da comunidade tem se mantido acelerado nos últimos anos e várias empresas de todo o mundo estão publicando *cases* e apresentando os benefícios da utilização do Quarkus.

Várias funcionalidades que melhoram ainda mais a produtividade durante o desenvolvimento foram adicionadas sem qualquer degradação na utilização de memória e no tempo de *startup*.

Com isso, o Quarkus vem se consolidando como um *framework* muito promissor, principalmente para microsserviços que rodarão em Kubernetes.

Helidon

Norberto Hideaki Enomoto
Natália Gonçalves Rosa

O Helidon é um *framework* para microsserviços disponibilizado pela Oracle como projeto *open source* em setembro de 2018. Este foi utilizado internamente pelos projetos da Oracle com o codinome de Java for Cloud (J4C). Helidon é uma palavra grega que significa "andorinha", um tipo de pássaro de corpo esbelto e aerodinâmico, asas longas e pontiagudas, que permitem grande habilidade de manobra e voo muito eficiente, perfeito para se arremessar através das nuvens.

Esse *framework* foi criado para retirar toda a complexidade de desenvolvimento de microsserviços utilizando a plataforma Java EE, tendo por finalidade uma arquitetura nativa de nuvem. O Helidon possui suporte a dois modelos de programação para desenvolvimento de microsserviços: Helidon SE e Helidon MP. Enquanto o Helidon SE foi desenhado para ser um micro *framework*, que possui suporte ao modelo de programação reativa, o Helidon MP implementa a especificação Eclipse *Microprofile*, que permite a execução de microsserviços de maneira portável.

Arquitetura Helidon

O Helidon é formado pelos seguintes componentes: Helidon SE, Helidon MP e extensões.

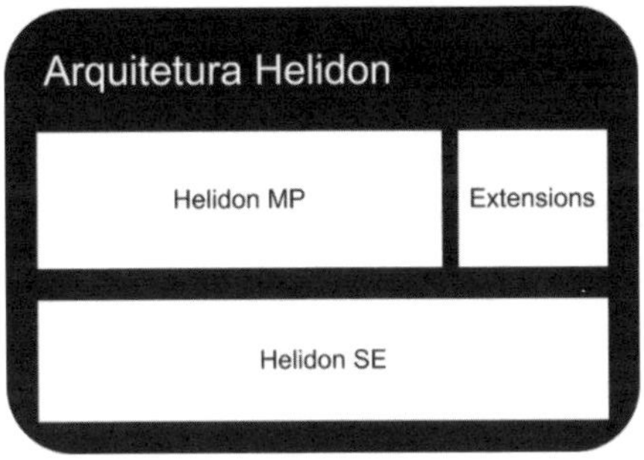

Figura 10.5. Arquitetura Helidon.
Fonte: adaptado de Helidon (s.d.).

Helidon SE

O Helidon SE é uma coleção de bibliotecas para o desenvolvimento de microsserviços. É compatível com as funcionalidades da última versão do Java SE: fluxos reativos, programação assíncrona e funcional, e APIs de estilo fluente. O *framework REST* utilizado é baseado no servidor de aplicação Helidon, construído a partir do servidor Netty, o qual possui uma API de roteamento de solicitação direta e suporta uma série de recursos adicionais:

- ✓ ***Reactive Web Server***: servidor de aplicação *web* que fornece APIs reativas e assíncronas para criação de aplicações *web*. Essas API foram inspiradas no *framework* NodeJS e Java.
- ✓ ***Health Check***: permite o monitoramento da saúde dos microsserviços para garantir que estes estejam disponíveis e com uma boa performance.
- ✓ **gRPC**: é um *framework* que permite a criação de aplicações que utilizam o protocolo gRPC, o qual trabalha na arquitetura cliente-servidor com alto desempenho.
- ✓ ***Configuration***: este recurso fornece uma API Java para carregar e processar propriedades de configuração baseadas no modelo chave/valor em um objeto *Config* que as aplicações podem usar para recuperar os dados de configurações.
- ✓ ***Metrics***: fornece métricas dos microsserviços, como da JVM (*threads*, *thread pool*, *classloading* e sistema operacional) e do microsserviço (número de execuções e tempo de resposta de um determinado *endpoint* etc.).

- ✓ ***Security***: possui suporte para autenticação, autorização, segurança de saída e auditoria.
- ✓ ***Open tracing***: possui suporte para o rastreamento através de APIs da especificação *OpenTrancing*. O rastreamento é integrado ao servidor de aplicação *web*, ao servidor gRPC e à segurança.
- ✓ **Helidon DB Client:** fornece uma API reativa e unificada para trabalhar com bancos de dados relacionais. A maioria dos *drivers* JDBC trabalha com o modelo bloqueante. Utilizá-los em uma aplicação reativa é muito problemático. Dessa forma, o Helidon DB Client permite o uso de *drivers* JDBC bloqueantes em sua aplicação de forma reativa. Este componente está em fase de pré-lançamento.
- ✓ **OpenAPI**: permite que sua aplicação Helidon SE forneça uma documentação baseada no padrão OpenAPI.
- ✓ **Suporte para imagem nativa do GraalVM**: possui suporte para imagens nativas do GraalVM para pequeno consumo de memória e inicialização rápida.
- ✓ **Netty I/O *client-server framework***: o Helidon é executado em cima do servidor de aplicação Netty. Não é derivado de um servidor de aplicação Java EE. Assim, produz uma aplicação nativa para nuvem (*cloud native application*) que é compacta e eficiente no consumo de memória e na inicialização rápida.
- ✓ **JSON P e JSON B**: possui suporte para processamento (JSON P) e construção (JSON B) de APIs no padrão JSON.

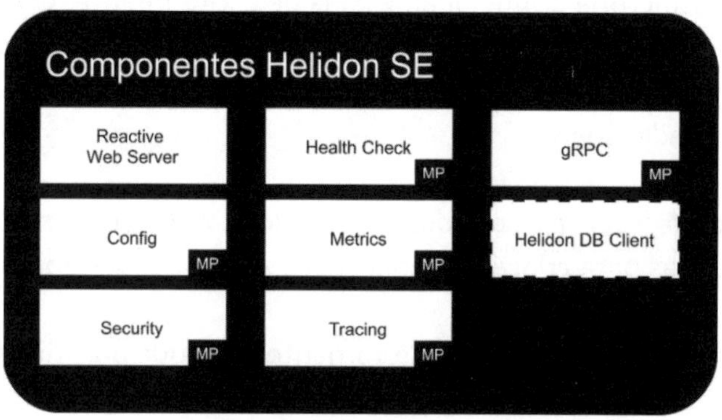

Figura 10.6. Componentes Helidon SE. Arquitetura Helidon. Fonte: adaptado de Helidon (s.d.).

Helidon MP

O Helidon MP é uma implementação da especificação *Microprofile*. Como esta especificação tem suas origens no Java EE, as APIs do *Microprofile* seguem uma abordagem familiar e declarativa com o uso intenso de anotações. Isso faz com que seja uma boa escolha para desenvolvedores do Java EE. O Helidon incluiu APIs adicionais ao conjunto principal de APIs do *Microprofile*, oferecendo recursos necessários para criação de aplicações nativas da nuvem (*cloud native applications*). Além de todos os recursos do Helidon SE, possui os seguintes recursos adicionais:

- ✓ **CDI *Extensions***: além do suporte ao *Microprofile*, o Helidon MP fornece extensões CDI (*Context and Dependency Injection*) para tratar de áreas não cobertas pelo *Microprofile*.
- ✓ **Suporte ao CORS**: embora seja possível qualquer aplicação Helidon implementar o seu próprio suporte ao CORS (*Cross-Origin Resource Sharing*), existem tarefas comuns que podem ser fornecidas em um módulo Helidon.
- ✓ **JAX-RS/Jersey**: possui suporte à criação de serviços *RESTful* usando JAX-RS/Jersey.
- ✓ ***Reactive Messaging and Reactive Operators***: possui suporte para utilização e manipulação de fluxos de mensagens reativas. As mensagens reativas dependem muito dos operadores padronizados; dessa forma, juntos fornecem grande portabilidade entre as implementações existentes.
- ✓ ***Fault tolerance***: a tolerância a falhas faz parte do conjunto de especificações *Microprofile*. Esta API define principalmente anotações que melhoram a robustez da aplicação, fornecendo suporte para lidar convenientemente com condições de erro (falhas). Os exemplos incluem reinicializações de serviço, atrasos na camada de rede, instabilidades de infraestrutura etc.
- ✓ **JPA**: oferece suporte a JPA quase da mesma maneira que os servidores de aplicações Java EE, mas com muito menos peso. Se você tem experiência em Java EE, se sentirá em casa, pois irá trabalhar com JPA no Helidon MP de todas as maneiras com as quais já está familiarizado.
- ✓ **JTA**: oferece suporte à *Java Transaction API* de forma nativa.

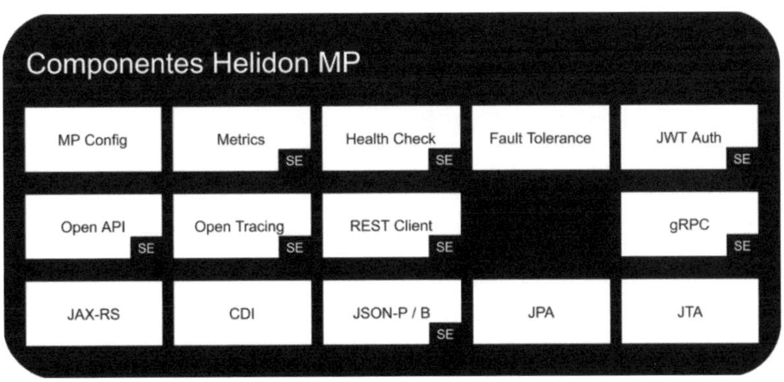

Figura 10.7. Componentes Helidon MP.
Fonte: adaptado de Helidon (s.d.).

Extensões

O Helidon fornece extensões portáveis de contextos e injeção de dependência (CDI) que podem ser utilizadas para injetar os seguintes objetos na aplicação:

- ✓ **HikariCP *data source***: cria e injeta um HikariCP *data source*.
- ✓ **Oracle UCP *data source***: cria e injeta um *Oracle Universal Connection Pool data source*.
- ✓ **Cliente Jedis**: cria e injeta um *pool* de Jedis.
- ✓ **Objetos OCI *storage clients***: cria e injeta um cliente de armazenamento de objetos de infraestrutura da nuvem da Oracle.

Conclusão

O objetivo deste capítulo foi abordar alguns dos *frameworks* mais populares para trabalhar com microsserviços em Java. Apresentamos algumas vantagens e desvantagens de cada um e fornecemos exemplos básicos.

Fomos propositalmente concisos no decorrer deste capítulo pois é importante notar que cada assunto abordado é extenso o suficiente para se criar um livro à parte. Mantivemos o foco no essencial, de forma que o leitor tenha uma visão geral e possa se sentir confortável para escolher o que mais se adequa ao seu projeto e às suas necessidades.

Convidamos o leitor a se manter atualizado e continuar seu aprendizado através da leitura da documentação oficial dos *frameworks* e de literatura especializada.

PARTE III.
MODELAGEM E DESIGN

11. *Domain-driven design*

Albert Xavier

O *domain-driven design*, amplamente conhecido pela sigla DDD, ainda gera discussão sobre sua definição mais correta. Existem linhas que encaram o tema como uma abordagem de desenvolvimento e outras como metodologia. Neste livro, o DDD será tratado como uma abordagem de desenvolvimento que reúne um conjunto de boas práticas, padrões, ferramentas e recursos da orientação a objetos que tem como objetivo a construção e o desenvolvimento de sistemas de acordo com o domínio e as regras de negócio envolvidas. O DDD pode ser aplicado na solução de problemas recorrentes de desenvolvimento como código-fonte com baixa coesão, que não representa de forma clara o domínio de negócio e pouca ou nenhuma cobertura de testes. Com relação à cobertura de testes, é importante mencionar também a sinergia do DDD com outra abordagem denominada *Test-Driven Development* (TDD). O TDD foi introduzido por Kent Beck, um engenheiro de software americano que também criou o difundido modelo de desenvolvimento denominado *Extreme Programming* (XP).

De maneira objetiva, o DDD deve ser aplicado em momento de design da solução-alvo, com foco nas regras do negócio. E, não menos importante, deve ser aplicado em contextos que envolvem modelos grandes e complexos, que envolvem grande quantidade de entidades. Podemos citar exemplos clássicos de entidades como Produto, Endereço e Cliente.

A essência da abordagem DDD é a criação de um modelo de domínio considerando principalmente a linguagem onipresente ou ubíqua (*ubiquitous language*) (JÚNIOR, 2020). A linguagem onipresente é o idioma comum usado para falar sobre os domínios entre todos os envolvidos, incluindo desenvolvedores, usuários e especialistas do negócio. São os jargões e termos usados para falar sobre o problema, específicos daquele ramo de atividade.

Outra consideração importante é que a abordagem DDD é agnóstica em relação à linguagem de programação, ou seja, não depende e não é afetada por ela. A abordagem DDD sugere uma arquitetura dividida em camadas onde cada uma tem suas responsabilidades e especialidades.

Na figura a seguir pode-se observar que os componentes de cada camada dependem exclusivamente de outros componentes da mesma camada ou de uma camada inferior.

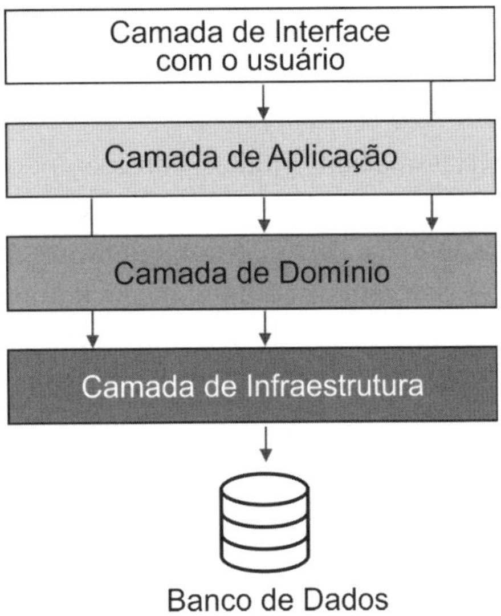

Figura 11.1. Arquitetura em camadas proposta pela abordagem DDD.
Fonte: o autor.

A abordagem DDD propõe uma mudança de mentalidade que nem sempre é atingida de maneira fácil e rápida. É necessário desmontar e adaptar conceitos que são estritamente relacionados a orientação a objetos (OO) e passar a considerá-los juntamente com as definições de negócio. Trata-se da união de conceitos de OO, boas práticas e, essencialmente, o negócio.

Domínio

Segundo Eric Evans (2003), o domínio é a camada composta por classes, objetos, serviços e funções responsáveis pela implementação das regras de negócio e processos diretamente relacionados com o domínio do software. O DDD propõe que seja criada uma camada de domínio com componentes que utilizem as melhores técnicas e boas práticas da orientação a objetos, como herança, polimorfismo, agregação, especialização, encapsulamento etc. E, como mencionado anteriormente, o domínio deve refletir totalmente o negócio. Em outras palavras, a concepção do domínio, representada pelas classes Java do exemplo a seguir, é alcançada pela interação exaustiva entre o time de desenvolvimento e os especialistas do negócio.

Para exemplificar, será adotado um cenário ilustrativo de recursos humanos empresarial (RH). No exemplo a seguir, a classe Java "Colaborador" representa um funcionário nesse domínio de negócio. O exemplo foi construído para privilegiar a simplificação do cenário, abstraindo aspectos de organização e responsabilidades de classes e métodos.

Pode-se observar que a classe é bem simples, considerando a estrutura real de negócio onde a entidade teria muito mais características e funcionalidades. Trata-se de uma classe denominada anêmica. E, como dito anteriormente, o cenário proposto envolve a mudança de pensamento. É comum imaginar que adicionar métodos *getters* e *setters* tornaria a classe mais rica do ponto de vista de negócio. Porém, como o próprio nome já diz, negócio não é representado por métodos *getters* e *setters*, e sim por métodos de negócio que representam ações e alteram as propriedades do objeto.

```
Public class Colaborador {
  private Integer matricula;
  private String nome;
  private Double salario;
  private Departamento departamento;
  ...

 public Integer getMatricula(){
     return matricula;
 }

 public void setMatricula(Integer matricula){
     this.matricula = matricula;
     ...
 }
 ...
}
```

Exemplo de uma classe Java anêmica.

Apesar de conter comportamentos, o nosso primeiro exemplo da classe **Colaborador** demonstrado anteriormente ainda é classificado como anêmico. Em outras palavras, não é possível identificar ações relevantes que podem alterar os valores das propriedades da instância. Por isso, apenas adicionar comportamentos na classe não habilita a coesão ou representação do negócio. Pode-se observar que no exemplo a seguir a mesma classe **Colaborador** agora foi enriquecida com alguns comportamentos.

```
Public class Colaborador {
  private Integer matricula;
  private String nome;
  private Double salario;
  private Departamento departamento;
  ...

  public Colaborador (Integer matricula, Double salario,...) {
    this.matricula = matricula;
    this.salario = salario;
    ...
  }

  public void mudarDeArea (Departamento novoDepartamento) {
    this.departamento = novoDepartamento;
    ...
  }
}
```

Exemplo de uma classe Java anêmica parcial.

Se a classe contém atributos e métodos padrões, como construtores e comportamentos que não têm significado e aderência ao negócio, ela ainda é considerada anêmica, porém em grau menor, conforme exemplificado no nosso segundo exemplo. Comumente, diz-se tratar de uma classe potencialmente anêmica, pois ainda não foi alcançado o objetivo do modelo de domínio refletir totalmente o negócio. E a observação é bem sutil. Geralmente no segmento de RH empresarial, o termo usado é movimentar ou movimentação de pessoas, e não mudança de área. E, novamente, vale ressaltar a importância de o modelo de domínio refletir o negócio principalmente em termos de nomenclatura, a linguagem comum onipresente (VERNON, 2016). Em nossa última versão da classe **Colaborador**, o domínio é representado de forma mais aderente ao negócio.

```
Public class Colaborador {
  private Integer matricula;
  private String nome;
  private Double salario;
  private Departamento departamento;
  ...
```

```
    public Colaborador (Integer matricula, Double salario,...) {
      this.matricula = matricula;
      this.salario = salario;
      ...
    }

    public void movimentar (Departamento novoDepartamento) {
      this.departamento = novoDepartamento;
      ...
    }
}
```

Exemplo de uma classe Java aderente à linguagem onipresente.

Bounded context

Bounded context é um padrão de projeto muito importante no uso da abordagem DDD. A tradução mais comum para o termo é **contexto delimitado**. Trata-se do estabelecimento de um limite conceitual aplicado no desenvolvimento de software quando estamos projetando as entidades de domínio do negócio. Seu objetivo é agrupar componentes relacionados e evitar ambiguidades.

Na imagem da sequência é possível ver um exemplo clássico de *bounded context* onde destacamos as entidades Cliente e Produto existentes nos dois contextos. Sem um contexto claro, pode-se deduzir que as entidades Cliente e Produto são semelhantes. Porém, do ponto de vista do domínio de negócio, as mesmas entidades podem ter significados bem distintos.

Em um contexto comercial, a entidade Produto pode ter atributos relacionados a valor monetário, como preço e vigência. Já em um contexto de suporte técnico, a mesma entidade pode ter apenas código e nome para identificar o produto durante o processo de atendimento. As informações comerciais exclusivas são irrelevantes no contexto de suporte técnico.

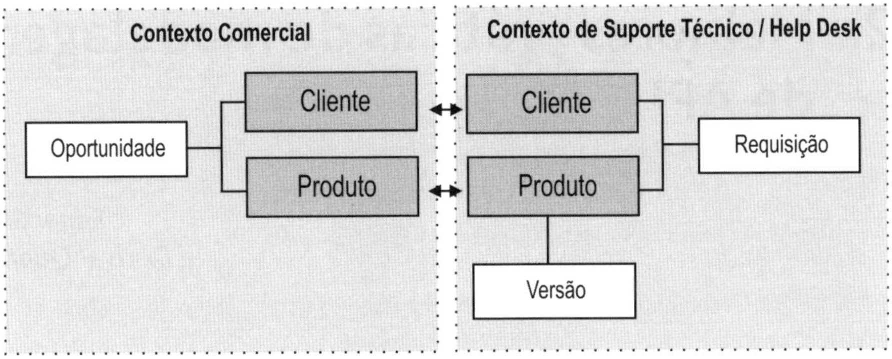

Figura 11.2. Exemplo do padrão *bounded context*.
Fonte: adaptado de Fowler (2014a).

Nesse cenário, é possível dividir os contextos incluindo a separação das equipes de negócio e desenvolvimento, que poderão manter suas entidades específicas de acordo com seu conhecimento e sua lógica de domínio. Segundo Vernon (2016), a definição dos contextos delimitados (*bounded contexts*) é um bom caminho inicial para identificar e projetar microsserviços. A aplicação da linguagem onipresente pode gerar um tamanho ideal para cada serviço, que ainda é passível de novas segregações ou quebras.

Segundo Martin Fowler (2014a), o padrão *bounded context* deve ser aplicado em contextos com modelagem ampla, ou seja, modelos com grande quantidade de entidades envolvidas. Não faz sentido considerar a aplicação em modelos simples ou pequenos que envolvem poucas entidades.

Conclusão

Em resumo, o DDD é uma abordagem indicada para resolver problemas de negócios por meio da colaboração ativa entre equipes de desenvolvimento e especialistas de domínio de negócio. Não se trata de uma receita única que pode ser aplicada em todos os projetos de software. Porém, quando aplicável, pode gerar benefícios muito significativos que promovem coesão, facilidade de manutenção e evolução dos sistemas.

12. Melhores práticas de modelagem de API

Edgar Silva
Dorival Querino

As características peculiares aos microsserviços, como alta granularidade, serviços autônomos e desenvolvidos por times independentes, trouxeram novas dificuldades para as empresas. Entre estas, podemos citar a grande quantidade de APIs expostas, podendo alcançar centenas ou milhares. Times independentes, cada qual criando suas próprias APIs e seguindo seu próprio padrão de nomenclatura, tornam difícil sua compreensão. Além disso, muitas APIs eram duplicadas por outros times por não estarem devidamente documentadas, ou por serem difíceis de encontrar, de prever seu comportamento ou de entender seus parâmetros.

Isso começou a elevar os custos de desenvolvimento para as empresas, e retrabalhos e duplicidades de implementações começaram a surgir juntamente com inúmeros problemas advindos de sistemas altamente distribuídos, de forma que a promissora arquitetura de microsserviços que estava emergindo parecia estar fadada ao fracasso. Mas, como demonstrado a seguir, uma decisão corajosa e arrojada do CEO de uma empresa iniciaria um movimento que mudaria os rumos do mercado de APIs.

Este capítulo mostrará práticas e ferramentas para APIs *RESTful*, mas é importante deixar claro que existem diversos outros tipos de APIs, como mensageria, gRPC e outras que não estão no escopo deste capítulo.

O *Big Mandate* da Amazon

Em meados de 2002, Jeff Bezos, CEO da Amazon, que veio a se tornar um fenômeno de crescimento no mundo da tecnologia, enviou uma mensagem para todo o seu time de desenvolvimento e soluções que ficou conhecida como *The Big Mandate* (**A Grande Ordem**). A seguir, a tradução literal de parte dessa mensagem para o time da Amazon na época:

1. Todos os times devem fazer de tudo para expor dados e funcionalidades através de interfaces de serviços.
2. Os times precisam se comunicar uns com os outros através dessas interfaces.
3. Não haverá nenhuma forma de processo de intercomunicação que seja permitida: sem *link* direto, sem ler dados direto dos bancos dos outros times, sem modelo de memória compartilhada, sem *backdoors*[12] ou qualquer coisa. A única forma de comunicação é através da rede de comunicação.
4. Pode-se usar qualquer tecnologia: HTTP, Corba, Pubsub e até protocolos customizados, não importa.
5. Todos os serviços, sem exceção, serão desenhados de forma que possam ser externalizados. Isso quer dizer que o time precisa fazer com que o plano e o desenho do serviço possam ser capazes de expor sua interface para qualquer lugar no mundo. Sem exceções.

Impacto positivo na Amazon
A Amazon cresceu como fenômeno corporativo sustentado por tecnologia, e grande parte dos seus princípios são construídos sobre esses mesmos pilares. Para isso, ***API First*** é um dos grandes itens obrigatórios na organização.

Pensando sempre em APIs
Para toda integração é sempre necessário pensar no contrato da API antes de qualquer passo.

A API que você precisa já existe?
Antes de criar uma API, por favor, procure no catálogo corporativo da empresa, nos contratos e no próprio portal de APIs da empresa. Se existir alguma similar, converse com o time/*squad*/*tribe* responsável por ela para, se possível, estender o comportamento dela, ou mesmo verificar se você pode colaborar com uma nova função.

Modelando APIs com Swagger e Open API

Introdução

APIs (*Application Programming Interfaces*) são muitas vezes conhecidas como "os conectores do mundo digital". Através das APIs diversos sistemas ou serviços pensados de forma independente podem se comunicar de maneira universal. Essa comunicação

[12] Portas secretas ou acessos não documentados.

só é possível devido à especificação de um **contrato** de comunicação, que define as capacidades da API, o que ela faz, como faz e quais dados são necessários. Este tópico abordará formas de criar tais contratos, para que você possa ter microsserviços e APIs que se comunicam de maneira clara e eficiente.

Criando APIs efetivas e reutilizáveis

Sua API deve ser pensada sempre da seguinte forma:

Nome da API (exemplo: Operações Bancárias)

- ✓ **Substantivo no plural** – Representará o seu cenário de implementação de casos de uso. Por exemplo:
  - Vendas
  - Funcionários
  - Movimentos
  - Fornecedores
  - Métricas
  - Operações
- ✓ Cada **substantivo** por **convenção** já possui os métodos HTTP representando os verbos (ações) das operações, como no exemplo a seguir:
  - Vendas: HTTP ***GET*** – /vendas: retorna todas as vendas (atenção para o resultado não sobrecarregar o ambiente, é sempre importante termos paginação e limite máximo de retorno)
  - Vendas: HTTP ***GET*** /vendas/filial/12313/hoje –
    - Na URI (endereço), temos os seguintes parâmetros:
      - filial – Parâmetro de URI
      - 12313 – Parâmetro que diz qual é a filial
      - hoje – Expressa que são as vendas daquele dia.
  - Vendas: ***POST*** /vendas
    - *Body* – No *body* enviaremos um *payload* (que será geralmente um JSON) com os dados da venda em si para serem cadastrados no sistema.
  - Vendas ***PUT*** ou ***PATCH*** – /vendas/78943434 –
    - *Body* – *Payload* com dados de vendas – Ao enviar um *PUT* ou *PATCH*, isso significa que você quer atualizar a venda com o ID "78943434". A diferença entre o *PUT* e o *PATCH* é que o *PUT* faz a atualização completa do recurso (no nosso exemplo, a venda), enquanto o *PATCH* faz uma atualização parcial, somente com os dados que foram enviados no *payload*.
  - Vendas: HTTP ***DELETE*** – /vendas/78943434 – Significa que você excluirá logicamente ou fisicamente a venda de ID 78943434.

Práticas recomendadas e não recomendadas para APIs

Algumas práticas não são recomendáveis para desenho de APIs. Algumas delas são relacionadas na tabela a seguir.

Tabela 12.1. Formas não recomendáveis de escrever APIs.
Fonte: o autor.

* /buscarFornecedorPorCNPJ?CPNJ=090909090909 * /bloquearFornecedorComCreditosNegativos?ativo=true&estado=32 * /cliente/consultaPorNome?nome=Joao

A tabela a seguir mostra como seria o refatoramento dessas APIs. Nela é possível notar como os parâmetros de URI são muito mais simples de ser lidos.

Tabela 12.2. Sugestões de refatoramento de APIs.
Fonte: o autor.

Não recomendado	Sugestão
GET /buscarFornecedorPorCNPJ?CPNJ=090909090909	GET /v1/fornecedores/cnpj/090909090909 Obs.: versão/substantivo/ação/parâmetro de URI
POST /bloquearFornecedorComCreditosNegativos?CPNJ=090909090909&ativo=true	POST /v1/fornecedores/cnpj/090909090909/bloqueio?razao=creditos_negativos Obs.: versão/substantivo/ação/parâmetro de URI + Parâmetros "Query" (*Query Param*)
/cliente/consultaPorNome?nome=Joao	GET /v1/cliente/nome/Joao

Versionamento de APIs

Observe que nos exemplos anteriores é sugerida a boa prática de **versionamento da API**. Essa prática permite evoluir a aplicação para uma nova versão ("**/v2**/fornecedores/", por exemplo) enquanto se mantém a atual ("**/v1**/fornecedores/") totalmente operacional, sem causar impacto aos clientes. Assim, estes poderão evoluir a versão quando estiverem preparados, bastando, para isso, apontar para a nova API. Existem outras estratégias de versionamento de APIs tais como:

- ✓ **Versionamento na URI**: a mais simples e, por isso, muito utilizada, onde é informada a versão logo após a URL base. Exemplo: https://minha-api/**v1**/carros.
- ✓ ***Query string***: é adicionado um parâmetro que contém a versão da API. Exemplo: https://minha-api/carros/**version=v1**.

✓ **Nome de subdomínio:** a versão é adicionada logo no início da URL. Exemplo: https://**api-v1**.minha-api/carros.

✓ ***Media type* (ou content-*type*):** considerada a forma mais pura de versionamento, onde a versão é enviada por um *header* de *accept* como: ***Accept: application/vnd.minhaapi.v2+json***.

✓ ***Header* customizado:** enviam-se informações de versão em um *header* customizado como: **api-version: "2019-06-01"**.

Os detalhes sobre versionamento de APIs não estão no escopo deste livro, mas aqueles que desejarem poderão se aprofundar no assunto consultando as referências Zemel (2016) e Microsoft Docs (2022).

Contratos de APIs como primeiro passo (*API First*)

Assim como muitas ideias começam em rascunhos, idealizações, testes de viabilidade etc., os mesmos princípios podem ser trazidos quando estamos criando nossas APIs. A prática conhecida como ***API First*** consiste em você criar o "rascunho" da sua API com todas as operações, tipos de dados que vai receber, devolver, mensagens etc. Veja o exemplo a seguir de ideia de API:

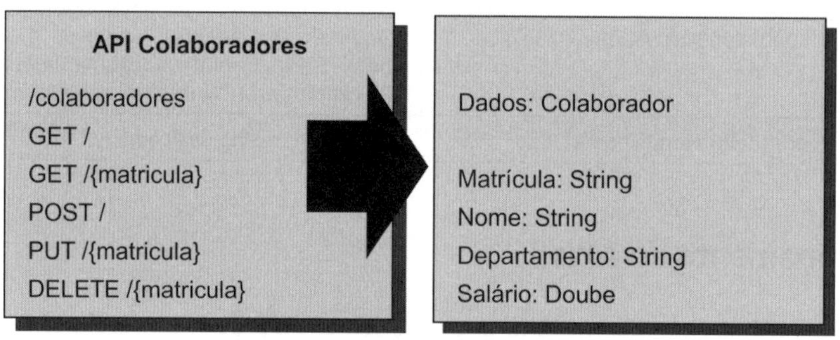

Figura 12.1. Desenho inicial/rascunho da API.
Fonte: o autor.

Podemos observar que a API Colaboradores irá primordialmente realizar as operações mais básicas de *CRUD* (**o que faz**), além da definição dos atributos que um colaborador possui, neste caso: matrícula, nome, departamento e salário (**dados necessários**).

APIs são compostas de recursos (*resources*) e operações (verbos HTTP), e todo esse desenho de APIs é construído usando o formato JSON ou YAML.

Quando usamos *API First*, conforme mostra a figura a seguir, nós podemos de certa maneira economizar até mesmo na implementação, pois, antes de criarmos os *backends* efetivos, podemos criar *mocks* (retornos/métodos fixos) para testar a aderência e o engajamento, além da utilização das aplicações consumidoras, sejam *mobile*, *web*, *bot* ou até um parceiro.

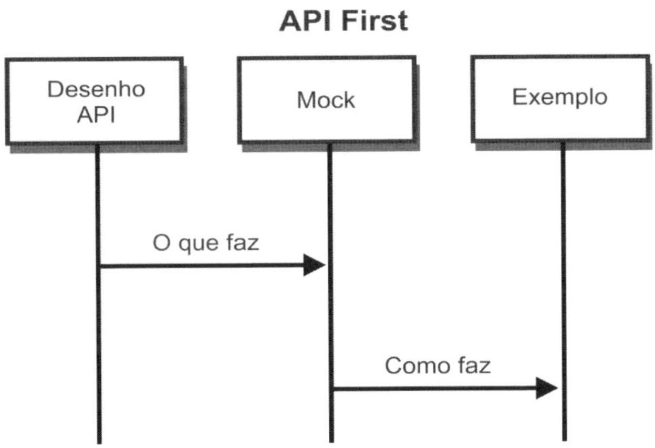

Figura 12.2. Estratégia de *API First*.
Fonte: os autores.

Criando contratos com Swagger

No passado, para termos interoperabilidade (independência de implementação), muitas tecnologias traziam o conceito de IDL (*Interface Definition Language* – linguagem de definição de interface, no sentido de comunicação). O Swagger, de forma resumida, é uma linguagem padrão para definir APIs antes mesmo de elas terem uma implementação real, usando como formato de definição de dados JSON ou YAML.

É possível definir uma API sem nenhuma implementação técnica, ou seja, sem criar um *backend*, pois, já que temos um contrato que nos garante interoperabilidade, nós podemos criar a implementação da API em qualquer linguagem, desde que sejamos capazes de respeitar o contrato definido.

Disponibilizado como *open source* desde 2011, e mantido pela Smart Bear e outras empresas, o ecossistema do Swagger cresceu a ponto de termos editores para os contratos de API *open source* e para o modelo como serviço na *web*, que, além de modelar os contratos das APIs, podem gerar os *backends* com implementações *mocks* no lado servidor e até mesmo os componentes clientes.

Rapidamente os contratos Swagger também passaram a servir de documentação e ganharam uma relevância crucial para a criação de uma iniciativa de APIs.

O nome popular Swagger do contrato da sua API na sua maioria das vezes é escrito em JSON; porém, uma especificação nova reuniu várias outras iniciativas paralelas ao Swagger, como RAML (linguagem criada pela MuleSoft) e outras formas de contratos, em uma única especificação, conhecida como Open API Spec (OAS): <https://www.openapis.org/>. O OAS é então uma evolução do Swagger. Até a data da escrita deste livro, estamos na versão 3.0.3.

Ferramentas Swagger: Swagger Editor

A primeira ferramenta que apresentaremos é o Swagger Editor, que pode ser usada de forma *on-line* e gratuita no seguinte endereço: <https://editor.swagger.io/>, que é o jeito mais simples de ter o primeiro contato com esse padrão de definição de contratos de APIs.

Criando o Swagger da API Colaboradores

Passo 1: criando JSON Inicial

Precisamos criar um JSON que possa expressar as operações que sua API irá fornecer. Para isso, você pode fazer uso de mapas mentais ou escrever em um papel mesmo. Abordaremos o exemplo dos colaboradores. Para pensar no contrato, vamos primeiramente pensar no rascunho do JSON de entrada de dados para nossa API:

```
{
  "funcionario_id": "11313131",
  "nome": "Joseph Blinker",
  "departamento": "Vendas",
  "salario": 1200.0
}
```

JSON da base do exemplo.

Um JSON pode ser validado pelo JSON Schema, que tem o papel de validar semanticamente as informações do envelope JSON. Se você precisar gerar o JSON Schema, recomendamos ferramentas *on-line* como: <https://jsonschema.net/>. Aqui temos o JSON Schema gerado com base na ferramenta mencionada:

```
{
    „$schema": „http://json-schema.org/draft-07/schema",
    "$id": "http://example.com/example.json",
    "type": "object",
    "title": "The root schema",
    "description": "The root schema comprises the entire JSON document.",
    "default": {},
    "examples": [
        {
            "funcionario_id": "11313131",
            "nome": "Joseph Blinker",
            "departamento": "Vendas",
            "salario": 1200.0
        }
    ],
    "required": [
        "funcionario_id",
        "nome",
        "departamento",
        "salario"
    ],
    "properties": {
        "funcionario_id": {
            "$id": "#/properties/funcionario_id",
            "type": "string",
            "title": "The funcionario_id schema",
           "description": "An explanation about the purpose of this instance.",
            "default": "",
            "examples": [
                "11313131"
            ]
        },
        "nome": {
            "$id": "#/properties/nome",
            "type": "string",
            "title": "The nome schema",
           "description": "An explanation about the purpose of this instance.",
            "default": "",
            "examples": [
                "Joseph Blinker"
            ]
        },

     . . . .
   },
    "additionalProperties": true
}
```

JSON Schema do nosso envelope de dados.

Passo 2: usando ferramentas para construção do contrato Swagger/OAS
Vamos agora criar nosso primeiro contrato Swagger/OAS. Para isso, vamos usar uma ferramenta 100% *on-line* e gratuita chamada de Apicurio (<https://studio.apicur.io/>):

Depois de se autenticar na plataforma, você criará a API clicando em **Create New API**, de acordo com a imagem a seguir:

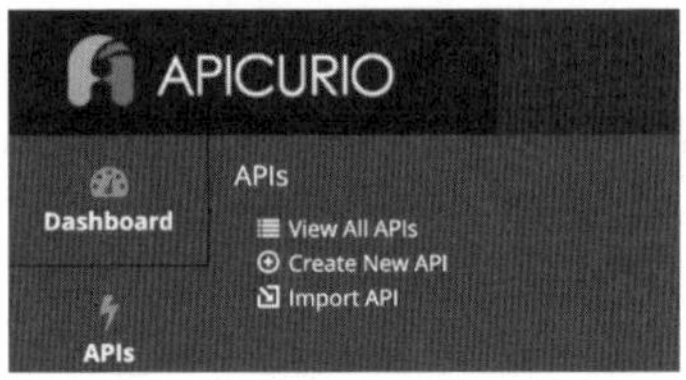

Figura 12.3. Criando uma nova API.
Fonte: captura de tela do autor.

Para começar, podemos entrar com as informações iniciais de sua API. Após isso, poderíamos usar como exemplo a famosa API da *pet store*, ou a *USPTO Dataset API*, porém nós vamos usar a opção *Blank API* (API em branco). Após esses passos, clique no botão **Create API**.

Na próxima janela, será possível ter acesso a informações e metadados de nossa API. Para que possamos dar vida ao nosso contrato Swagger, clique no botão **Edit API**:

Figura 12.4. Informações iniciais da nova API.
Fonte: captura de tela do autor.

O Apicurio é uma ferramenta extremamente simples e fácil para criação dos contratos de nossas APIs. Para acelerar ainda mais a criação do nosso primeiro recurso (*resource*), vamos criar um *data type* clicando no botão **Add a data type**:

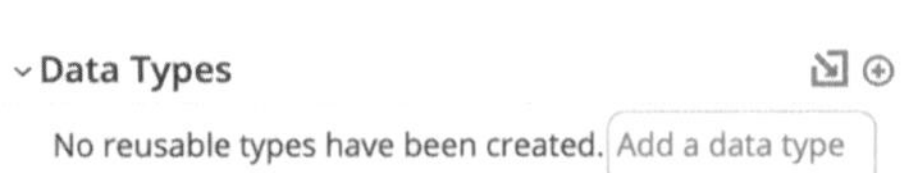

Figura 12.5. Adicionando um novo *data type*.
Fonte: captura de tela do autor.

Preencha os dados de acordo com a imagem a seguir. Vamos usar o JSON de exemplo do passo 1. Selecione a opção *REST Resource* para que os recursos (*resources*) sejam criados. Após completar os passos, clique no botão **Save**:

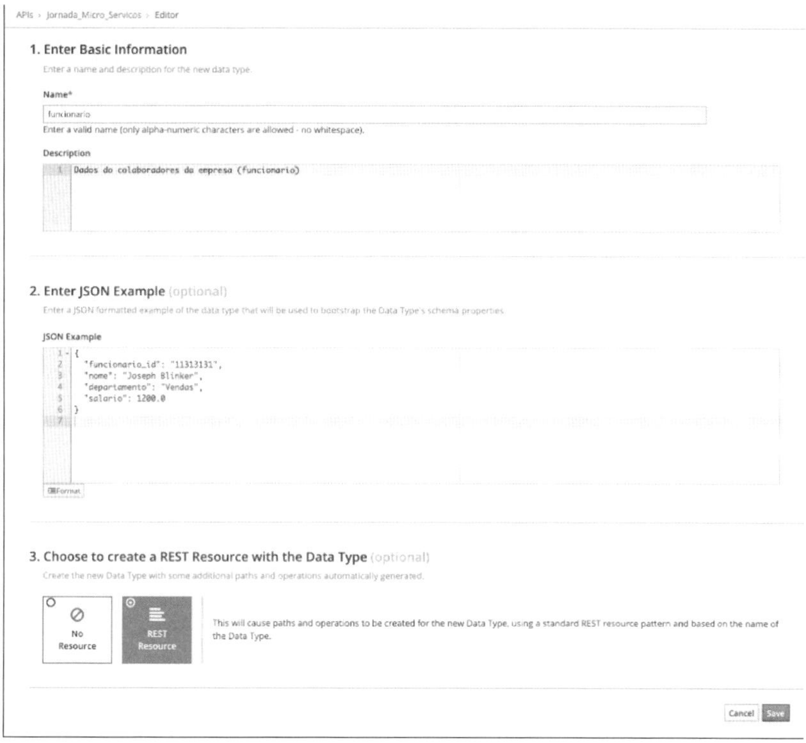

Figura 12.6. Criando o *data type* (tipo de dado).
Fonte: captura de tela do autor.

Até agora, o Apicurio já nos ajudou a criar o seguinte:

- ✓ Recurso: **/funcionarios**
  - *GET* – Retorna todos os funcionários
  - *POST* – Grava um novo funcionário
  - *GET* /{**funcionarioId**} – Retorna os detalhes de um funcionário pelo seu identificador
- ✓ Todos os dados já gerados para nossa documentação.

Passo 3 – Visualizando nossa documentação até o momento

O Apicurio permite visualizar sua documentação Swagger/OAS usando um renderizador *on-line*, que no caso é o Redocly (<https://github.com/Redocly/redoc>), que lhe permitirá ver como está ficando a sua documentação. Para ver a documentação que estamos criando, clique no botão **Preview Documentation**. Veja o resultado na figura a seguir:

Figura 12.7. Documentação gerada pelo Redocly.
Fonte: captura de tela do autor.

Se você observar o código de nosso contrato no Swagger (Opção **Download OpenAPI specification**), você poderá ver algo como a lista de código a seguir:

```
openapi: 3.0.2
info:
    title: Jornada_Micro_Servicos
    version: 1.0.0
    description: API de Exemplo do Livro
paths:
    /funcionarios:
        summary: Path used to manage the list of funcionarios.
        Description: >-
            The REST endpoint/path used to list and create zero or more
`funcionario` entities.  This path
            contains a `GET` and `POST` operation to perform the list and
create tasks, respectively.
        Get:
            responses:
                '200':
                    content:
                        application/json:
                            schema:
                                type: array
                                items:
                                    $ref: '#/components/schemas/
funcionario'
                    description: Successful response - returns an array of
`funcionario` entities.
```

```
        operationId: getfuncionarios
        summary: List All funcionarios
        description: Gets a list of all `funcionario` entities.
    Post:
        requestBody:
            description: A new `funcionario` to be created.
            Content:
                application/json:
                    schema:
                        $ref: '#/components/schemas/funcionario'
            required: true
        responses:
            '201':
                description: Successful response.
        operationId: createfuncionario
        summary: Create a funcionario
        description: Creates a new instance of a `funcionario`.
  '/funcionarios/{funcionarioId}':
    summary: Path used to manage a single funcionario.
    Description: >-
        The REST endpoint/path used to get, update, and delete single
instances of an `funcionario`.  This
        path contains `GET`, `PUT`, and `DELETE` operations used to
perform the get, update, and ...
```

Código da especificação de API

Como podemos observar, já temos uma documentação inicial interessante para nossa API de funcionários. A seguir, vamos gerar um código *mock* (testes).

Passo 4 – Implementando nosso *mock* ou *backend*

Para nossa implementação de exemplo, nós criamos o arquivo que foi gerado no Apicurio no GitHub, no endereço <https://git.io/JY6lE>, que abrirá o *link* para você já no formato *raw* (bruto/somente texto).

Para podermos gerar nossa implementação de servidor, vamos entrar no *link* <https://editor.swagger.io/>, copiar o conteúdo do *link* com o arquivo de exemplo e colar no editor do Swagger, conforme figura:

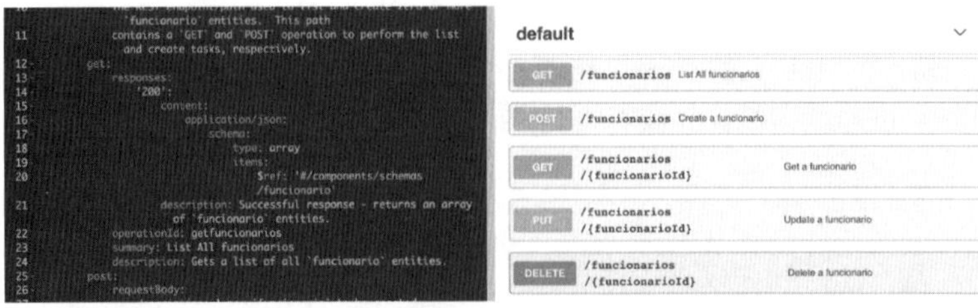

Figura 12.8. Swagger Editor renderizando especificação criada no Apicurio.
Fonte: captura de tela do Swagger Editor.

O Swagger Editor permite criar vários modelos de servidores e de clientes, como Java, .NET Core, Python, Go etc. Vamos usar como implementação de *mock/backend* um servidor Spring Boot; para isso, selecione a opção **Generate Server > Spring** do menu:

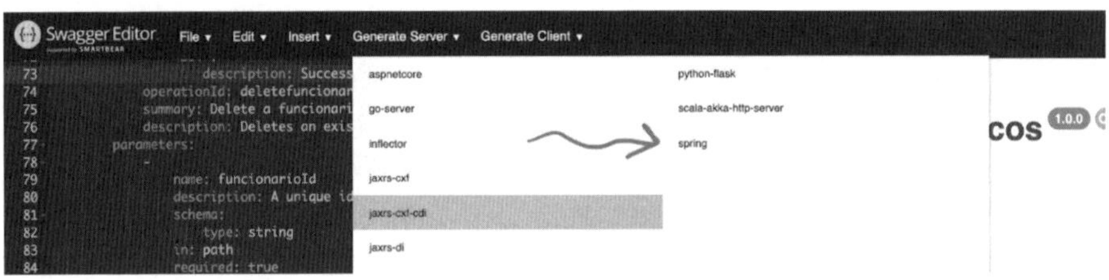

Figura 12.9. Gerando o servidor Spring.
Fonte: captura de tela do autor.

O Swagger Editor realizará o *download* de um arquivo ZIP com todo o esqueleto do seu arquivo Swagger/OAS. A estrutura do seu projeto será semelhante à exibida a seguir:

```
├── README.md
├── pom.xml
├── src
│   └── main
│       ├── java
│       │   └── io
│       │       └──  enerat
│       │           ├── RFC3339DateFormat.java
│       │           ├── Swagger2SpringBoot.java
│       │           ├── api
│       │           │   ├── ApiException.java
```

Código fonte gerado pelo Swagger Editor

Veja que todos os componentes já foram criados. Se você quiser testar a execução até o momento (precisa ter o JDK-8 ou superior e Maven instalados), abra o diretório que você acabou de descompactar no *prompt* de comando e digite:

```
$ mvn package
```

O resultado deve ser o *build* com sucesso, mais ou menos como este código:

```
[INFO] --- spring-boot-maven-plugin:1.5.22.RELEASE:repackage (default) @
swagger-spring ---
[INFO] ------------------------------------------------------------------------
[INFO] BUILD SUCCESS
[INFO] ------------------------------------------------------------------------
[INFO] Total time:  3.749 s
```

Depois de ter o *build* do *mock* do servidor pronto, você terá um *fat JAR* (*uber JAR*: JAR com todas as dependências) gerado na pasta *target*. Para executar o servidor Spring Boot, digite o comando:

```
$ java -jar target/swagger-spring-1.0.0.jar
```

O resultado será o carregamento da aplicação Spring Boot na porta HTTP 8080 (http://localhost:8080/). Veja nossa aplicação na figura a seguir:

Figura 12.10. *App web* Spring Boot com suporte à documentação Swagger.
Fonte: captura de tela do autor.

> **Obs.**: no momento de escrita deste livro, o código não compilou utilizando o Java 11, então foi preciso fazer uma pequena alteração no pom.xml que pode ser visto/comparado no repositório de exemplos do livro: <https://git.io/JY6Ek>.

Para testar nosso servidor e a implementação do *mock*, nós podemos abrir o item **GET /funcionarios** na opção *Try it out* e após um *Execute*.

Veja que o retorno HTTP foi o 501, que representa "Not implemented", ou seja, o método *GET* não está implementado ainda. Vamos fazer uma pequena mudança na classe **FuncionarioApiControler.java** e mudar o método **getFuncionarios()** –onde estiver "*HttpStatus.NOT_IMPLEMENTED*", mudar para "HttpStatus.OK".

Neste exemplo, nós mudamos a constante **HttpStatus** de **NOT IMPLEMENTED** para **OK**, o que faz com que o HTTP 200 seja retornado. Veja o resultado:

Figura 12.11. Resultado da execução do *mock* no servidor Spring Boot.
Fonte: captura de tela do autor.

Em nossa implementação de *mocks,* poderíamos trocar esse retorno de testes por uma chamada de bancos de dados, ou a chamada a qualquer outro serviço ou *backends.*

Outras ferramentas interessantes para Swagger/OAS

Stoplight

É uma ferramenta muito interessante, pois você pode usar tanto de forma *on-line* como fazendo o *download* para seu computador. Para mais informações entre no site <https://stoplight.io/>. Após se registrar, você poderá ver as seguintes opções:

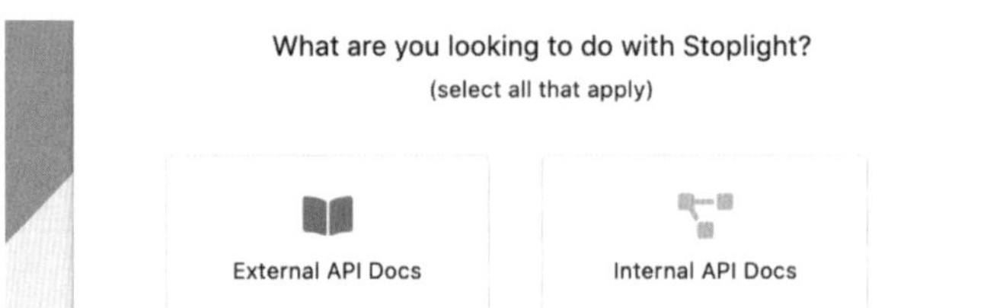

Figura 12.12. Funcionalidades do Stoplight.
Fonte: captura de tela do autor.

Se você for na opção **API Design**, você poderá também editar o arquivo de Swagger/OAS que criamos no início do capítulo com o Apicurio. Veja na figura a seguir o arquivo importado:

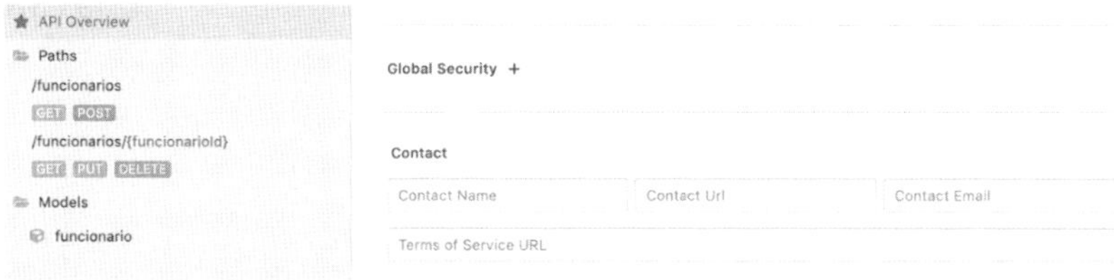

Figura 12.13. Edição no Stoplight.
Fonte: captura de tela do autor.

Insomnia

O Insomnia é uma ferramenta criada pela Kong (mais informações no site <https://insomnia.rest/>). O **Insomnia Designer** permite editar seus contratos Swagger/OAS. Como exemplo, veja a figura:

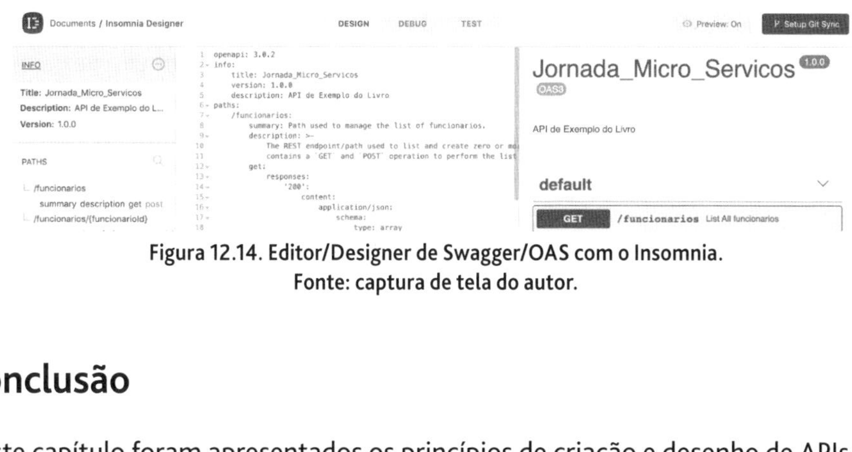

Figura 12.14. Editor/Designer de Swagger/OAS com o Insomnia.
Fonte: captura de tela do autor.

Conclusão

Neste capítulo foram apresentados os princípios de criação e desenho de APIs, bem como as especificações. Criamos nosso primeiro contrato Swagger/OAS, exportamos e importamos em várias ferramentas. Foram criados *mocks* e até servidores de APIs que podem atuar como seus serviços e microsserviços. Neste livro, existem vários assuntos que você poderá conectar a este capítulo e permitirão que você tire maior proveito de todos os conceitos apresentados.

13. BFF (*Backend For Frontend*)

Jonas Santos

Atualmente temos diversas interfaces de usuários, como: aplicativos *mobile, web, desktop* e *smartwatch*. Normalmente, cada uma dessas interfaces tem suas particularidades – tamanho da tela, planos de dados, limites de requisições e retornos. É comum o mesmo *backend* servir a todas essas interfaces. Porém, dependendo da adaptação no *backend* para atender a cada interface, isso poderá gerar um grande problema de acoplamento.

O BFF (*Backend For Frontend*) é um padrão de arquitetura associado fortemente à experiência dos usuários que aborda o desenvolvimento de *backend* para *frontends* específicos (PRICE et al., 2021). Esse padrão foi abordado pela primeira vez em 2015 pelo Phil Calçado, um grande engenheiro de software. Esse padrão está na categoria *Design & Implementation* e é relacionado aos padrões *Gateway Aggregation Pattern, Gateway Offloading Pattern* (RICHARDSON, s.d.) e *Gateway Routing Pattern.*

O padrão de arquitetura BFF é semelhante ao conceito de separar o *frontend* do *backend*; porém, é criada mais uma camada entre a interface e os recursos que são chamados. Essa camada funciona como um *proxy*, onde são realizadas todas as conversões necessárias para cada interface.

A figura a seguir ilustra uma arquitetura de microsserviços sem o uso da camada BFF, onde todos os clientes acessam diretamente o serviço do *backend.*

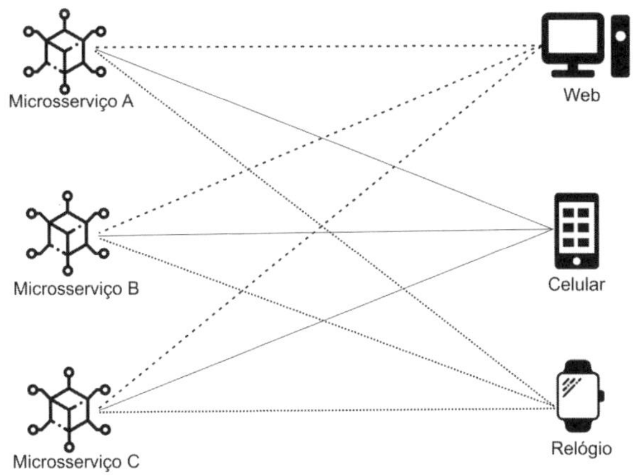

Figura 13.1. Arquitetura de microsserviços sem o uso de BFF.
Fonte: o autor.

Na figura anterior, as interfaces *mobile* e *web* acessam diretamente os serviços do *backend*. Partindo desse exemplo, imagine um serviço de extrato financeiro em um sistema bancário. Ao acessar o extrato no aplicativo *web*, são retornadas diversas informações, mas no *mobile*, como a tela é menor, nem todas essas informações seriam relevantes. Nesse caso o *backend* poderia identificar de qual interface está vindo a requisição para devolver os dados específicos para cada interface ou devolver todas as informações e cada interface usar só as informações de que necessitam, mas isso poderia gerar algum tipo de problema.

Agora vamos analisar a figura a seguir usando a camada BFF, onde cada *backend* foi construído para servir especificamente a cada cliente:

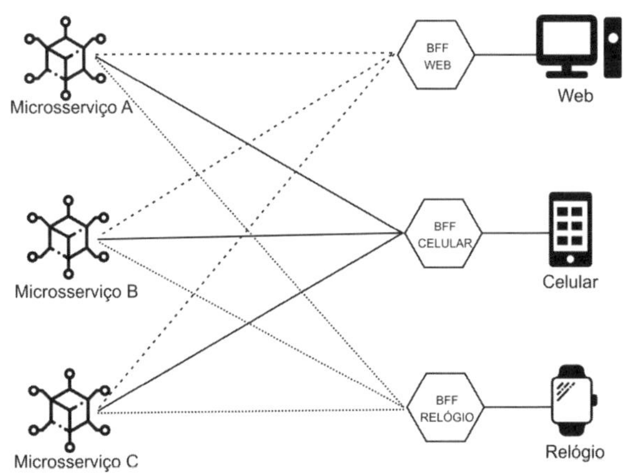

Figura 13.2. Arquitetura de microsserviços com o uso de BFF.
Fonte: o autor.

Na figura anterior, podemos notar que na arquitetura do BFF é criada mais uma camada para fazer a transição entre as interfaces *frontend* e os microsserviços, ou seja, o conceito de *backend* para o *frontend*. Essa camada também é conhecida como tradutor (*translator*), pelo fato de receber dados e convertê-los para outro específico. Por ser um tradutor na camada do BFF, somente deve haver regra de negócio relacionada ao cliente específico.

Para facilitar o entendimento, vamos simplificar o exemplo da figura anterior apenas com um microsserviço de extrato financeiro.

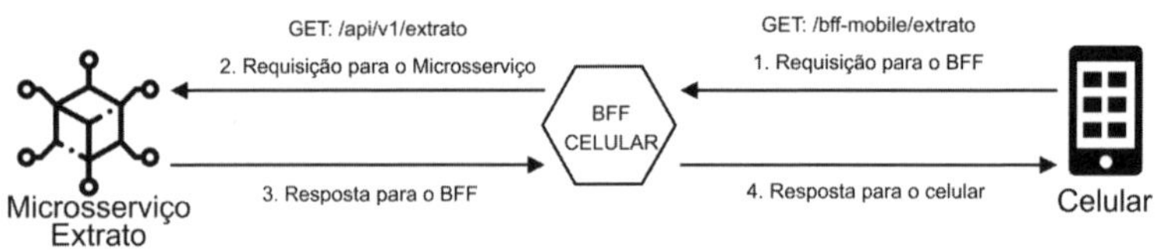

Figura 13.3. Microsserviço de extrato financeiro.
Fonte: o autor.

Como vimos na figura anterior, foram executados quatro passos:

- ✓ 1 – A interface do celular solicita o extrato financeiro para o BFF (/bff-mobile/extrato).
- ✓ 2 – O BFF requisita o microsserviço de extrato financeiro (/api/v1/extrato).
- ✓ 3 – O microsserviço retorna os dados do extrato financeiro para o BFF.

```
{
  "referencia": "2020",
  "meses": [
    {
      "ser": "Janeiro",
      "valor": 1000
    },
    ...
  ],
  "mesesDetalhados": [
    {
      "ser": "Janeiro",
      "valor": 1000,
      "descricao": "Detalhes ser de janeiro",
      "comprovante": "Baixar comprovante"
    },
    ...
```

```
  ],
  "resumo": {
    "entrada": 5000,
    "saida": 2000,
    "saldo": 3000
  },
  "relatorio": {
    "pdf": "Baixar PDF",
    "xls": "Baixar XLS"
  }
}
```

✓ 4 – O BFF realiza a conversão e retorna os dados para a interface do celular.

```
{
  "referencia": "2020",
  "meses": [
    {
      "ser": "Janeiro",
      "valor": 1000
    },
    ...
  ],
  "resumo": {
    "entrada": 5000,
    "saida": 2000,
    "saldo": 3000
  }
}
```

No exemplo anterior, podemos notar que os dados retornados para a interface do celular são resumidos – isso acontece bastante em serviços que têm muitos dados em sua resposta, facilitando assim as interfaces com menor resolução ou que necessitam de poucos dados.

Vejamos alguns benefícios e desvantagens no uso do BFF:

Benefícios

✓ Menor e menos complexo que uma API monolítica.
✓ Oferece melhor resultado para o *frontend*.
✓ Tira a responsabilidade de conversões do *frontend*.
✓ Evita criar métodos nos microsserviços com retornos diferentes para cada interface.

Desvantagens

- ✓ Como é criada mais uma camada para se comunicar com os *frontends*, se o BFF falhar, aquele cliente específico irá falhar.
- ✓ Pode haver duplicação de códigos.
- ✓ Mais serviços e componentes para gerenciar.

Conclusão

Como vimos, o BFF é uma arquitetura voltada para interfaces *frontend*. Antes de usá-la, deve ser levado em consideração o planejamento arquitetural do projeto, principalmente quais interfaces de fato irão se comunicar com os microsserviços e se os dados desses clientes serão apresentados de formas diferentes. Agora, se levarmos em consideração o cenário apresentado no início do capítulo, com três tipos de interfaces diferentes acessando os microsserviços, cada um com sua capacidade de dados suportados para mostrar na interface ao usuário, neste caso a camada do BFF é bem-vinda para realizar a conversão dos dados para cada interface.

14. Decomposição de monolitos em microsserviços

Dorival Querino

Durante a jornada de desenvolvimento de microsserviços, muito provavelmente será necessário lidar com sistemas legados monolíticos que precisarão ser refatorados, de modo que os padrões de decomposição serão de grande ajuda na execução dessa tarefa. Por isso, a importância do bom entendimento dos padrões apresentados neste capítulo.

Serão apresentadas formas de decompor sistemas muitos complexos utilizando refatoração por competências de negócios, decompor sistemas enquanto ainda estão em uso utilizando o padrão de estrangulamento, a decomposição de base de dados e a decomposição por subdomínio.

Decomposição por *business capabilities*

A decomposição por *business capabilities*, ou competência de negócios, ocorre quando a quebra do monolito em microsserviços é feita com base nos valores de negócio gerados, ou seja, o que a empresa faz para gerar valor. Identificando-se as competências dentro do monolito, quebra-se cada uma delas em um microsserviço. Esse padrão é mais indicado para **aplicações muito grandes**, onde fica difícil saber por onde começar (SURIANARAYANAN; GANAPATHY; RAJ, 2019).

Na figura a seguir, pode-se observar um sistema de gestão de restaurantes e *delivery* que está sendo refatorado. Primeiro, tentamos identificar os principais modelos de negócio da empresa. Cada modelo destes se torna um serviço. Pode-se observar como os módulos de gerenciamento de **entrega** e **entregadores** dão origem a um único microsserviço, visto que, do ponto de vista do negócio, ambos geram um único valor.

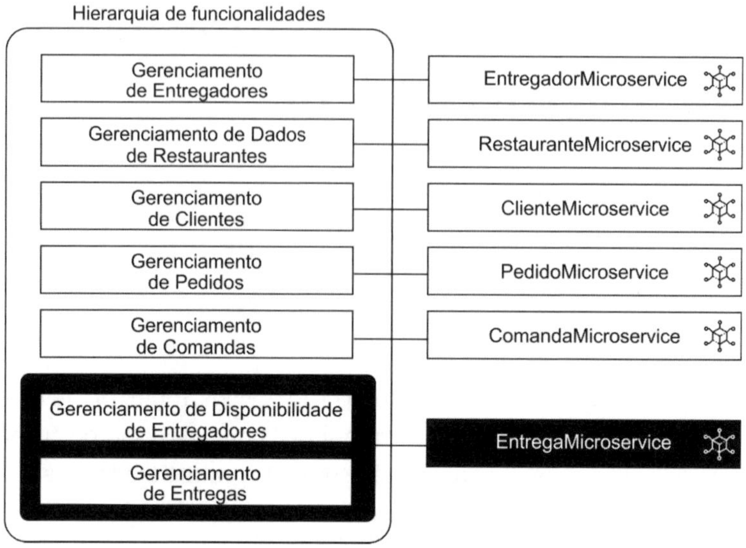

Figura 14.1. Cada *business capability* dá origem a um novo microsserviço.
Fonte: adaptado de Richardson (2019).

A figura a seguir apresenta um exemplo para entendermos melhor essa decomposição. Todas as funcionalidades estão dentro de um mesmo monolito (**alimentacao-system-inicial**), separadas apenas por pacotes. Em um primeiro passo, é importante organizar as funcionalidades em pacotes bem definidos, com a competência do negócio, caso ainda não estejam.

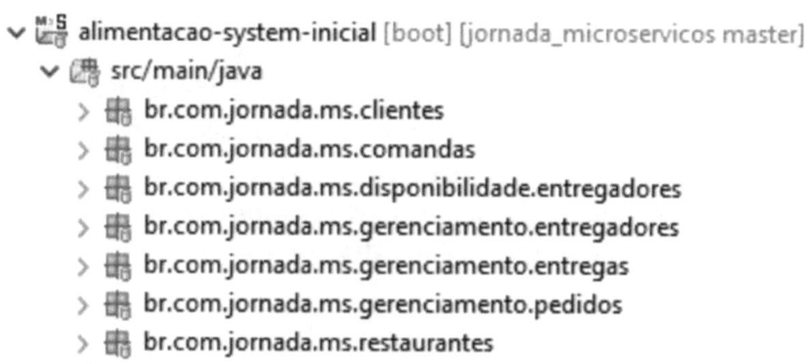

Figura 14.2. Num primeiro passo, a aplicação é organizada em pacotes de acordo com as áreas do negócio.
Fonte: o autor.

Depois disso, o sistema é refatorado e cada pacote é transformado em um novo microsserviço, conforme apresentado na figura a seguir.

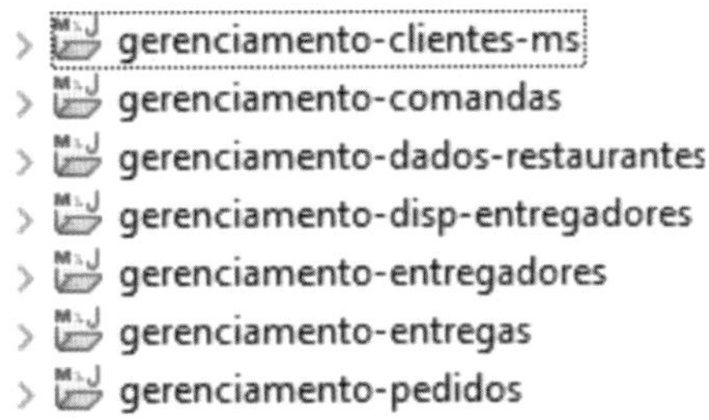

Figura 14.3. Após a decomposição, cada funcionalidade, que era um pacote, tornou-se um novo microsserviço.
Fonte: o autor.

Esse modelo é aplicado em sistemas muito grandes, onde existem muitas dificuldades para entender os domínios. Após a refatoração inicial, e à medida que as equipes entendem melhor o negócio, é comum que o modelo seja refinado ainda mais e os serviços sejam quebrados em outros menores, facilitando a compreensão dos domínios e uma melhor aplicação da refatoração por DDD (*domain-driven design*).

Vantagens

Os objetivos de negócio costumam ser bastante estáveis, assim, mesmo que os componentes mudem e considerando que as tecnologias evoluem constantemente, a arquitetura tende a ficar estável porque os modelos de negócio das empresas não mudam frequentemente. Além disso, alguns sistemas são tão grandes que é difícil saber por onde começar. Nesse cenário, a decomposição por competências de negócios acaba se mostrando uma boa forma de se começar.

Desvantagens

As dificuldades geralmente estão associadas ao entendimento do negócio da empresa. Na decomposição por competências de negócios, é muito importante contar com a participação de pessoas-chave que conheçam bem o negócio. Essas pessoas devem acompanhar as equipes técnicas para que a divisão seja feita de forma correta e sejam evitados retrabalhos. Trata-se também de uma decomposição de mais alto nível, sendo que, às vezes, é necessário fazer um refinamento para separar melhor as funcionalidades, à medida que se conhece mais o sistema.

Conclusão

Algumas empresas possuem monolitos tão grandes que as equipes têm dificuldade em saber por onde começar. Para esses casos, a decomposição por competências de negócios acaba sendo a melhor opção. Vimos que esse tipo de decomposição é mais estável, já que o modelo de negócio varia muito pouco: o que varia são as formas de fazê-lo, mas não o negócio em si. Também se destaca o fato de que pessoas que detêm conhecimento do negócio precisam apoiar as equipes técnicas no trabalho de decomposição, e que os outros refinamentos vão se tornando claros à medida que se conhece mais sobre os objetivos do negócio.

Decomposição por estrangulamento

A decomposição recebe este nome por ter um comportamento semelhante a uma planta trepadeira chamada "figo estrangulador". Esta é uma planta que se enrola em uma árvore bem maior, envolvendo-a e, com o tempo, a estrangulando. No final a árvore hospedeira pode acabar desaparecendo por completo, ficando visível apenas a planta trepadeira à sua volta[13].

O mesmo conceito pode ser aplicado na decomposição de um monolito utilizando o chamado *Strangler Pattern*. Na implementação desse padrão, é feita a migração de módulos do sistema, que são transformados em microsserviços. Os microsserviços vão aumentando em quantidade enquanto o monolito vai diminuindo, dado que suas funcionalidades vão sendo desativadas. Ao final, teremos as funcionalidades migradas para os microsserviços e o monolito será desativado e transformado em apenas mais um microsserviço.

[13] Figo estrangulador: <https://upload.wikimedia.org/wikipedia/commons/4/46/Ficus_watkinsiana_on_Syzygium_hemilampra-Iluka.jpg>.

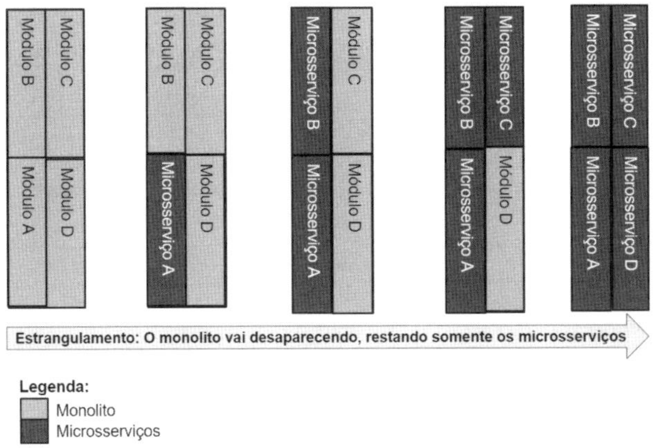

Figura 14.4. *Strangler pattern* – a quantidade de microsserviços cresce enquanto o monolito vai diminuindo, tendo seus módulos desativados.
Fonte: adaptado de Richardson (2019).

Exemplo

Para entender melhor na prática, vamos considerar um exemplo onde temos um sistema monolítico de entrega para restaurantes e precisamos decompor as funcionalidades de Pedidos e de Entregas. A refatoração seria semelhante ao que mostra a próxima figura, separando o monolito em um módulo de pedidos e outro de entrega.

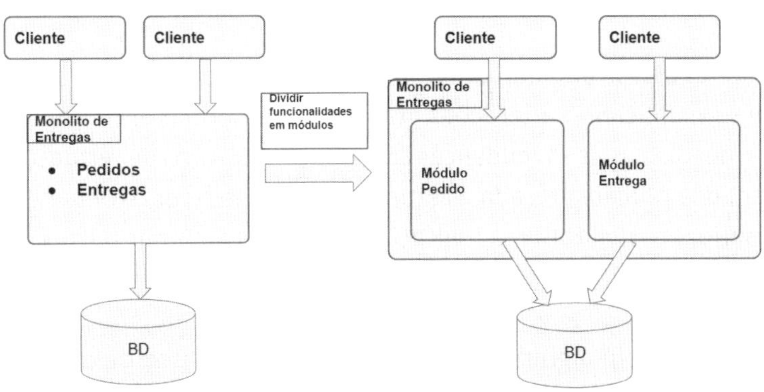

Figura 14.5. Primeira atividade: dividir o sistema monolítico em módulos.
Fonte: adaptado de Richardson (2019).

A próxima figura apresenta, no lado esquerdo, um banco de dados separado para cada módulo e, ao lado direito, dividimos esses bancos de dados em serviços independentes, um para entrega e outro para pedidos.

Gradativamente, as chamadas vão sendo direcionadas aos microsserviços recém--criados, sendo que elas chegam lá através de uma *API Gateway* que gerencia as requisições.

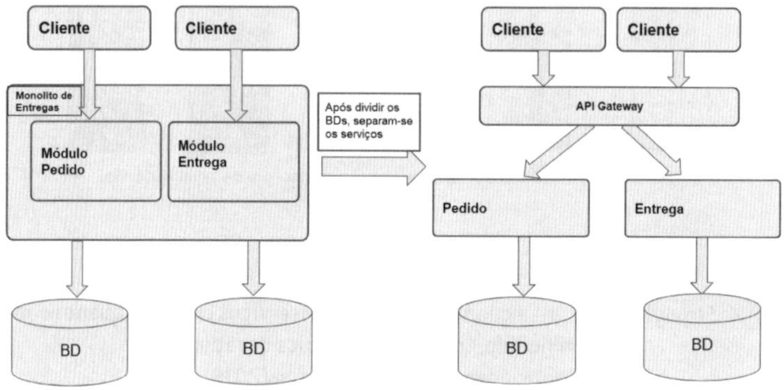

Figura 14.6. Ao final do processo, as requisições serão todas direcionadas aos microsserviços através de uma *API Gateway*.
Fonte: adaptado de Richardson (2019).

Estando cada um deles funcionando corretamente, pode-se desativar cada funcionalidade correspondente no monolito, até que ele não seja mais necessário.

Vantagens e desvantagens

Utilizar o padrão de estrangulamento permite que a decomposição seja feita com o sistema em uso, aplicando alterações graduais e gerando menos impacto e menos riscos para o negócio, pois as mudanças são graduais. Se algo der errado, afetará apenas uma pequena porção alterada. Ele também permite fazer o *rollback* da migração caso necessário, possibilitando a migração de apenas algumas partes do monolito. Isso favorece a convivência com o legado.

Por outro lado, existem algumas desvantagens, como o risco de efetuar mudanças com o sistema em uso e causar problemas no sistema original ou em parte dele caso algo dê errado. Também é necessário atenção com o uso de dados compartilhados, uma vez que o microsserviço compartilhará o banco de dados com o monolito por algum tempo. Deve-se evitar também que o *facade* (*API Gateway*) que é adicionado não se torne um gargalo para a aplicação. E, finalmente, é preciso estar ciente de que esse padrão pode não compensar o esforço no caso de um monolito muito pequeno.

Conclusão

Como foi visto, utilizar o padrão de estrangulamento é uma forma gradual de decompor o microsserviço. Com ele, enquanto trabalhamos na construção dos microsserviços, é possível manter o sistema antigo funcionando normalmente, sem causar maiores impactos ao negócio. Caso deseje conhecer esse *pattern* com mais profundidade, poderá encontrar exemplos mais detalhados no site de Chris Richardson (s.d.)[14], autor do livro *Microservices Patterns* (2019).

Decomposição por subdomínio

Pedro Pereira
André Pontes Sampaio

No processo de decomposição por subdomínio, a palavra de ordem é dividir para conquistar. E, antes de avançar, é importante ressaltar a ligação deste assunto com o tema DDD. No capítulo que aborda DDD foi apresentado o conceito de domínios de negócio.

A análise de orientação a objetos é feita através de entidades do domínio (classes conceituais) com o propósito de identificar diferentes conceitos no domínio do problema e documentar os resultados em um modelo de domínio. Ela é feita de forma incremental em várias iterações na fase de elaboração.

Prefira especificar em excesso um modelo com muitas classes de granularidade fina do que subespecificá-lo, pois classes podem ser capturadas posteriormente durante a atribuição de atributos e associações. Conceitos sem atributos podem ser importantes (GOMES, s.d.).

Você está desenvolvendo um aplicativo grande e complexo e deseja usar a arquitetura de microsserviços, que estrutura um aplicativo como um conjunto de serviços vagamente acoplados. O objetivo da arquitetura de microsserviços é acelerar o desenvolvimento de software, permitindo entrega e implantação contínuas.

14 <https://microservices.io/refactoring/>.

Tabela 14.1. Padrão de decomposição por subdomínio. Fonte: o autor.

Padrão de decomposição por subdomínio		
1	Análise do domínio	Domínio é uma área particular do conhecimento ou atividade ou problema que deve ser endereçada com uma solução de software. Exemplos de domínio são: comida *on-line*, *home banking*, *e-commerce* e folha de pagamento.
2	Identificação do domínio	Um domínio pode ser decomposto dentro de subdomínios, tipicamente focado na solução de pequenos problemas. Em um domínio de comida *on-line*, o exemplo de subdomínio seria: contabilidade, entrega da cozinha e pedidos. Em um domínio de *e-commerce*, os exemplos de subdomínios seriam: cartão de compras, pagamento, catálogo de produtos, informações de clientes etc.
3	Definição de limites de contexto	Limites de contexto de domínio são uma forma de definir fronteiras (*bounded context*). Cada contexto define uma fronteira entre os domínios envolvidos e quais propriedades são específicas e necessárias de cada domínio.
4	Projetando microsserviços	Cada contexto pode estar relacionado a um ou mais microsserviços, dependendo do negócio. A identificação de contextos separados vai auxiliar na definição de quais podem ser os microsserviços da solução. Um microsserviço não pode sobrepor diferentes contextos.

Mas como decompor uma aplicação em serviços?

1. Vamos supor que somos a equipe de software encarregada de desenvolver um aplicativo para uma loja.
2. Para iniciar os trabalhos, poderíamos conversar com o dono da loja para entender por onde seria importante começar. O que será mais crítico para o negócio?
3. Na sequência, vamos perguntar ao dono da loja o que deve ser priorizado: o processo de vendas, o controle de estoque ou o fluxo de contratação de um novo funcionário?
4. O dono da loja responde que o item que gera mais valor ao negócio seria o processo de vendas, e por isso vamos começar mapeando esse cenário.
5. Nesse ponto, cabe enfatizar que trabalharemos com o domínio de Vendas, o qual foi priorizado pela área de negócios (representado pelo dono da loja).
6. O próximo passo seria conversar com o "especialista do domínio" para entender como a venda funciona. Com quem você acha que deveríamos conversar agora? Com o próprio dono da loja, com um vendedor da loja ou com um cliente que realiza compras na loja?
7. Vamos escolher o vendedor da loja como nosso "especialista do domínio", pois é a pessoa que melhor entende o domínio de vendas, já que lida com esse fluxo diariamente.

8. Ao conversar com o vendedor, ele explicaria como esse fluxo acontece:
   - Um cliente vai até a loja e verifica a disponibilidade de um produto.
   - O vendedor consulta o estoque para confirmar se existe o produto.
   - O cliente seleciona o produto com base nas suas características, tais como cor e tamanho.
   - O vendedor separa o produto.
   - O cliente efetua o pagamento da compra.

Com base no fluxo descrito pelo especialista do domínio, pode-se construir o modelo apresentado na figura seguinte, o qual ajudará a definir os limites de contextos e os subdomínios envolvidos no problema que se pretende resolver.

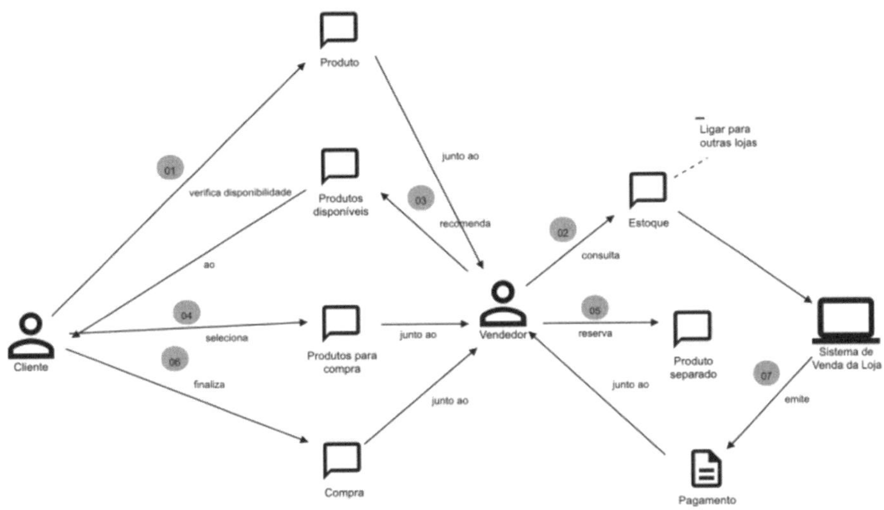

Figura 14.7. Modelo de domínio com seus contextos e subdomínios.
Fonte: adaptado de Domain Storytelling (s.d.).

Essa técnica é chamada de *domain storytelling* e auxilia no entendimento compartilhado por toda a equipe do projeto sobre o comportamento envolvido no domínio de Vendas.

Uma vez definido o fluxo anterior, ficará mais fácil identificar quais subdomínios fazem parte do domínio de Vendas. Por exemplo, aparecem palavras que nos indicam possíveis candidatos a nossos futuros microsserviços, tais como clientes, catálogo de produtos, carrinho de compras, pedidos de compras, pagamentos – como mostra a figura a seguir.

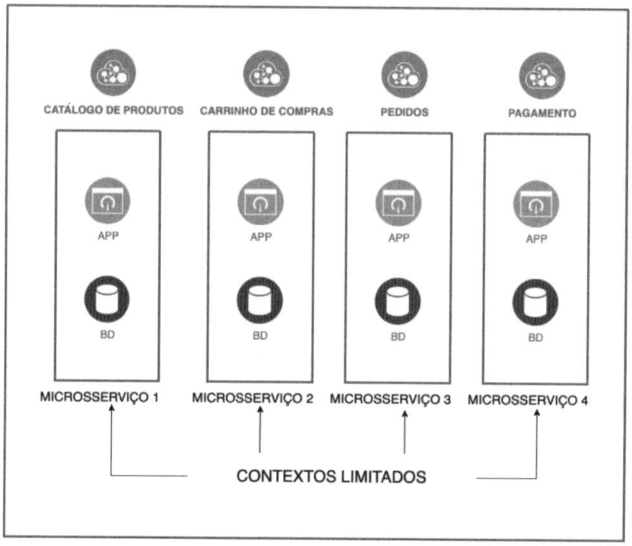

Figura 14.8. Modelo de domínio com seus contextos e subdomínios.
Fonte: adaptado de Domain Storytelling (s.d.).

E quais são as principais vantagens e características dessa abordagem?

- ✓ A arquitetura deve ser estável.
- ✓ Serviços devem ser coesos, onde deve ser implementado código com forte relacionamento entre funções de um mesmo microsserviço.
- ✓ Serviços devem estar em conformidade com o princípio de responsabilidade única (*single responsibility*), o qual afirma que classes fortemente relacionadas devem ser agrupadas no mesmo componente, permitindo que possíveis alterações sejam realizadas de forma que afetem apenas um serviço.
- ✓ Os serviços devem ser acoplados de forma fraca, cada serviço com uma API que encapsula as funcionalidades que ele fornece. A implementação pode ser realizada sem afetar o cliente.
- ✓ Um serviço deve ser testável.
- ✓ Cada serviço deve ser pequeno para facilitar seu desenvolvimento e manutenção – por exemplo, mantido por um time com tamanho de seis a dez pessoas.
- ✓ Os times devem ser autônomos, ou seja, devem ser capazes de escolher quais tecnologias e linguagens serão utilizadas para desenvolver e implantar o serviço, com a ajuda mínima de outros times.

Mas qual é a solução para definir um subdomínio?

Um domínio consiste em múltiplos subdomínios, e cada subdomínio corresponde a uma parte diferente do negócio. No exemplo que construímos antes, o domínio de Vendas foi segmentado em diferentes contextos, ou seja, dentro de Vendas podemos identificar assuntos relacionados a pedidos, clientes, produtos etc. Dessa forma, esses contextos diferentes nos ajudam a definir os nossos subdomínios.

Os subdomínios podem ser classificados em:

- ✓ ***Core***: conceito-chave, deve ser uma parte valiosa do negócio.
- ✓ **Suporte:** relacionado ao que o negócio faz, mas não é um diferencial; este pode ser implementado *in-house* ou *outsourcing*.
- ✓ **Genérico:** não é específico para o negócio e é idealmente implementado por meio da aquisição de algum software de prateleira.

Exemplo: o subdomínio de uma loja *on-line* inclui:

- ✓ Catálogo de produtos.
- ✓ Gerenciamento de inventário (estoques dos produtos).
- ✓ Gerenciamento de ordens de serviços ou pedidos.
- ✓ Gerenciamento de entrega de produtos.

A arquitetura de microsserviços contém serviços correspondendo a um desses subdomínios.

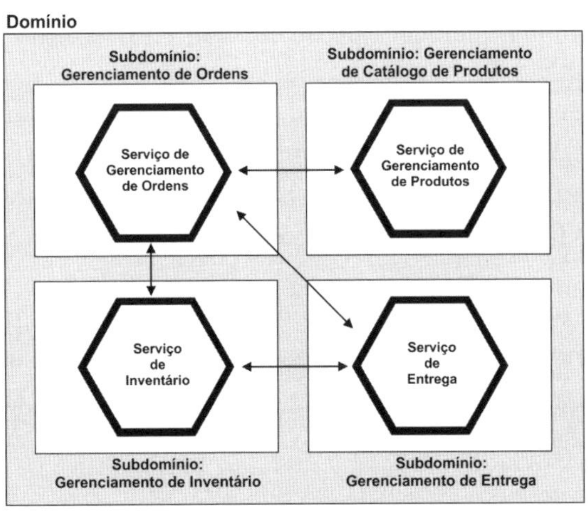

Figura 14.9. Modelo de domínio com seus contextos e subdomínios.
Fonte: o autor.

Conclusão

Este padrão entrega os seguintes benefícios:

- ✓ Arquitetura estável, considerando que os subdomínios estejam relacionados a entidades de negócio que tendem a permanecer em uso.
- ✓ Times de desenvolvimento são multifuncionais, autônomos e organizados, entregando valor para o negócio com base em suas prioridades.
- ✓ Serviços coesos e fracamente acoplados que permitem que as alterações necessárias sejam feitas em um único componente e minimizam o risco de impactar outras partes da solução.

Decomposição da base de dados

Pedro Pereira

Até esse momento, o capítulo tratou das abordagens para extrair microsserviços com um foco maior na aplicação, porém devemos considerar também que em algum momento da nossa migração de monolitos para microsserviços precisaremos levar em conta como os dados estão organizados. Na verdade, durante uma migração real, provavelmente utilizaremos mais de uma abordagem, dependendo do momento da migração em que estivermos.

Nosso desejo é construir microsserviços que possam ocultar suas informações de entes externos e que suas estruturas de dados e de armazenamento sejam independentes, visando diminuir qualquer tipo de acoplamento externo.

Dessa forma, é natural imaginarmos que, ao migrarmos para uma arquitetura de microsserviços, precisaremos dividir o banco de dados compartilhado se quisermos obter vantagens, como, por exemplo, a possibilidade de escalabilidade granular de cada microsserviço (considerando aplicações em conjunto com seus dados).

No entanto, dividir um banco de dados compartilhado está longe de ser uma tarefa simples. Precisaremos considerar questões de sincronização de dados, dependência de informações agregadas, integridade transacional, consistência eventual, latência de rede e muito mais.

Outra questão é: se vários serviços puderem alterar diretamente as mesmas fontes de dados, o que acontece se as informações se tornarem inconsistentes entre os serviços? Caso seja necessário alterar algum comportamento, onde será aplicada essa alteração? O objetivo é ter uma alta coesão de funcionalidade de negócios e, muitas vezes, um banco de dados compartilhado entre vários serviços faz justamente o oposto, por diminuir essa coesão ao possibilitar que diferentes "códigos" de aplicações alterem as informações.

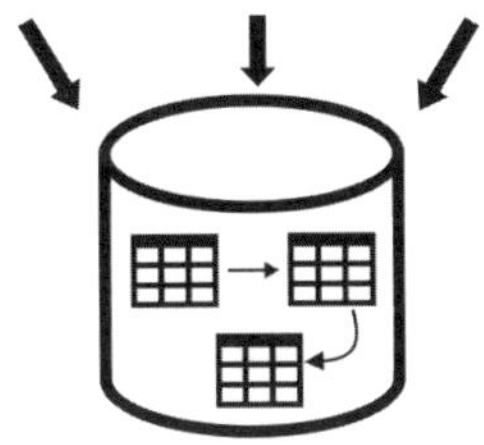

Figura 14.10. Banco de dados compartilhado.
Fonte: o autor.

Há uma série de problemas relacionados ao compartilhamento de banco de dados único entre vários serviços. Alguns dos principais são:

- ✓ Ponto único de falha.
- ✓ Acoplamento de informações.
- ✓ Dificuldade de decidir o que é compartilhado e o que deveria ser oculto.
- ✓ Alterações realizadas na estrutura do banco compartilhado podem impactar diversas aplicações.

Saber que uma outra aplicação pode acessar seu banco de dados é parte do problema, porém o maior desafio é não saber quais informações obtidas a partir dos seus dados essa outra aplicação utiliza.

Antes de começarmos a dividir uma base compartilhada, é importante examinar os desafios que iremos enfrentar para planejar o desenho da arquitetura que atenderá às nossas necessidades.

Para começarmos a fazer a decomposição baseada em base de dados, o primeiro passo é entender qual microsserviço é o dono de qual informação. Uma visão geral das etapas envolvidas contempla:

- ✓ Conhecer a base de dados compartilhada, identificando quais são as tabelas existentes e relacioná-las ao domínio responsável com base no DDD.
- ✓ Identificar dependências entre essas bases e definir as fronteiras entre os dados, escolhendo apenas um domínio que ficará responsável por cada um dos dados.

✓ Definir de maneira muito clara qual será o microsserviço responsável por controlar cada um dos dados existentes.
✓ Desmembrar o microsserviço do ponto de vista de aplicação, onde todo e qualquer acesso aos dados deve ser realizado por meio da API disponibilizada por esse microsserviço. Para diminuir os riscos envolvidos, provavelmente a aplicação ainda continuará acessando os dados na base de dados compartilhada.
✓ Por fim, será o momento de migrar os dados relacionados para o domínio do microsserviço.

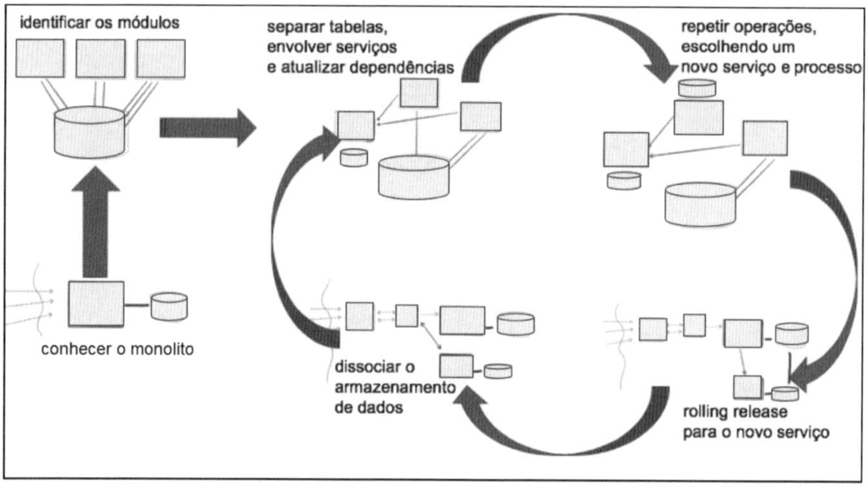

Figura 14.11. Visão geral da decomposição.
Fonte: o autor.

Definindo uma abordagem para decomposição

O uso do DDD (*domain-driven design*) conecta comportamentos, eventos e **dados** do domínio de negócios aos artefatos de software. A partir de uma perspectiva do domínio, temos como dividir o modelo de forma a ser independente e reusável.

Uma boa estratégia a seguir é fazer as mudanças necessárias de maneira incremental, ou seja, essa decomposição deve ser sequenciada. Temos, portanto, algumas opções:

✓ Extrair o banco de dados primeiro e depois o código.
✓ Extrair o código primeiro e depois o banco de dados.
✓ Extrair os dois de uma vez.

Então, qual abordagem devemos seguir? A melhor opção seria dividir inicialmente o código e usá-lo para ajudar a entender como isso afeta a propriedade dos dados. A figura a seguir demonstra a divisão do código em alguns microsserviços, para posterior decomposição do banco de dados.

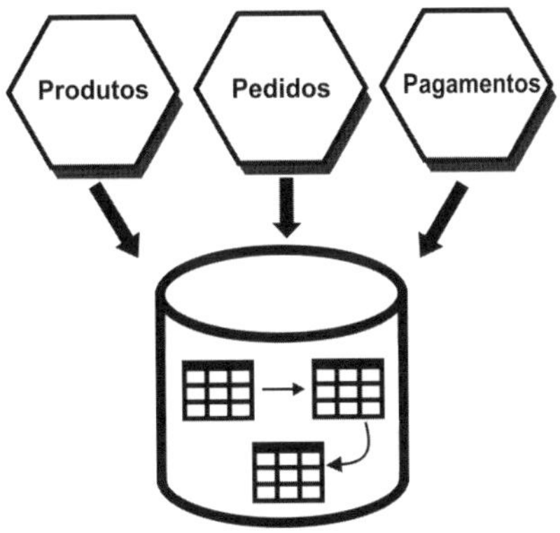

Figura 14.12. Extrair o código primeiro, depois o banco de dados.
Fonte: o autor.

De toda forma, vamos analisar as diferentes abordagens e entender suas principais vantagens e desvantagens, considerando os fatores que podem impactar o processo de tomada de decisão em sua situação particular.

Extrair o banco de dados primeiro

Caso seja escolhido extrair o banco de dados primeiro, estaremos potencialmente aumentando o número de chamadas de banco de dados para realizar uma única ação. Enquanto antes podíamos obter todos os dados em uma única instrução *SELECT*, agora precisaremos ler os dados de locais diferentes e uni-los em memória. Além disso, acabaremos perdendo a integridade transacional quando mudarmos para dois sistemas gerenciadores de banco de dados (SGBDs), o que pode ter um impacto significativo. É improvável que essa abordagem produza benefícios de curto prazo, pois ainda teremos uma implantação de código monolítico, então estaríamos gastando tempo e esforço em algo sem obter benefício no curto prazo.

Extrair o código primeiro

A maioria das equipes divide primeiro o código e depois o banco de dados. Ao dividir a camada do aplicativo, fica muito mais fácil entender quais dados são necessários para o novo serviço. Além disso, há o benefício de obter um artefato de código independente, dando maior autonomia à equipe responsável. Outra vantagem é não ter que lidar com a decomposição de dados (ainda), tornando mais fácil manter nosso novo serviço isolado do monolito.

Extrair banco de dados e código juntos

Esta opção considera realizar a decomposição em um grande passo, dividindo o código e os dados ao mesmo tempo. A preocupação aqui é que este é um passo muito maior a ser dado e levará mais tempo para avaliar o impacto e o resultado. Deve-se evitar essa abordagem por aumentar nossos riscos ao não considerar pequenos passos incrementais.

Visualização de dados

Ultrapassada a decisão sobre iniciar com a divisão do código, vamos retornar à análise sobre a decomposição do banco de dados para separação dos esquemas em diversas bases. Existem desafios complexos associados a possíveis impactos.

Uma boa forma de começar esse trabalho é através do uso de uma ferramenta para visualizar os dados, suas representações gráficas e as relações entre as tabelas. Isso ajudará a entender o acoplamento entre as tabelas e quais dados podem fazer parte de qual domínio, auxiliando a definir os limites de cada serviço, bem como ajudando na decisão para os casos em que as mesmas tabelas forem usadas em vários domínios e tenha que ser escolhido em qual domínio um determinado conjunto de dados ficará.

A imagem a seguir da ferramenta DB Diagram[15] apresenta um cenário otimista em que as tabelas contêm dados bem segmentados de cada domínio. Porém, sabemos que no mundo real nem sempre encontraremos dados tão organizados assim.

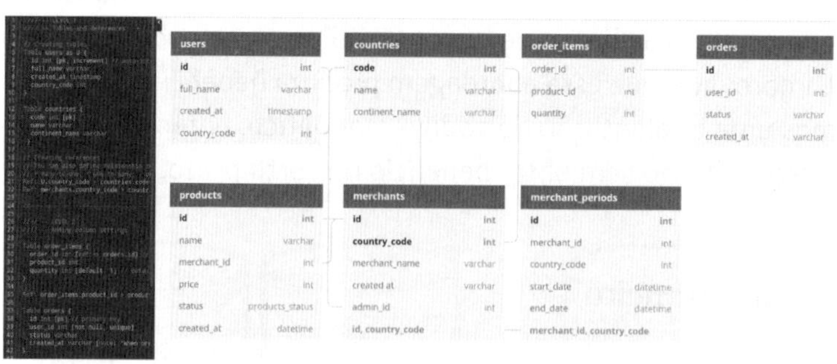

Figura 14.13. Ferramenta mostrando uma boa segmentação de dados. Fonte: captura de tela do autor.

15 <https://dbdiagram.io/>.

Exemplos de outras ferramentas que podem ser utilizadas nessa etapa estão disponíveis em: <https://dbmstools.com/categories/database-diagram-tools?commercial=Free>.

Repositório por contexto limitado

Uma prática comum é ter uma camada de repositório apoiada por algum *framework,* como o Hibernate, para vincular o código ao banco de dados, facilitando o mapeamento de objetos ou estruturas de dados de/para o banco de dados. Em vez de ter uma única camada de repositório para o acesso a dados, vale a pena dividir esses repositórios ao longo de contextos limitados. Podemos analisar, dessa forma, quais contextos limitados acessam quais tabelas em nosso esquema. Isso pode nos ajudar a entender quais tabelas precisam ser movidas como parte da decomposição.

Após separar o código do aplicativo, podemos iniciar essa decomposição separando claramente nossos bancos de dados em torno dos contextos limitados identificados. Cada contexto limitado deve ter seus próprios bancos de dados totalmente separados.

Dividir banco de dados com base nos domínios e subdomínios

Podemos deparar com dados que estejam em uma única tabela, porém que façam parte de mais de um domínio. A tabela compartilhada da imagem a seguir contém informações não apenas sobre o item que está sendo vendido, mas também sobre os níveis de estoque. Neste exemplo, vamos imaginar que no primeiro momento foi feita a divisão do código de Produtos e Estoques como novos microsserviços, mas os dados de ambos estão misturados nesta única tabela. Portanto, precisamos dividir esses dados em duas tabelas separadas.

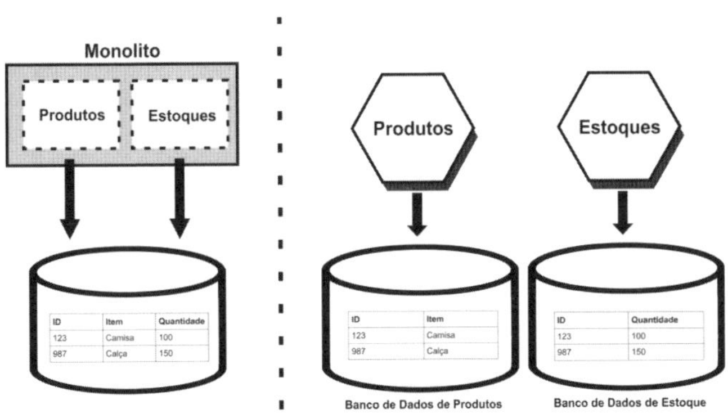

Figura 14.14. Decomposição do banco de dados.
Fonte: o autor.

Quando a tabela pertence a dois ou mais contextos limitados, precisaremos dividi-la considerando quais colunas fazem parte de qual domínio e como será feito o relacionamento entre esses dados. Se houver colunas específicas nessa tabela que sejam atualizadas por diferentes códigos, será preciso fazer uma avaliação sobre quem deve "possuir" esses dados. Isso ajudará a determinar para onde esses dados devem ir. Cada microsserviço nos permite controlar quais informações são compartilhadas e o que deve estar oculto através de sua API.

Este exemplo foi relativamente simples; era fácil separar os dados coluna por coluna. Mas o que acontece quando diferentes códigos atualizam os mesmos dados? Com a divisão de tabelas, perdemos o conceito de transações gerenciadas por um único sistema gerenciador de banco de dados (SGBD), e será preciso adequar cada código para atualizar as diversas tabelas envolvidas com o uso de SAGA para transações distribuídas.

Decomposição incremental de cada banco de dados

Definir claramente quais dados são de cada microsserviço é o primeiro passo para separar as tabelas. Durante essa etapa será necessário ajustar os "leitores" desses dados; eles precisam mudar de "acesso direto ao banco de dados" para chamadas de API ao microsserviço envolvido.

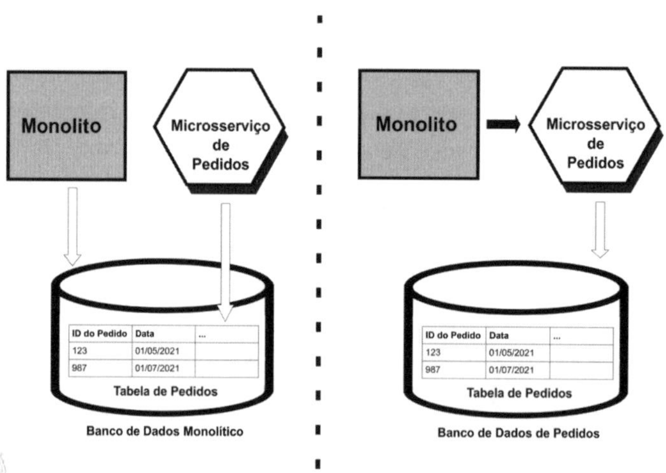

Figura 14.15. A leitura de dados passa a ser feita via API.
Fonte: o autor.

No exemplo da figura anterior, precisamos mover os dados relacionados da "Tabela de Pedidos" para o "Banco de Dados de Pedidos", pois é onde o ciclo de vida dos dados passará a ser gerenciado. Em seguida, há a alteração do monolito para que qualquer acesso aos dados passe a ser feito pela API do microsserviço de Pedidos, pois somente ele terá permissão para ler os dados ou realizar alterações.

Nesta etapa, os dados devem ser movidos de onde estão para o novo serviço. Esse conceito atende ao princípio de que cada microsserviço assume o papel de **especialista da informação** para os dados que ele gerencia.

Decomposição lógica e física

A separação de banco de dados pode estar relacionada a uma separação física (quando temos diferentes ambientes executando os sistemas gerenciadores de banco de dados – SGBDs) ou lógica (quando temos o mesmo ambiente hospedando diferentes esquemas de banco de dados com segregação por permissões). Será que estamos basicamente tentando alcançar a separação lógica ou devemos também ter os nossos bancos de dados separados em ambientes físicos distintos?

Um único sistema gerenciador de banco de dados é perfeitamente capaz de hospedar mais de um esquema separado logicamente. Por que você desejaria decompor logicamente seus esquemas, mas ainda os teria em um único gerenciador de banco de dados? A decomposição lógica e física alcança objetivos diferentes. A decomposição lógica permite mudanças independentes mais simples, enquanto a decomposição física melhora a robustez do sistema e pode ajudar a remover a contenção de recursos, permitindo melhor performance ou latência.

Se decompormos logicamente nossos esquemas de banco de dados, mas os mantivermos no mesmo gerenciador de banco de dados físico, teremos um ponto único de falha. Se o gerenciador de banco de dados cair, todos os serviços serão afetados.

Outra desvantagem dessa abordagem é que neste caso estamos obrigando todos os nossos microsserviços a usar a mesma tecnologia. Vamos supor que um dos nossos microsserviços tivesse melhor desempenho se ele utilizasse um banco de dados não relacional (ex.: MongoDB), e todos os outros utilizassem um banco relacional (ex.: MySQL). Nesse contexto, estaríamos obrigando-o a usar uma tecnologia que não seria a mais adequada para esse microsserviço específico.

Claro que, para termos a opção de executar serviços separados em SGBDs diferentes, é necessário já ter decomposto logicamente seus esquemas. No entanto, deve-se considerar também que, dependendo do contexto de cada empresa, pode ser difícil justificar ter várias tecnologias distintas para serem mantidas. Devem ser considerados também o perfil da equipe, o esforço de gerenciamento e o custo de licenciamento que pode estar envolvido.

Potenciais problemas

Ao finalizar a atividade anterior, um problema que pode ocorrer é quando o microsserviço gerencia dados que precisam ser mantidos em sincronia entre o monolito e esse novo serviço.

Dependendo da natureza do banco de dados, você pode ter a opção de criar uma visão materializada. Com uma visão materializada, os dados ficam preparados para ser consumidos por meio de um *cache*. Isso significa que uma leitura não terá qualquer consulta externa, o que pode melhorar o desempenho. Entretanto, o uso desse modelo considera uma abordagem de consistência eventual, o que pode significar que se deve considerar a ocorrência de estar lendo um conjunto de dados "obsoleto" da exibição. Esse cenário utiliza o padrão de projeto CQRS.

Os clientes que leem o banco de dados exposto precisam entender que, portanto, podem estar acessando dados potencialmente desatualizados. Pode ser apropriado expor informações sobre quando o banco de dados externo foi atualizado pela última vez.

Conclusão

Os diversos tópicos deste capítulo permitiram compreender melhor os padrões de decomposição. Vimos como refatorar sistemas muito grandes e complexos utilizando decomposição por competência de negócios; refatoração de sistemas que ainda estão em uso utilizando o padrão de estrangulamento; refatorações mais detalhadas utilizando decomposição por subdomínios, além de decomposição de bases de dados de forma que cada microsserviço tenha sua própria base. Ao compreender as particularidades de cada um desses padrões, é possível escolher com discernimento qual deles melhor se aplica a cada fase da migração. Pode-se ainda aplicar uma combinação destes para alcançar o resultado ideal para cada cenário.

PARTE IV. PADRÕES EM MICROSSERVIÇOS

15. Comunicação interprocessos

Karina Moraes

Os microsserviços são modelados para serem independentes e isolados, atendendo a um subdomínio específico. Porém, na maioria dos casos, para executar transações dentro do sistema e de fato adicionar valor de negócio, eles precisam se comunicar entre si, gerando muitas vezes uma cadeia de comunicação entre múltiplos microsserviços. Dessa forma, a comunicação interprocessos se torna crítica e fundamental na arquitetura de microsserviços, e, consequentemente, técnicas foram desenvolvidas e são amplamente utilizadas na indústria para solucionar problemas conhecidos, buscando resiliência, eficiência e robustez.

Serviço de descoberta

Para que os microsserviços interajam entre si através de APIs *REST*, eles precisam conhecer os endereços de rede (IP e porta) uns dos outros, e o serviço de descoberta (*service discovery*) (RICHARDSON, 2015) desempenha um papel fundamental nesse procedimento. Em aplicações convencionais a solução desse problema é consideravelmente simples, visto que os endereços são normalmente estáticos e quando uma mudança de endereço é necessária, esta é feita de forma planejada. Em aplicações nativas para nuvem (*cloud native*) esse é um problema com maior complexidade, já que os microsserviços são instanciados em endereços dinâmicos gerenciados pelo provedor de serviço de *cloud* e podem mudar com frequência ao longo do tempo. Como no exemplo da imagem a seguir, o número de instâncias de um microsserviço pode ser atualizado automaticamente (*autoscale*) de 2 para 3 devido a um aumento de requisições durante um intervalo de tempo.

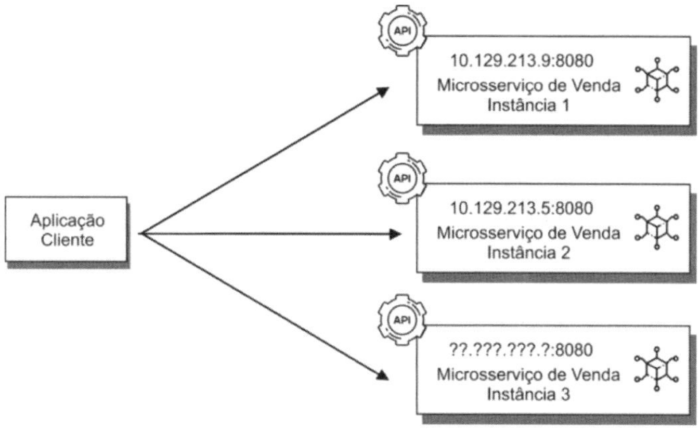

Figura 15.1. *Service discovery*.
Fonte: adaptado de Richardson (2015).

O *service discovery* é um padrão que busca solucionar o problema de mapeamento de endereços de rede quando este é feito de forma dinâmica e pode ser implementado tanto na aplicação cliente, que inicia a requisição para um outro microsserviço, como em um terceiro componente conhecido como roteador (*router*). Independentemente da implementação de *service discovery* escolhida, ela possui uma parte fundamental que é o registro de serviços (*service registry*).

Registro de serviços

O registro de serviços (*service registry*) (RICHARDSON, s.d.) é a estrutura central do *service discovery* e, de forma simplificada, pode ser definido como o banco de dados onde são armazenados os mapeamentos entre um microsserviço e seus endereços de rede (IP e porta) dentro do *cluster*. Também tem como requisito indispensável ser altamente disponível, consistente e tolerante a falhas, seguindo o teorema CAP que já abordamos anteriormente. Alguns *service registries* amplamente utilizados são:

- ✓ Netflix Eureka (https://github.com/Netflix/eureka)
- ✓ Apache ZooKeeper (https://zookeeper.apache.org)
- ✓ Consul (https://www.consul.io)
- ✓ ETCD (https://github.com/etcd-io/etcd)

O seu funcionamento se baseia em armazenar no *service registry* o mapeamento do endereço de rede quando alguma nova instância de algum microsserviço é avaliada como disponível e operacional e, também, em remover esse mapeamento quando assim for pertinente. Existem duas formas de gerenciamento desses dados: pelo próprio microsserviço, processo chamado de *self registration pattern*, ou por uma aplicação terceira (*third party registration pattern*).

A implementação do *self registration pattern* (RICHARDSON, s.d.) se dá quando a instância de microsserviço, após se autoavaliar como capaz de receber requisições de clientes, faz uma requisição ao *service registry* fornecendo seu endereço de rede (IP e porta). Após o registro, a instância fica acessível para o resto do *cluster* e mantém comunicação contínua e periódica com o *service registry*, validando a sua disponibilidade. Também fica sendo da instância a responsabilidade de se "desregistrar" quando necessário.

A vantagem dessa implementação se dá na premissa de que a instância tem habilidade de avaliar se está operacional ou não e, assim, isolar a responsabilidade em um único componente. Consequentemente, a desvantagem é o acoplamento de todos os microsserviços ao *service registry*, o que também estende a necessidade de implementação da lógica de registro e "desregistro".

A implementação do *third party registration pattern* (RICHARDSON, s.d.) é feita quando uma outra aplicação tem responsabilidade de registrar e "desregistrar" do *service registry* as instâncias de todos os microsserviços em execução no *cluster*.

Esse modelo tem a vantagem de acoplar somente essa aplicação ao *service registry* e fazer a implementação única do mecanismo para avaliação de disponibilidade de todos os microsserviços. O isolamento simplifica a implementação e manutenção desse processo.

O funcionamento do mecanismo de avaliação de disponibilidade das instâncias se baseia na execução de chamadas periódicas a uma API simples que precisa ser exposta em todos os microsserviços e que normalmente tem retorno vazio e *HTTP status* 200. Essa API é comumente denominada *health check*. Caso o retorno do *health check* não seja satisfatório, a aplicação faz a remoção do registro da instância no *service registry* e deixa de ser acessível para o restante do *cluster*.

A desvantagem desse modelo é a possibilidade de não ser nativamente implementado pela solução de *cloud* escolhida ou orquestrador, tornando-se assim mais uma aplicação de alta disponibilidade que precisa ser implementada e gerenciada. Algumas soluções de *third party registration* bastante conhecidas são:

- ✓ Netflix Prana (https://github.com/Netflix/Prana)
- ✓ AWS Autoscaling (https://aws.amazon.com/autoscaling)

Descoberta de serviços via *router*

Uma das formas de consumir os dados armazenados por um *service registry* é tendo uma outra aplicação, denominada *router* (roteador), que deliberadamente possui endereço estático e conhecido, normalmente também exposto via DNS. O *router* fica responsável por descobrir o endereço de rede consultando o *service registry*, que retorna uma lista de endereços e distribui a carga entre eles. A imagem a seguir apresenta essa estrutura (RICHARDSON, s.d.).

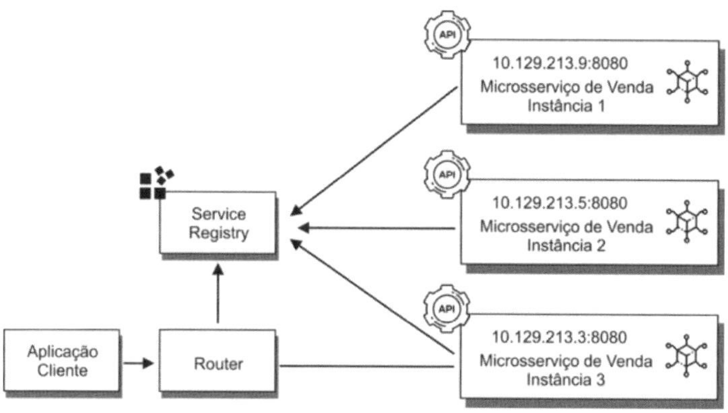

Figura 15.2. ***Server-side service discovery.***
Fonte: adaptado de Richardson (s.d.).

A vantagem desse modelo é desacoplar dos clientes os detalhes de implementação de descoberta dos serviços interagindo com o *service registry*, mantendo apenas um ponto de entrada no *router* e evitando múltiplas implementações da lógica de distribuição de carga em todos os microsserviços. Outra grande vantagem é que esse padrão é transparente e implementado por diversas soluções de *cloud* e orquestradores de serviços.

A AWS, por exemplo, possui o ELB (*AWS Elastic Load Balancer*), que é normalmente utilizado para distribuir tráfego externo vindo da internet e é exposto através de um DNS público ou até mesmo privado apenas acessível de dentro de uma VPC (*Virtual Private Cloud*). O próprio ELB faz o balanceamento de carga entre as instâncias EC2 (*AWS Elastic Compute Cloud*) registradas internamente.

Um bom exemplo de orquestrador de serviços que implementa um *router* (roteador) de forma transparente é o Kubernetes. Internamente o Kubernetes possui um componente chamado *proxy* sendo executado em cada *host* do *cluster* e utiliza um mecanismo chamado *NodePort*, no qual cada aplicação sendo executada no *cluster* está vinculada a uma única porta. Sendo assim, a aplicação cliente faz a requisição utilizando o IP de qualquer *host* e a porta referente à aplicação desejada, e o *proxy* sendo executado no *host* que recebeu a requisição é responsável por encontrar e encaminhar a requisição para a aplicação corretamente vinculada à devida porta, que pode estar rodando no próprio *host* ou em qualquer outro do *cluster*. No Kubernetes a descoberta de *host* é feita via iptables.

A desvantagem desse modelo ocorre quando o *router* não é implementado pela solução de *cloud* escolhida ou pelo orquestrador, tornando-se assim mais uma aplicação de alta disponibilidade que precisa ser criada e gerenciada.

Descoberta de serviços na aplicação cliente

A segunda forma de consumir os dados armazenados por um *service registry* é diretamente na aplicação cliente; portanto, a aplicação cliente fica responsável pela descoberta de endereços de rede consultando o *service registry*. O diagrama a seguir apresenta essa estrutura (RICHARDSON, s.d.).

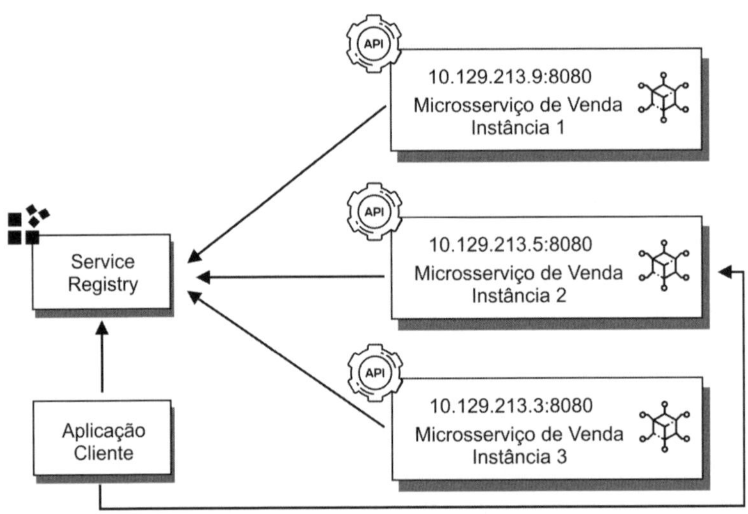

Figura 15.3. *Client-side service discovery*.
Fonte: adaptado de Richardson (s.d.).

Esse modelo possui a vantagem de diminuir o tráfego de rede e o número de requisições necessárias entre as aplicações. Também é recomendado para soluções que demandam latência de comunicação extremamente baixa.

A desvantagem é a falta de isolamento da lógica de comunicação com o *service registry* e a distribuição de carga, que, ao contrário do *server-side discovery*, não ficaria concentrada em uma única aplicação, e sim replicada em diversos microsserviços.

Exemplo de código

Para exemplificar o *service discovery* utilizaremos o Netflix Eureka, que é de fácil implementação.

Implementação do *service registry*

Configuração inicial no pom.xml adicionando a dependência do *Eureka server*.

```
<dependency>
  <groupId>org.springframework.cloud</groupId>
  <artifactId>spring-cloud-starter-netflix-eureka-server</artifactId>
</dependency>
```

Configuração da dependência no pom.xml

E na aplicação apenas precisamos utilizar a *annotation* **@EnableEurekaServer** para habilitar a implementação do *Eureka server*.

```
@EnableEurekaServer
@SpringBootApplication
public class ServiceRegistryApp {
  public static void main(String[] args) {
    SpringApplication.run(ServiceRegistryApp.class, args);
  }
}
```

Classe ServiceRegistryApp.java

Implementação do cliente

Configuração inicial no pom.xml adicionando a dependência do *Eureka Server* e *Eureka Client*.

```
<dependency>
  <groupId>org.springframework.cloud</groupId>
  <artifactId>spring-cloud-starter-netflix-eureka-client</artifactId>
</dependency>
<dependency>
  <groupId>org.springframework.cloud</groupId>
  <artifactId>spring-cloud-starter-netflix-eureka-server</artifactId>
</dependency>
```

Configuração da dependência no pom.xml

E na aplicação apenas precisamos utilizar a *annotation* **@EnableDiscoveryClient** para habilitar a implementação do *Eureka Client* e usar a implementação de **DiscoveryClient** para consultar a lista de instâncias de um determinado serviço pelo nome.

```
Package br.com.jornada.discovery.cliente;

@EnableDiscoveryClient
@SpringBootApplication
public class ClienteApp {
  public static void main(String[] args) {
    SpringApplication.run(ClienteApp.class, args);
  }
}
@RestController
class DescobertaDeServicos {

  @Autowired
  private DiscoveryClient discoveryClient;

  @RequestMapping("/ enerat/{nome}")
  public List<ServiceInstance> instanciasDeServicoPeloNome(
                                            @PathVariable String nome) {
     return this.discoveryClient.getInstances(nome);
  }
```

Classe ClienteApp.java

16. Configuração externa

Carmem Pereira
Natália Gonçalves Rosa

Em uma arquitetura de microsserviços, os sistemas são divididos em vários serviços, cada um geralmente executando um processo separado. Esse padrão permite que um microsserviço seja executado em vários ambientes (por exemplo, desenvolvimento, teste, produção) sem nenhuma modificação nele mesmo. Externalizar configurações (*external configuration*) em microsserviços é uma boa prática, um padrão de projeto que permite alterar o comportamento sem que este fique fora de serviço, com isso funciona mantendo as informações de configuração em um armazenamento externo, como um banco de dados, sistema de arquivos ou variáveis de ambiente. Na inicialização, os microsserviços carregam a configuração do armazenamento externo e durante o tempo de execução fornecem uma opção para recarregar a configuração sem precisar reiniciar o serviço.

Em conformidade com os *Twelve-Factor App*, podemos dizer que a configuração de um microsserviço é tudo o que é provável variar entre *deploys* (homologação, produção, ambientes de desenvolvimento etc.). Senhas de acesso, endereços de servidores, serviços etc. fazem parte e devem ser mantidos fora do controle de versão. A configuração é a parte do projeto que varia de acordo com o ambiente em que está sendo usado. O código-fonte é a parte que não tem variação.

A estrutura básica de uma configuração externa é composta pelo repositório que armazena todos os arquivos de propriedades em um sistema de controle de versão e um *endpoint REST* pelo qual os microsserviços se comunicam. Este deve estar em uma infraestrutura de alta disponibilidade e fornecer um único endereço pelo qual cada microsserviço deve se comunicar.

Tipos de armazenamento de configuração externa

Configuração em arquivo local

Geralmente os microsserviços necessitam de informações que ficam configuradas em arquivos empacotados e implantados com o microsserviço. Para atender a certos cenários, é necessário alterar algumas informações nesses arquivos que irão refletir em um comportamento do microsserviço. No entanto, alterações na configuração exigem que o microsserviço seja reinicializado e implantado novamente, resultando em uma indisponibilidade que pode ser inaceitável e gerar grandes impactos no negócio em questão.

Um outro aspecto é que configurações locais se limitam a um único microsserviço, impossibilitando que as configurações possam ser compartilhadas entre vários microsserviços, como, por exemplo, credenciais de acesso ao banco de dados, URLs de filas etc.

Um fator que também deve ser considerado é a complexidade em gerenciar alterações nas configurações locais em várias instâncias em execução do microsserviço, especialmente em um cenário hospedado na nuvem. Isso pode gerar uma inconsistência de configurações, pois uma (ou mais) instância pode estar utilizando diferentes definições de configuração enquanto a atualização está sendo implantada.

Em ambientes em que há limitações de conectividade ou intermitência, a configuração em arquivo local é a mais adequada, como, por exemplo, em sistemas IoT que façam uso da computação de borda (*edge computing*).

Configuração externalizada com Spring Boot

O Spring Boot permite externalizar a configuração para poder trabalhar com o mesmo código de microsserviço em diferentes ambientes.

Para externalizar a configuração é possível utilizar:

- ✓ arquivos de propriedades;
- ✓ arquivos YAML;
- ✓ variáveis de ambiente;
- ✓ argumentos da linha de comandos.

Os valores das propriedades podem ser injetados diretamente nos seus *beans*, acessados através da abstração do ambiente do Spring ou vinculados a objetos estruturados através de **@ConfigurationProperties**.

Configuração em armazenamento externo

Outra alternativa é mover as informações de configuração do arquivo local para um repositório externo e centralizado. O repositório externo provê um gerenciamento e um controle dos dados de configuração mais fáceis, e o compartilhamento de dados de configuração entre microsserviços deve prover uma interface de acesso fácil que permita ler e atualizar as informações com rapidez e eficiência.

Ele deve expor as informações em um formato legível e estruturado. Também pode haver a necessidade de ser implementado um controle de acesso para proteger os dados de configuração, garantindo que apenas usuários autorizados tenham acesso às configurações. Ele também deve ser flexível o suficiente para permitir o armazenamento de várias versões da configuração (como desenvolvimento, homologação ou produção, incluindo várias versões de *release* de cada uma delas).

A escolha do tipo de armazenamento externo vai depender do ambiente de hospedagem e do tempo de execução do microsserviço. Em um cenário hospedado em nuvem, geralmente é um serviço de armazenamento baseado em nuvem, mas poderia ser também um banco de dados ou outro tipo de sistema.

Considerações para implementação do repositório externo:

- ✓ Alta disponibilidade, robustez, desempenho aceitável, *backup* como parte do processo de manutenção e administração de microsserviços.
- ✓ Esquema que suporte e permita flexibilidade nos tipos de informações que ele pode conter. O esquema deve ser fácil de estender para suportar configurações adicionais conforme os requisitos mudem.
- ✓ Herança das configurações: permitir definir as configurações no nível da organização, aplicativo e máquina.
- ✓ Interface de configuração que permita expor configurações em formatos distintos.
- ✓ Tratamento de erros gerados quando as configurações contiverem erros ou não existirem no repositório de *backup*.
- ✓ Controle que permita acesso às configurações apenas de usuários e microsserviços autorizados. Pode haver a necessidade de criptografar algumas ou todas as configurações.

- ✓ Configurações armazenadas centralmente, que definem o comportamento do microsserviço em tempo de execução, são extremamente importantes e devem ser implantadas, atualizadas e gerenciadas usando os mesmos mecanismos da implantação do código do microsserviço. Se um administrador editar uma configuração para atualizar um microsserviço, poderá afetar negativamente outros microsserviços que usam a mesma configuração.
- ✓ Se um microsserviço armazenar em *cache* as informações de configuração, ele deverá ser alertado se a configuração for alterada.

Quando utilizar este padrão:

- ✓ Centralizar configurações que são compartilhadas entre vários microsserviços.
- ✓ Uma configuração padrão que não suporta todas as configurações necessárias, como armazenamento de imagens ou tipos de dados complexos.
- ✓ Simplificar e facilitar a administração das configurações de vários microsserviços e, opcionalmente, para monitorar o uso das definições de configuração, registrando alguns ou todos os tipos de acesso ao armazenamento de configuração.

Arquitetura do padrão

Os microsserviços, ao necessitarem de informações do tipo credenciais de acesso, *endpoints*, mensagens etc., podem acessar um arquivo local como XML, YAML ou um servidor de configuração externa, o qual se conecta a um repositório remoto que pode estar hospedado na nuvem. O servidor de configuração consulta a informação solicitada pelo microsserviço, podendo manter um *cache* local para otimizar a performance de retorno das informações quando solicitadas novamente. Eventualmente, o microsserviço pode solicitar ao servidor de configuração que recarregue as informações realizando uma nova busca no repositório para atualização do *cache* local.

Em alguns casos pode ser útil implementar um mecanismo em *cache* no armazenamento de configuração externa. A figura a seguir ilustra uma visão geral do padrão *External Configuration Store* com *cache* local opcional.

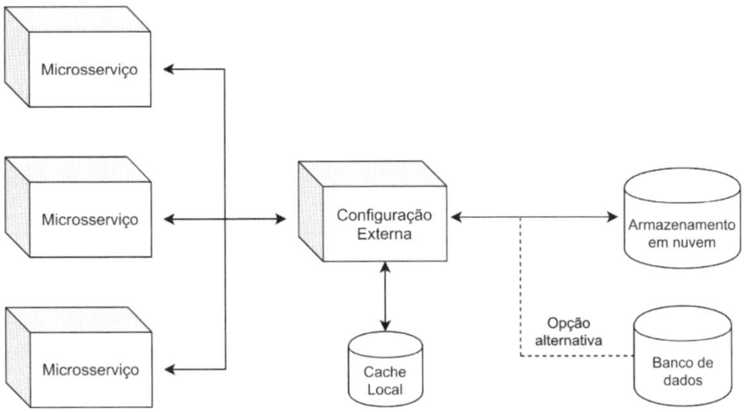

Figura 16.1. Arquitetura do padrão de configuração externa.
Fonte: o autor.

Prós e contras

Como mencionamos anteriormente, utilizar uma configuração externa é uma boa prática e uma das recomendações dos 12 fatores (*The Twelve-Factor App*). Digamos que você queira modificar a configuração de um microsserviço que foi replicado cem vezes (cem processos estão em execução). Se a configuração deste microsserviço estiver empacotada com o próprio microsserviço, será necessário implementar novamente cada uma das cem instâncias. Isso pode resultar, em algum momento, em determinadas instâncias usando a configuração antiga e outras usando a nova. Além disso, às vezes os microsserviços usam conexões externas que, por exemplo, exigem URLs, nomes de usuário e senhas.

Utilizando um repositório de configurações centralizado, que pode ser o *git* para versionamento de arquivos, quando o conteúdo do arquivo for modificado e versionado com um *commit/push*, este é alterado dinamicamente (através de uma URI HTTP *POST*) no microsserviço sem *restart* ou mesmo *deploy* em todas as máquinas.

Em relação aos contras, depende muito do cenário. Se estamos falando de uma solução microsserviço mais enxuta, talvez essa não seja a melhor abordagem.

Spring Cloud Config

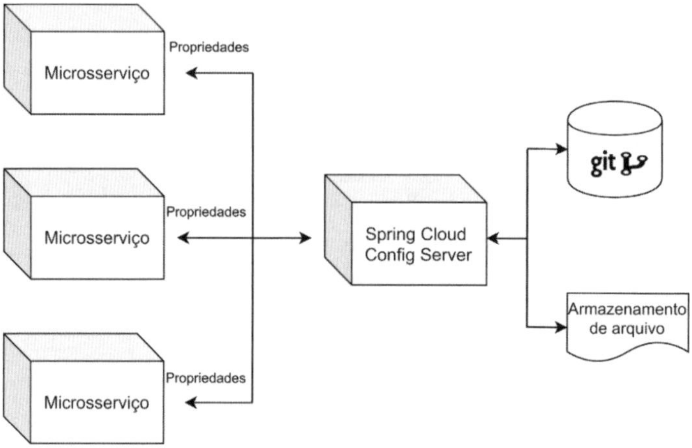

Figura 16.2. Arquitetura do Spring Cloud.
Fonte: o autor

O Spring Cloud Config fornece suporte do servidor e do cliente para configuração externa em um sistema distribuído. Com o servidor de configuração, você tem um local central para gerenciamento das propriedades externas do microsserviço em todos os ambientes. Os conceitos no cliente e no servidor são mapeados de forma semelhante às abstrações do *Spring Environment* e *PropertySource*, para que se ajustem muito bem em aplicações Spring, mas podem ser usados com qualquer microsserviço em execução em qualquer linguagem. À medida que um microsserviço passa pelo *pipeline* de implantação do desenvolvimento para o teste e para a produção, é possível gerenciar a configuração entre esses ambientes e garantir que as aplicações tenham tudo o que precisam para executar quando migrarem. A implementação padrão do *backend* de armazenamento do servidor usa *git*, portanto, suporta facilmente versões rotuladas de ambientes de configuração, além de ser acessível a uma ampla gama de ferramentas para gerenciar o conteúdo. É fácil adicionar implementações alternativas e conectá-las à configuração do Spring.

Principais funcionalidades:

- ✓ Possibilita a atualização das configurações no arquivo *properties* sem necessidade de *restart*.
- ✓ Controle de versão dos arquivos de configuração.
- ✓ Reúso de *properties* entre os microsserviços.
- ✓ Criptografia dos *properties* que contêm dados confidenciais.

O armazenamento das configurações pode ser feito em vários tipos de repositórios: Git, SVN, sistemas de arquivos local, banco de dados (JDBC).

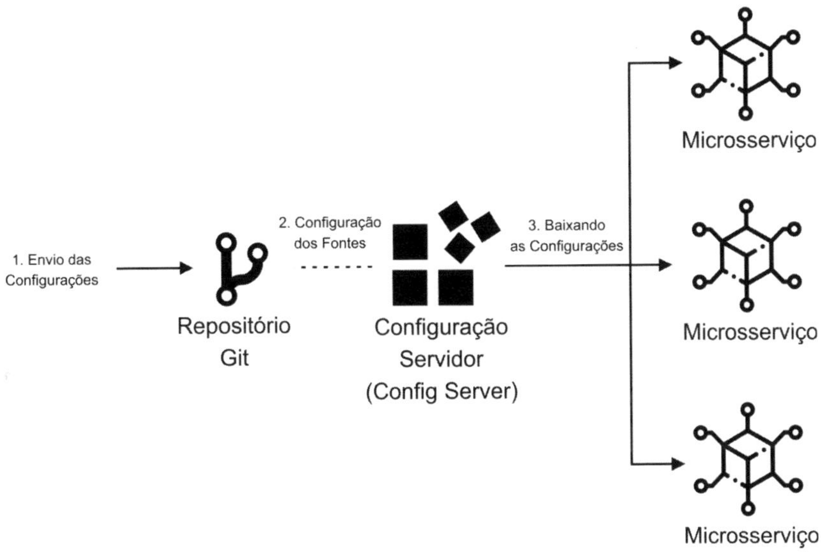

Figura 16.3. Spring Cloud Config.
Fonte: o autor.

Exemplo de código usando Spring (*local* YAML)

Neste exemplo estamos configurando a porta e o nome do microsserviço conforme o ambiente de desenvolvimento, teste e produção.

Foram criados quatro arquivos YAML com as configurações e uma classe que mapeia essas configurações.

✓ **application.yml** – Define qual ambiente está ativo e contém as configurações genéricas aplicadas a todos os ambientes.

```
spring:
   profiles:
       active: qa
url:
    http://localhost
```

- ✓ **application-dev.yml** – Contém as configurações específicas do ambiente de desenvolvimento.

```
porta:
    8081
nomeApp:
    msbookdev
```

- ✓ **application-qa.yml** – Contém as configurações específicas do ambiente de teste.

```
porta:
    8082
nomeApp:
    msbookqa
```

- ✓ **application-prod.yml** – Contém as configurações específicas do ambiente de produção.

```
porta:
    8083
nomeApp:
    msbookprod
```

A classe **EnvironmentConfig** possui os atributos que contêm os valores configurados nos arquivos. Ela contém as anotações **@Configuration** e **@ConfigurationProperties** que indicam que é uma classe de configuração e permitem que a classe possa ser injetada em qualquer lugar que seja necessário utilizar as informações de configuração.

```
@Configuration
@ConfigurationProperties
public class EnvironmentConfig {

    private String url;
    private Long porta;
    private String nomeApp;

    public String getUrl() {
        return url + ":" + porta + "/" + nomeApp;
    }
```

Na classe **MicroserviceBookApplication** temos a anotação **@SpringBootApplication**, que engloba as anotações **@Configuration**, que indicam que é uma classe de configuração, **@EnableAutoConfiguration** e **@ComponentScan**, que instrui ao inicializador do Spring buscar e instanciar todo *bean* anotado deste pacote em diante.

```
@SpringBootApplication
public class MicroserviceBookApplication implements CommandLineRunner {

   @Autowired
     private EnvironmentConfig environmentConfig;

   public static void main(String[] args) {
       SpringApplication.run(MicroserviceBookApplication.class, args);
   }

   public void run(String... args) throws Exception {
            System.out.println(environmentConfig.getUrl());
        }
```

Ao executar nosso microsserviço, o Spring Boot busca as configurações genéricas no arquivo application.yml e, conforme o ambiente ativo, busca as configurações específicas do ambiente e seta os valores nos atributos da classe de configuração **EnvironmentConfig**. Neste exemplo, o ambiente que está ativo é o de teste, então o resultado da execução é a URL configurada para esse ambiente:

```
http://localhost:8082/msbookqa
```

Quando o microsserviço for implantado no ambiente de produção, por exemplo, será necessária apenas a alteração do ambiente ativo no arquivo application.yml e o resultado da execução será a URL de produção.

Conclusão

Podemos concluir que utilizar configuração externa em microsserviços proporciona maior segurança e fácil gerenciamento, pois o conteúdo fica centralizado, possibilita o compartilhamento de configurações entre microsserviços e não apresenta indisponibilidade do microsserviço quando realizada alguma alteração na configuração.

17. Comunicação síncrona de serviços[16]

Karina Moraes

A comunicação síncrona é uma prática comum e amplamente adotada no mercado devido a sua simplicidade de implementação e por mostrar-se uma boa escolha para diversas soluções.

Quando precisamos de comunicação entre dois microsserviços ou algum outro consumidor, podendo ele ser um aplicativo *mobile*, por exemplo, a aplicação cliente efetua uma requisição e espera até que a resposta seja retornada pelo microsserviço. Já para um cenário no qual uma transação, para ser completamente efetuada, precisa interagir com vários microsserviços, temos algumas estratégias interessantes que podem ser exercidas de acordo com o problema a ser resolvido. Nas imagens a seguir vamos utilizar um modelo simplista de sistema de *marketplace* que possui microsserviços diversos para cada subdomínio.

Comunicação descentralizada e síncrona

A comunicação descentralizada e síncrona se dá quando a requisição entra no sistema por uma porta única de entrada, que no nosso exemplo é o microsserviço *web*, que segura a conexão com a aplicação cliente enquanto redireciona a requisição para os demais microsserviços responsáveis por atender àquela transação. Os microsserviços também se comunicam entre si criando um modelo de grafo onde um nó tem múltiplas arestas, gerando alto acoplamento entre os microsserviços. Outro ponto importante a ressaltar é que esse modelo não é recomendado para soluções que demandam alto volume de requisições de escrita e leitura, visto que uma única requisição pode bloquear vários dos microsserviços simultaneamente.

---

16 Referências: Gupta (2018) e Anil et al. (2021).

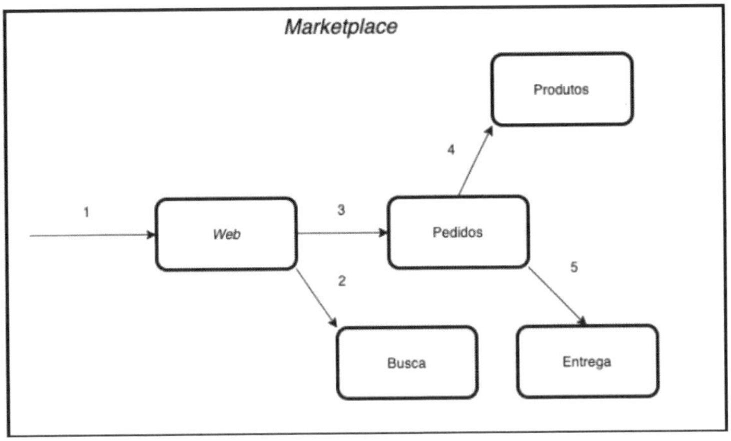

Figura 17.1. Requisições descentralizadas e síncronas.
Fonte: adaptado de Gupta (2018).

Comunicação orquestrada, sequencial e síncrona

Assim como no modelo anterior, a implementação de comunicação orquestrada, sequencial e síncrona também conta com uma porta única de entrada, aqui chamada de orquestrador, que segura a conexão à aplicação cliente e redireciona as requisições de forma sequencial para os demais microsserviços responsáveis por atender àquela transação. O orquestrador isola o acoplamento com os demais microsserviços, que não se comunicam entre si, removendo parte da complexidade da comunicação descentralizada. A desvantagem se dá pela sobrecarga gerada no orquestrador, tornando-o um ponto único de falha dentro da arquitetura.

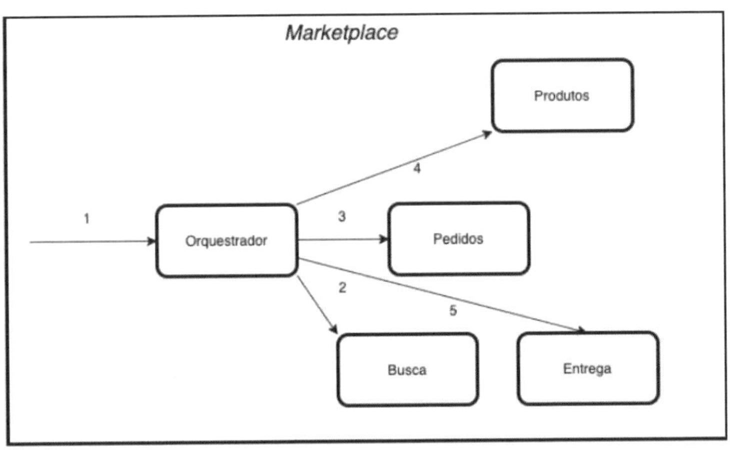

Figura 17.2. Requisições orquestradas, sequenciais e síncronas.
Fonte: adaptado de Gupta (2018).

Comunicação orquestrada, paralela e síncrona

Com a implementação de comunicação paralela agregada ao modelo de orquestração e comunicação síncrona, chegamos a um cenário que aumenta a eficiência e a performance do sistema como um todo, já que o orquestrador segura a conexão da aplicação cliente pelo tempo máximo da requisição mais longa feita para os demais microsserviços, visto que todas são executadas simultaneamente. A diminuição do tempo de processamento no orquestrador otimiza o volume de requisições suportado. Esse modelo é muito recomendado para aplicações com alto volume de requisições de leitura.

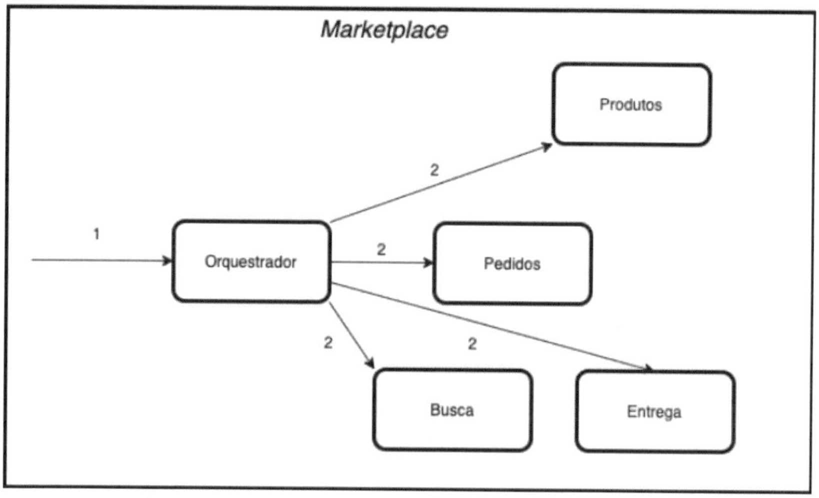

Figura 17.3. Requisições orquestradas, paralelas e síncronas.
Fonte: adaptado de Gupta (2018).

Desvantagens da comunicação síncrona

Como visto anteriormente, algumas das desvantagens da comunicação síncrona entre microsserviços podem ser amenizadas ou inteiramente removidas de acordo com o estilo adotado, por exemplo: o acoplamento múltiplo entre microsserviços, que aumenta de forma considerável a complexidade do sistema. Contudo, independentemente de técnicas aplicadas, não conseguimos evitar duas desvantagens da comunicação síncrona, que podem ser removidas se adotarmos a comunicação assíncrona em alguns cenários. São elas: balanceamento da capacidade do sistema e encadeamento de falhas.

O aumento do volume de requisições em um determinado microsserviço pode impactar o funcionamento e a capacidade de outros microsserviços, que precisarão de balanceamento adequado para lidar com a carga adicional. A falha de um microsserviço, se não adequadamente tratada, pode desencadear falhas em outros microsserviços que fazem parte da transação, dificultando a gestão de incidentes e a investigação da causa-raiz da falha. Um padrão muito utilizado para evitar problemas de balanceamento é a comunicação assíncrona. Mas também existem alguns paradigmas que, aplicados à comunicação assíncrona, aumentam a resiliência na comunicação, e um deles é o *circuit breaker*, que descrevemos a seguir.

18. *Circuit breaker*

Norberto Hideaki Enomoto
Natália Gonçalves Rosa

Um dos principais padrões de projetos utilizados em uma arquitetura de microsserviços é o *circuit breaker*. Ele atua de forma preventiva quando existe instabilidade (aumento de latência) ou falha na camada de rede, como também indisponibilidade do microsserviço, ocasionando um problema em sua chamada ou falha em cascata para chamadas entre microsserviços.

A finalidade desse padrão de projeto é aumentar a resiliência em uma arquitetura de microsserviços. Podemos fazer uma analogia desse padrão com os disjuntores elétricos. Estes possuem a função de proteger uma rede elétrica quando existe uma sobrecarga. Quando esta é detectada, automaticamente o disjuntor fica em modo aberto, impedindo a passagem da corrente elétrica ao longo do circuito. O desenho a seguir mostra a função de um disjuntor elétrico.

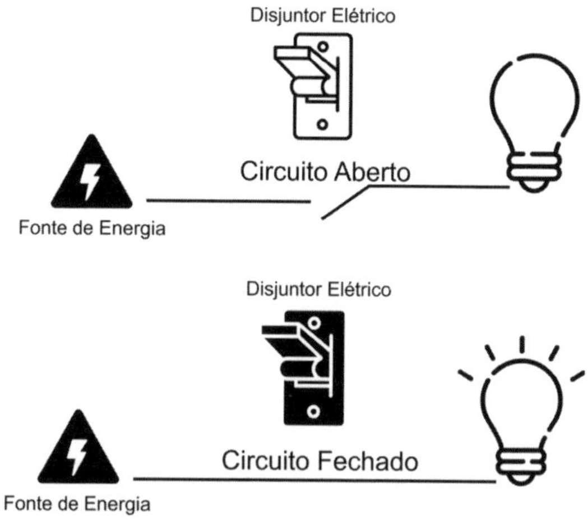

Figura 18.1. Esquema de funcionamento de um disjuntor elétrico. Fonte: adaptado de Stetson (2016).

Estados do padrão de projeto *circuit breaker*

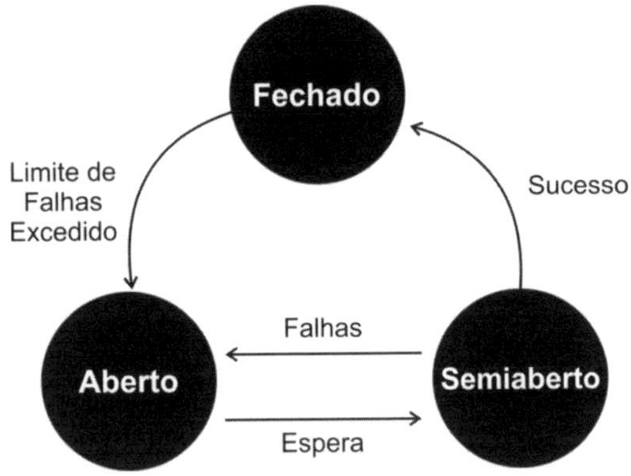

Figura 18.2. Estados do padrão de projeto *circuit breaker*.
Fonte: adaptado de Stetson (2016).

Estado fechado

É igual ao estado fechado do disjuntor elétrico. Nesse estado o disjuntor elétrico permite a passagem da corrente elétrica – e o *circuit breaker* permitirá a chamada para o microsserviço, sinalizando que este permanece em perfeito funcionamento. Entretanto, se o número de erros para a chamada do microsserviço ultrapassar um limite predefinido, o *circuit breaker* mudará o seu estado para aberto, interrompendo a chamada para o microsserviço.

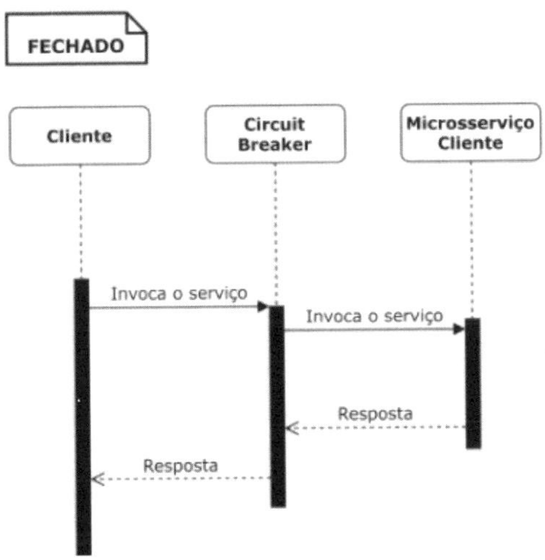

Figura 18.3. Estado fechado.
Fonte: adaptado de Fowler (2014b).

Estado aberto

O disjuntor elétrico, quando no estado aberto, não permite a passagem da corrente elétrica, e o mesmo ocorre com o *circuit breaker*. Nesse estado o *circuit breaker* não permitirá a chamada para o microsserviço. Uma vez que o número de *timeouts/* exceções alcance um limite predeterminado, o *circuit breaker* passa para o estado aberto. Nesse estado o *circuit breaker* retornará erro sem fazer a chamada para o microsserviço, implementado um método *fallback* que será disparado caso o microsserviço esteja indisponível, seja por uma falha na rede (latência) ou sobrecarga. Após um determinado tempo o *circuit breaker* passará para o estado de semiaberto.

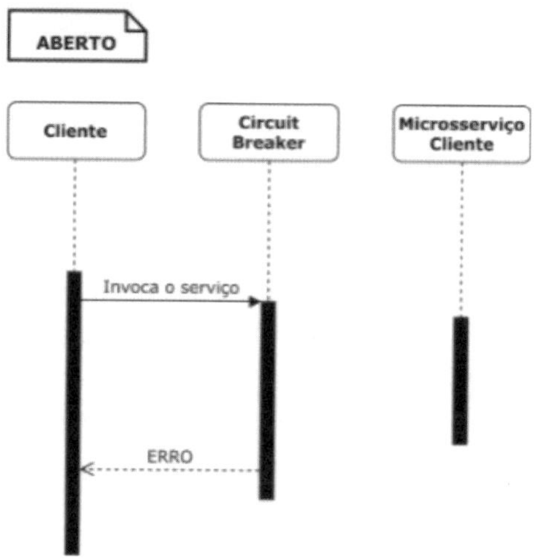

Figura 18.4. Estado aberto.
Fonte: adaptado de Fowler (2014b).

Estado semiaberto

Nesse estado o *circuit breaker* utiliza um mecanismo de monitoramento da resposta para saber se o microsserviço foi recuperado de uma determinada falha. Este se utiliza de uma estratégia para realizar chamadas de avaliação periódicas para o microsserviço. Se o retorno da chamada for um *timeout*/exceção, o *circuit breaker* permanecerá no estado aberto. Caso o retorno da chamada seja bem-sucedido, o *circuit breaker* passará para o estado fechado. Todas as chamadas para o microsserviço com o *circuit breaker* no estado semiaberto terão erro como resposta.

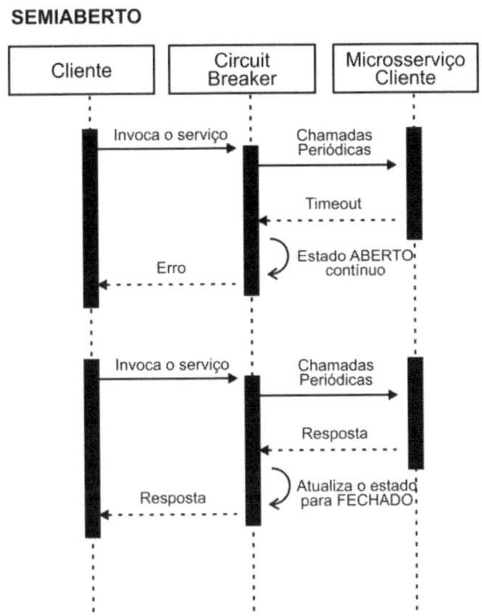

Figura 18.5. Estado semiaberto.
Fonte: adaptado de Fowler (2014b).

Exemplo de código

Para exemplificar o *circuit breaker*, utilizaremos o Resilience4j, que é uma biblioteca leve e fácil de usar e que implementa sistemas resilientes, gerenciando a tolerância e as falhas para comunicações remotas. A seguir, temos um exemplo simples de uma API não reativa que, quando em execução, será possível testar em dois *endpoints*.

Dando início à configuração, será adicionada a dependência **resilience4j-micrometer** ao pom.xml, que facilita a coleta de métricas do *circuit breaker*.

```
<dependency>
  <groupId>io.github.resilience4j</groupId>
  <artifactId>resilience4j-micrometer</artifactId>
  <version>1.1.0</version>
</dependency>
```

Configuração da dependência no pom.xml

Na classe **DemoController**, incluímos dois *endpoints* para testar a eficiência do *circuit breaker*:

- ✓ **/get:** este *endpoint* faz uma solicitação ao *endpoint* <https://httpbin.org/get> e retorna os dados.

✓ **/delay/{seconds}**: este *endpoint* faz uma solicitação para o *endpoint* <https://httpbin.org/delay/1>, passando o atraso na resposta em segundos. Como essa solicitação pode levar uma quantidade significativa de tempo, é protegido pelo *circuit breaker*. Se o parâmetro ***seconds*** for maior ou igual a 3, que foi o valor configurado, o *circuit breaker* atingirá o tempo limite e retornará a resposta padrão **{"Olá": "mundo!"}**.

Os *endpoints* utilizados neste exemplo simulam um microsserviço que possui várias APIs (*endpoints*). Utilize este *endpoint* <https://httpbin.org> para consultar a especificação das APIs disponibilizadas por esse microsserviço.

```
@RestController
public class DemoController {

    Logger LOG = LoggerFactory.getLogger(DemoController.class);

    private CircuitBreakerFactory circuitBreakerFactory;
    private HttpBinService httpBin;

  public DemoController(CircuitBreakerFactory circuitBreakerFactory,
HttpBinService
httpBinService) {
        this.circuitBreakerFactory = circuitBreakerFactory;
        this.httpBin = httpBinService;
    }
    @GetMapping("/get")
    public Map get() {
        return httpBin.get();
    }
```

A classe **HttpBinService** foi configurada baseada no *httpbin*, que é um simples serviço de solicitação e resposta HTTP.

```
@Service
public class HttpBinService {

    private RestTemplate rest;

    public HttpBinService(RestTemplate rest) {
        this.rest = rest;
    }
```

```
    public Map get() {
        return rest.getForObject("https://httpbin.org/get", Map.class);

    }

    public Map delay(int seconds) {
        return rest.getForObject("https://httpbin.org/delay/" + seconds, Map.
class);
    }

    public Supplier<Map> delaySuppplier(int seconds) {
        return () -> this.delay(seconds);
     }
}
```

```
@Service
public class HttpBinService {

    private RestTemplate rest;

    public HttpBinService(RestTemplate rest) {
        this.rest = rest;
    }

    public Map get() {
        return rest.getForObject("https://httpbin.org/get", Map.class);

    }

    public Map delay(int seconds) {
        return rest.getForObject("https://httpbin.org/delay/" + seconds, Map.
class);
    }

    public Supplier<Map> delaySuppplier(int seconds) {
        return () -> this.delay(seconds);
     }
}
```

```
@SpringBootApplication
public class Resilience4JcircuitbreakerDemoApplication {

    public static void main(String[] args) {
        SpringApplication.run(Resilience4JcircuitbreakerDemoApplication.
class, args);
    }

    @Bean
 public RestTemplate restTemplate() {
        return new RestTemplateBuilder().build();
    }

    @Bean
    public Customizer<Resilience4JcircuitBreakerFactory> defaultCustomizer()
{
        return factory -> factory.configureDefault(id -> new
Resilience4JconfigBuilder(id)
                .timeLimiterConfig(TimeLimiterConfig.custom().
timeoutDuration(Duration.ofSeconds(3)).build())
                .circuitBreakerConfig(CircuitBreakerConfig.ofDefaults())
                .build());
    }
}
```

Conclusão

Assim sendo, podemos concluir que o padrão de projeto *circuit breaker* é muito importante em uma arquitetura de microsserviços, pois permite criar um sistema resiliente e tolerante a falhas, ou seja, pode lidar de forma elegante quando os microsserviços estão indisponíveis ou se existir uma falha ou latência na camada de rede.

19. Padrões para composição de microsserviços

CQRS

Otavio Santana

O *Command Query Responsibility Segregation* (CQRS) é um dos termos mais discutidos nos últimos tempos quando o assunto é microsserviços. De maneira bastante simples, ele se baseia na estratégia de adotar uma ou mais entidades para leitura e outras entidades para escrita e dados.

Caso você esteja familiarizado com o mundo de dados não relacionais (NoSQL), é muito comum desfrutar dessa estratégia. Por exemplo, quando se trabalha com o banco de dados Cassandra, em termos de recursos computacionais, o processo de escrita de dados é bem menos custoso do que o de leitura.

Aplicações com uma arquitetura tradicional, da qual se utiliza o mesmo modelo para leitura e escrita, são simples e funcionam muito bem em cenários com uma baixa volumetria de dados. Porém, existem alguns problemas relacionados a seguir:

- ✓ O módulo de escrita não suporta todas as leituras desejadas.
- ✓ Muitas vezes não precisamos de todas as informações que o modelo de escrita traz. Isso gera um desperdício tanto no banco quanto na rede.
- ✓ Possuir um modelo de escrita pode ser difícil para manter, principalmente quando se utiliza ORM como o Hibernate, no qual existem anotações como @Formula, onde se realizam operações como agregador no banco de dados.
- ✓ Em alguns casos, principalmente em bancos de dados NoSQL, a desnormalização é necessária e a escolha de um único modelo inviabiliza ou aumenta muito a complexidade.

Uma boa solução para os problemas citados anteriormente seria a conhecida e antiga estratégia romana: **dividir e conquistar**. Nesse caso, dividir o modelo de escrita com o modelo de leitura. A CQRS garante alguns benefícios, relacionados a seguir.

- ✓ Criação de um modelo orientado aos dados, ou seja, é possível criar chamadas otimizadas e assim modelos otimizados para o seu respectivo retorno.
- ✓ As *queries* não modificam o modelo, assim, não precisam de um modelo rico, ou seja, o bom e velho modelo anêmico com o POJO se encaixa perfeitamente.
- ✓ A otimização dos modelos faz com que se criem *queries* com o que é preciso, ou seja, é possível economizar tanto rede quanto serviço de dados.
- ✓ Um isolamento da leitura e da escrita permite o uso de *views* materializadas, deixando algumas *queries*/modelos na memória.

A seguir, é apresentada uma visão prática do conceito com um simples controle de natalidade. Após o cadastro de uma pessoa, será gerada uma busca para o total de pessoas que nasceram na cidade em um determinado ano e o atual status das pessoas que nasceram no ano corrente. Uma maneira simples de pensar na CQRS é que no acrônimo **CRUD** (*Create, Read, Update* e *Delete*) o modelo será responsável pelo **CUD** e existirão uma ou mais entidades responsáveis pela leitura ou o **R**.

O primeiro passo é a criação das entidades. A primeira será a classe **Person**, que realizará a escrita, e as outras duas entidades, **CityControl** e **LiveYear**, apenas serão aplicadas na leitura. No exemplo, utilizaremos o *framework* Eclipse MicroProfile com Helidon integrado com o MongoDB e Jakarta NoSQL.

```
@Entity
@JsonbVisibility(FieldPropertyVisibilityStrategy.class)
public class Person {

    @Id
    private String id;

    @Column
    private String name;

    @Column
    private LocalDate birthday;

    @Column
    private String city;

}
```

```
@Entity
public class LiveYear {

    @Id
    @Convert(YearConverter.class)
    private Year year;

    @Column
    private String city;

    @Column
    private int count;

}

@Entity
public class CityControl {

    @Id
    @Convert(YearConverter.class)
    private Year year;

    @Column
    private String city;

    @Column
    private int count;
}
```

Com a criação das entidades, o próximo passo será a persistência. Com essa finalidade, será criada a classe **PersonResource** para inserir ou remover o cadastro de uma pessoa. Um ponto importante é que, a partir da criação ou remoção de uma pessoa, é gerado um evento assíncrono. Esses eventos serão responsáveis por alimentar as entidades de leitura.

```
@ApplicationScoped
@Path("people")
public class PersonResource {

    @Inject
    @ConfigProperty(name = "document")
    private DocumentTemplate template;
```

```
    @Inject
    private Event<Born> wasBornEvent;

    @Inject
    private Event<PassAway> passAwayEvent;

    @POST
    public Person insert(Person person) {

        if (person.isValid()) {
            throw new WebApplicationException(Response.Status.BAD _ REQUEST);
        }

        final Optional<Person> entity = getPerson(person.getId());

        if (entity.isPresent()) {
            throw new WebApplicationException(Response.Status.BAD _ REQUEST);
        }
        final Person wasBorn = template.insert(person);
        wasBornEvent.fireAsync(new Born(wasBorn));
        return wasBorn;
    }

    @DELETE
    @Path("{id}")
    public Person delete(@PathParam("id") String id) {
        final Person person = getPerson(id).orElseThrow(() -> new WebApplica
tionException(Response.Status.NOT _ FOUND));
        template.delete(Person.class, id);
        passAwayEvent.fireAsync(new PassAway(person));
        return person;
    }

    private Optional<Person> getPerson(String id) {
        return template.find(Person.class, id);
    }
}
```

Assim, é inserida ou removida uma pessoa dentro do nosso pequeno sistema de controle de natalidade. Partimos do princípio de que uma pessoa que nasceu possuirá informações como ano e cidade já na inserção, e quando uma pessoa falecer ela será removida do sistema. É importante criar também os serviços que observarão esses eventos alimentando as entidades de leitura.

```
@ApplicationScoped
public class CityControlObservers {

    @Inject
    @ConfigProperty(name = "document")
    private DocumentTemplate template;

    @Inject
    private DocumentQueryMapper mapper;

    public void fire(@ObservesAsync Born born) {
        final Person person = born.get();
        final String city = person.getCity();
        final Year year = Year.of(person.getBirthday().getYear());
        final DocumentQuery query = getQuery(city, year);
        final CityControl cityControl =
        template.<CityControl>singleResult(query)
         .orElseGet(() -> template.insert(new CityControl(city, year)));

        cityControl.increment();
        template.update(cityControl);
    }

    public void fire(@ObservesAsync PassAway passAway) {
        final Person person = passAway.get();
        final String city = person.getCity();
        final Year year = Year.of(person.getBirthday().getYear());

        final DocumentQuery query = getQuery(city, year);
        final CityControl cityControl =
         template.<CityControl>singleResult(query)
           .orElseThrow(() ->
             new IllegalArgumentException("There is not population in this
city"));
        cityControl.decrement();
        template.update(cityControl);
    }

    private DocumentQuery getQuery(String city, Year year) {
        return mapper.selectFrom(CityControl.class).where("city")
                .eq(city).and("year").eq(year).build();
    }

}
```

```
@ApplicationScoped
public class LiveYearObservers {

    @Inject
    @ConfigProperty(name = "document")
    private DocumentTemplate template;

    @Inject
    private DocumentQueryMapper mapper;

    public void fire(@ObservesAsync Born born) {
        final Person person = born.get();
        final String city = person.getCity();
        final Year year = Year.of(person.getBirthday().getYear());
        final DocumentQuery query = getQuery(city, year);
        final LiveYear liveYear = template.<LiveYear>singleResult(query)
                .orElseGet(() -> template.insert(new LiveYear(city, year)));

        liveYear.increment();
        template.update(liveYear);
    }

    private DocumentQuery getQuery(String city, Year year) {
        return mapper.selectFrom(LiveYear.class).where("city")
                .eq(city).and("year").eq(year).build();
    }

}
```

O último passo se baseia nas *queries* de leitura do sistema com a implementação da classe **ControlResource**.

```
@ApplicationScoped
@Path("birthdays")
@Produces(MediaType.APPLICATION_JSON)
public class ControlResource {

    @Inject
    @ConfigProperty(name = "document")
    private DocumentTemplate template;

    @Inject
    private DocumentQueryMapper mapper;
```

```
    @Path("{city}/{year}")
    @GET
    public LiveYear getLives(@PathParam("city") String city, @
PathParam("year") int year) {

        final Optional<LiveYear> singleResult = mapper.selectFrom(LiveYear.
class).where("city")          .eq(city).and("year").eq(Year.of(year)).
getSingleResult(template);
        return singleResult.orElseGet(() -> new LiveYear(city, Year.of(year)));
    }

    @Path("current/{city}/{year}")
    @GET
    public CityControl getControl(@PathParam("city") String city, @
PathParam("year") int year) {
        final Optional<CityControl> singleResult = mapper.
selectFrom(CityControl.class)
                .where("city").eq(city)
               .and("year").eq(Year.of(year)).getSingleResult(template);
        return singleResult.orElseGet(() -> new CityControl(city, Year.of(year)));
    }
}
```

De forma resumida, foi criado um recurso para a escrita que gera eventos que serão observados de maneira assíncrona nesse contexto. Os "ouvintes" serão responsáveis por alimentar e preparar as entidades para a leitura.

Conclusão

A adoção do CQRS pode gerar maior complexidade quando comparada ao modelo tradicional, com destaque para o potencial problema de consistência dos dados. É importante considerar que, assim como toda solução, o CQRS não funciona para todos os casos. Uma aplicação recomendada do CQRS é o cenário no qual exista uma necessidade de otimização de leituras de dados. Porém, ele não é recomendado quando as regras de negócio são simples e o modelo tradicional funciona muito bem.

API Gateway

Dorival Querino
Regiane Moura Mendonça

A arquitetura de microsserviços precisa lidar com várias complexidades, como a alta granularidade de suas APIs, a possibilidade de comunicação com serviços em diferentes linguagens, diferentes tipos de clientes acessando a mesma API, dentre outras. Esses desafios, somados a complexidades geradas por sistemas distribuídos em ambientes de rede não uniformes, exigem mecanismos adicionais para lidar com toda essa heterogeneidade.

É nesse cenário que surge o *pattern API Gateway*, cuja finalidade é centralizar as chamadas em um único ponto de acesso, facilitando a segurança, o controle de métricas, o tratamento de *cache*, *log*, protocolos e outras questões que funcionam melhor de forma centralizada. Além deste *pattern*, a arquitetura de microsserviços favoreceu o surgimento dos gerenciadores de APIs em nuvem, como o Apigee, do Google, o Azure API Management, o Mulesoft, o software AG, a Sensedia, dentre outros.

Para entender melhor o *pattern*, observe a figura a seguir, que ilustra como ficaria um sistema de microsserviços sem nenhum mecanismo para centralizar as requisições.

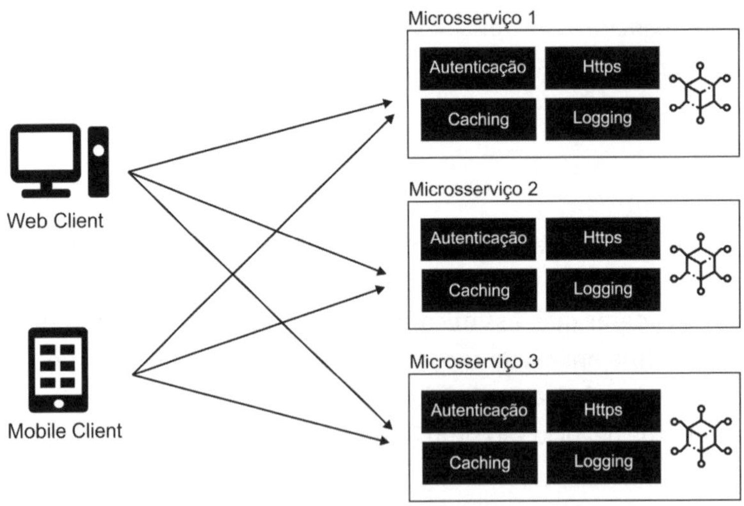

Figura 19.1. Sem uma solução agregadora, o acesso é caótico e pode haver duplicidade de recursos entre os microsserviços.
Fonte: o autor.

Nesse modelo é possível observar problemas em vários aspectos, com destaque para:

- ✓ **Segurança.** É implementada em cada microsserviço e pode produzir código duplicado e dificuldades na manutenção. O mesmo acontece com a **autenticação** e **autorização**.
- ✓ ***Log* de requisições e métricas.** Algo que fica difícil de controlar neste modelo é o *log*, bem como os tempos de resposta de requisições e outras métricas, dado que que não existe ainda um centralizador desses dados.
- ✓ ***Cache*.** O *cache* também ficou bastante complicado de gerenciar, pois, com os microsserviços sendo executados de forma independente, fica difícil saber o momento ideal para invalidar um *cache*, por exemplo.
- ✓ **Transformação e orquestração.** Existem casos em que o corpo da requisição precisa de algum tratamento, e mesmo os tratamentos comuns estão espalhados pelos microsserviços.
- ✓ **Roteamento.** Cada cliente tem que tratar suas próprias rotas. Isso pode gerar duplicidade e dificuldade na manutenção.
- ✓ **Normalização de protocolos.** Existem casos em que se torna necessária a comunicação entre protocolos diferentes, e no modelo apresentado o tratamento está espalhado e duplicado em diversos pontos.

O que é *API Gateway*?

Para tratar os problemas e considerações mencionados, pode-se recorrer a uma solução baseada no *pattern API Gateway*. Ele é um *proxy* reverso, agindo como uma porta de entrada para acesso aos microsserviços. Ele sugere a implementação de diversas funcionalidades para melhorar a conectividade com o mundo exterior, centralizando todas as funcionalidades que ficariam duplicadas nos microsserviços do modelo anterior, conforme observado na figura a seguir.

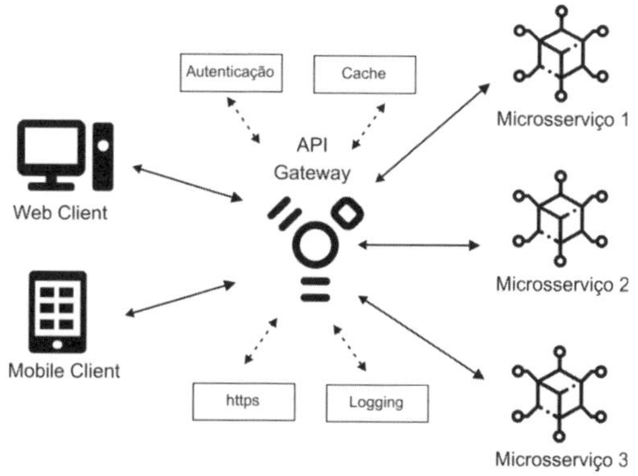

Figura 19.2. O *API Gateway* adiciona um ponto único de acesso e trata os problemas comuns, evitando duplicidades.
Fonte: adaptado de Richardson (2019).

Exemplos de *API Gateway*

Para facilitar o entendimento, será usado um exemplo de *API Gateway* implementado com o Spring Cloud Gateway, conforme trecho de código a seguir.

```
@SpringBootApplication
public class JornadaGatewayApplication {

    public static void main(String[] args) {
        SpringApplication.run(JornadaGatewayApplication.class, args);
    }

    @Bean
    public RouteLocator routes(RouteLocatorBuilder builder) {
        return builder.routes()
                .route(p -> p
                    .path("/produto")
                    .filters(f -> f
                            .addRequestHeader("system-id", "101"))
                    .uri("http://localhost:8082")
                )
                .route(p -> p
                        .path("/cliente")
                        .filters(f -> f
                                .addRequestHeader("system-id", "101"))
                        .uri("http://localhost:8081")
                )
                .build();
    }
}
```

Na configuração apresentada no código anterior, além das rotas, pode-se observar a utilização de filtros que permitem interceptar as requisições, tratar corpo e cabeçalhos, redirecionamentos etc. Neste exemplo, é demonstrada a inclusão de informações no *header*. O código-fonte completo está disponível no repositório do projeto[17].

As rotas podem também ser definidas em um arquivo *properties* ou YML. No exemplo a seguir pode ser observada a configuração em formato YAML incluindo a **porta** do *gateway* (8080), o **id** (escolhido livremente), a **uri** (que indica onde está o microsserviço do módulo definindo) e o ***path***, uma expressão regular. Quando uma chamada

17 <https://github.com/jornada-microsservicos/livro>.

se enquadra na expressão regular, ela é roteada para o serviço indicado na **uri**. Por exemplo, uma chamada para o endereço http://localhost:8080/produto, ao passar pelo *gateway*, será roteada para http://localhost:8082/produto, que está definida em **produtoModulo**.

```
Server:
  port: 8080
spring:
  cloud:
    gateway:
      routes:
      - id: produtoModulo
        uri: http://localhost:8082/
        predicates:
        - Path=/produto
      - id: clienteModulo
        uri: http://localhost:8081/
        predicates:
        - Path=/cliente
```

Servidores dedicados

Além de implementações por meio de código, podemos ainda utilizar servidores dedicados para o papel de *API Gateway*. Os mais comuns e difundidos são relacionados a seguir.

- ✓ **NGINX:** servidor que pode ser utilizado como *proxy* reverso leve. Ele oferece roteamento, balanceamento de carga, alto desempenho, gerenciamento de tráfego e outros benefícios (CRILLY, 2021).
- ✓ **Kong:** trata-se de *gateway* muito popular e *open source*, executado em cima do servidor NGINX. Ele oferece facilidades de escalabilidade, modularização e execução em qualquer infraestrutura, seja em nuvem privada, pública ou local. Além disso, o Kong oferece uma interface de administração via API *REST* que promove grande facilidade de administração (KONG, s.d.).
- ✓ **KrakenD**[18]: escrito em Go, este *API Gateway* se promove como o mais rápido do mercado. É um serviço que aproveitou muito bem os recursos da linguagem Go, como concorrência, velocidade e baixo consumo de recursos, para atingir um alto nível de desempenho, podendo superar em duas vezes o Kong, seu

18 <https://www.krakend.io/>.

principal concorrente. Este serviço também oferece uma interface *web* que permite fazer toda a configuração visualmente, sem necessidade de escrever nenhum código ou configuração.

Serviços de gerenciamento de APIs (*API management tools*)

Com a alta exigência de infraestrutura, tanto no contexto de *API Gateway* como de microsserviços, as empresas têm optado por migrar seus microsserviços para a nuvem e utilizar uma solução de gerenciamento de APIs já pronta, testada e fornecida como serviço. Tais soluções já trazem por padrão redundância, escalabilidade automática, tolerância a falhas e todo um conjunto de serviços acessórios para facilitar o gerenciamento de APIs.

Como exemplo, podemos citar os serviços dos maiores provedores, como API Gateway, da AWS, Apigee, do Google Cloud, Azure API Management, da Microsoft, além dos gerenciadores especializados em APIs como Mulesoft, Software AG, Sensedia e outros líderes no mercado de *API management* (LONGBOTTOM, 2020).

Vantagens do *API Gateway*

Com a adoção do *API Gateway*, tem-se um único ponto de contato para os diversos tipos de serviços.

- ✓ É um ponto único de acesso onde são feitos o roteamento e a composição de requisições, a tradução de protocolo, *logs* e métricas das requisições.
- ✓ Eliminação de duplicidades, facilitando alterações e manutenção.
- ✓ Redução do tráfego de rede.
- ✓ Simplificação das chamadas dos clientes que não precisam conhecer as complexidades do *backend*.

Cuidados com o *API Gateway*

Por se tratar de um ponto único de acesso aos microsserviços, o *API Gateway* se torna um ponto único de falhas. Se o serviço falhar, todos os microsserviços ficarão inacessíveis. Por isso é importante sempre executar a implantação com redundância, escalabilidade automática e tolerância a falhas. Não menos importante, as implantações de mudanças precisam ser cuidadosamente testadas e validadas antes de serem aplicadas em ambiente produtivo. Tais cuidados têm levado cada vez mais empresas a contratar gerenciadores de APIs de empresas especializadas (Google, AWS e Sensedia), pois as funcionalidades necessárias já estão tratadas e gerenciadas pelo próprio fornecedor.

Conclusão

Como visto, a adoção de microsserviços aumentou a granularidade dos sistemas, gerando duplicidade de funcionalidades entre os microsserviços, aumento do consumo da rede, dificuldade de manutenção e complexidade para a aplicação cliente. A solução sugere a adoção do padrão *API Gateway*, que trata de forma centralizada todos os apontamentos removendo duplicidades, uso excessivo de rede e problemas de manutenibilidade. Vimos também que a proposta envolve um serviço bastante exigido cuja utilização se enquadra muito bem em estruturas de nuvem oferecidas por empresas especializadas em APIs. Os apontamentos mais críticos, como alta disponibilidade, escalabilidade e gerenciamento, são tratados de forma transparente pelo provedor.

O padrão SAGA

Rodrigo Branas
Roan Brasil Monteiro

Aqui abordamos um importante padrão de microsserviços, para que você possa realizar transações em sistemas distribuídos de forma segura caso algum erro venha a acontecer. A gestão dos dados extrapolando dois ou mais microsserviços é importante para garantir a consistência desses dados em um ambiente transacional. Então neste tópico o leitor poderá ter uma ideia de como funciona esse padrão.

A importância do contexto transacional

Uma transação é basicamente uma sequência de operações realizadas dentro de uma unidade lógica de trabalho. O principal objetivo é manter a consistência dos dados em caso de falhas, desfazendo as operações realizadas parcialmente, e fornecer isolamento em relação a outras transações que estejam sendo executadas de forma concorrente.

Imagine uma transferência de fundos entre duas contas bancárias. Ela acontece por meio de uma operação de débito na conta de origem seguida de outra de crédito na conta de destino. Em caso de problemas, por exemplo, na hora de realizar a operação de crédito, a operação de débito deve ser desfeita, evitando deixar os dados em um estado inconsistente. Além disso, é importante evitar que os mesmos fundos sejam direcionados ao mesmo tempo para contas de destino diferentes, levando também a um estado inválido em termos de negócio.

A maior parte dos bancos de dados, principalmente os relacionais, suporta transações por meio da implementação de um conceito conhecido como ACID, que significa *atomicity, consistency, isolation* e *durability*, com o objetivo de não só manter os dados consistentes mas principalmente evitar problemas de leitura dos dados em estado inválido decorrente de transações não isoladas conhecidas como *dirty read, non repeatable read* e *phantom read.*

No *dirty read*, ou leitura suja, uma transação acaba acessando dados de uma transação que ainda não foi efetivada, ou seja, que pode ser desfeita a qualquer momento. Já na *non repeatable read*, ou leitura que não pode ser repetida, os dados são lidos antes de outra transação concorrente realizar uma atualização de dados seguida pela efetivação, ou seja, não será possível repetir aquela mesma leitura. Por fim, o *phantom read*, ou leitura fantasma, acontece quando dados foram inseridos ou removidos por outra transação, causando inconsistências de leitura para a transação que está em execução.

Consistência em uma arquitetura de microsserviços

É justamente em busca desse tipo de garantia transacional que muita gente, mesmo em uma arquitetura de microsserviços, acaba utilizando uma base de dados compartilhada, priorizando a consistência dos dados em detrimento do desacoplamento e principalmente da independência dos microsserviços.

De certa forma, esse tipo de dependência pode indicar uma falha na forma como os microsserviços foram decompostos. Por isso é importante, como o próprio Martin Fowler escreveu no artigo *MonolithFirst* (FOWLER, 2015a), começar com um monolito e, com o tempo (e principalmente com mais maturidade), derivar pouco a pouco os microsserviços a partir dele, mantendo o acoplamento baixo e concentrando as interações em suas interfaces de programação, sejam elas síncronas ou assíncronas, fora de um contexto transacional coordenado por um banco de dados.

Existe um protocolo conhecido como 2PC, ou *two-phase commit*, que basicamente permite a criação de uma transação distribuída utilizando um algoritmo de consenso entre os participantes para concluir se ocorreu um sucesso ou uma falha. O problema é que, por ser um protocolo bloqueante em uma realidade onde os sistemas precisam ter cada vez mais independência para escalar horizontalmente, proporcionando alta disponibilidade, a mentalidade ACID acaba tendo que se transformar em BASE, ou *basically available*, *soft-state* e *eventual consistency*.

Em vez de estar garantidamente consistente depois de cada transação, temos um estado eventualmente consistente – e por conta disso é importante criar mecanismos de resolução de conflitos e conciliação de dados pela adoção de algoritmos de *read repair*, que são executados ao detectar uma inconsistência de leitura, e *write repair*, que reparam problemas de escrita, proporcionando um contexto transacional mais confiável.

O próprio teorema de CAP, criado por Eric Brewer em 1998, é fundamental para entender esse desafio, já que, em caso da tolerância ao particionamento, será necessário optar pela consistência ou pela disponibilidade, conforme abordado no capítulo "Teorema de CAP" (MEHRA, 2019). A lógica é simples: ao dividir os dados em caso de falha na comunicação entre as duas partes, a decisão é priorizar a disponibilidade e realizar a transação, mesmo com o risco de inconsistência, ou priorizar a consistência e tornar-se indisponível.

Um dos padrões que surgiram para tratar esse tipo de cenário, onde precisamos criar um contexto transacional distribuído, é conhecido como SAGA. Ele foi criado em 1987 por Hector Molina e Kenneth Salem, da Universidade de Princeton, e não foi originalmente idealizado para ser utilizado em uma arquitetura de microsserviços, mas em situações onde existissem transações muito longas.

Tempos depois, o padrão acabou sendo documentado por Chris Richardson em sua obra *Microservices Patterns*, de 2019 (RICHARDSON, 2019), já com uma adaptação para sistemas distribuídos e com diversos exemplos implementados na linguagem Java.

O padrão SAGA é composto por uma série de transações locais com uma comunicação síncrona ou assíncrona, onde cada transação deve ter uma operação de compensação, ou seja, capaz de desfazer aquilo que foi realizado em caso de problemas.

Além disso, existe também uma operação de pivô, que não é nem compensada nem recuperável, mas é determinante para o sucesso da transação. Caso ela falhe, as operações de compensação devem ser executadas, abortando a transação.

Um cenário típico é a reserva de um quarto de hotel por meio de uma agência de viagens *on-line*. Após escolher o quarto desejado, o usuário clica em comprar. Nesse momento, enquanto o pagamento é realizado, o status do quarto é alterado para bloqueado, impedindo que outras pessoas façam a reserva ao mesmo tempo.

Em seguida, após o pagamento ser realizado com sucesso, o status do quarto é finalmente alterado para reservado. Nesse caso, a operação de compensação em caso de falha no pagamento é muito simples: basta desbloquear o quarto.

Agora imagine se no mesmo processo forem realizadas outras operações como o aluguel de um carro e a compra de passagens aéreas. Agora ficou um pouco mais complicado. Caso ocorra um problema com o pagamento ou mesmo uma falha na reserva do hotel, no aluguel do carro ou na compra das passagens aéreas, será necessário realizar diversas operações para desfazer tudo que foi realizado até aquele momento.

A conclusão é simples: quanto maior for a transação, mais complexo será o tratamento do fluxo de compensação, mas ele é extremamente importante para manter a consistência dos dados.

Tipos de implementação

É possível implementar o padrão SAGA de duas formas: orquestrada ou coreografada.

Na primeira, existe um orquestrador centralizado, que coordena o fluxo de execução em cada participante da transação. Em caso de problemas, também é responsável por coordenar o fluxo de compensação.

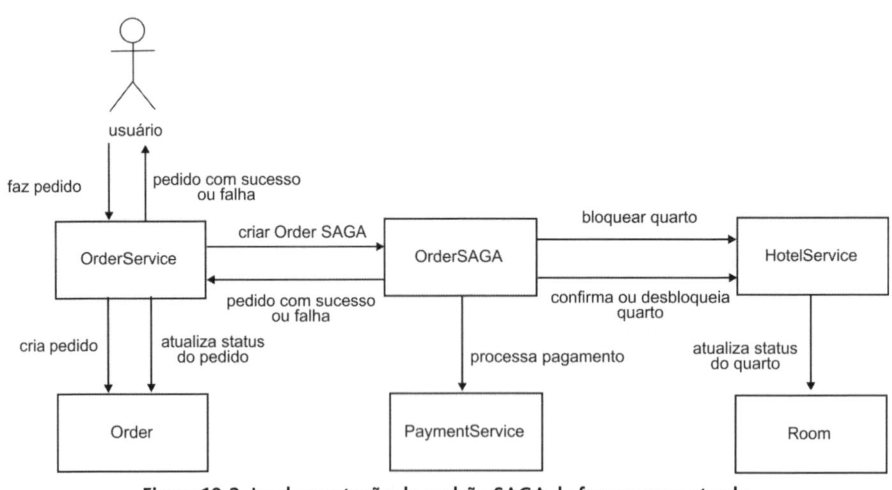

Figura 19.3. Implementação do padrão SAGA de forma orquestrada. Fonte: adaptado de Fowler (2015a).

Na implementação orquestrada, o usuário envia um pedido de reserva que é recebido no serviço "OrderService", que cria uma nova entidade "Order", com status pendente, e delega para o "OrderSAGA" a responsabilidade por orquestrar todo o processo transacional. Em seguida, "OrderSAGA" realiza o bloqueio do quarto no serviço "HotelService", evitando que outros usuários realizem a reserva do quarto enquanto a transação estiver em andamento, e também executa o processamento do pagamento no serviço "PaymentService". Caso o pagamento seja bem-sucedido, o quarto é confirmado. Caso contrário, o quarto é desbloqueado, permitindo que outros usuários possam reservá-lo. Ao final, o status da entidade "Order" é atualizado e o usuário recebe um retorno que pode ser de sucesso ou falha.

Já na implementação coreografada, cada participante é responsável por coordenar a transferência do controle transacional para o próximo serviço, que será responsável por dar continuidade na transação ou abortá-la, compensando a sua parte e devolvendo o fluxo para que o participante faça a mesma coisa, até que a transação inteira seja abortada.

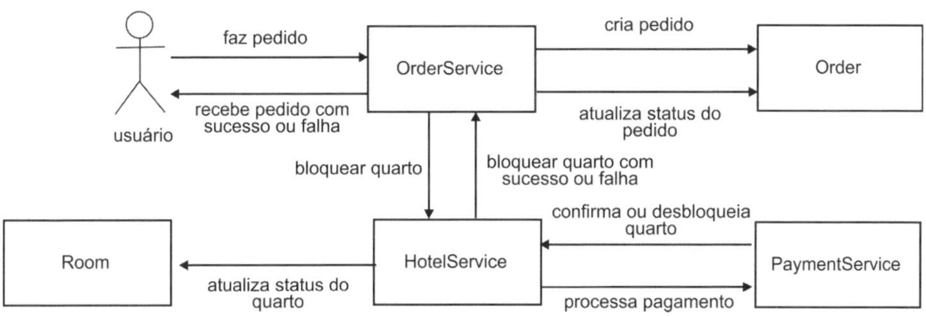

Figura 19.4. Implementação do padrão SAGA de forma coreografada. Fonte: adaptado de Fowler (2015a).

Na implementação coreografada, o usuário envia um pedido de reserva que é recebido pelo serviço "OrderService", da mesma forma que vimos no diagrama anterior. A diferença está na ausência de um controle centralizado, já que "OrderService" delega o fluxo de execução diretamente para o serviço "HotelService", que bloqueia o quarto e transfere o fluxo para que o serviço "PaymentService" processe o pagamento, confirmando ou desbloqueando o quarto em "HotelService", que retorna o status do quarto para "OrderService", que, por sua vez, atualiza o status da entidade "Order" e retorna para o usuário informando o sucesso ou a falha da reserva.

A coreografia acaba sendo mais complexa de implementar, já que o código que controla o fluxo de execução fica fragmentado entre vários participantes, sendo mais difícil de manter ao longo do tempo, principalmente com o aumento da quantidade de participantes e da complexidade da transação.

Implementação do SAGA coreografado

Norberto Hideaki Enomoto

Para este exemplo serão utilizados os seguintes componentes tecnológicos:

- ✓ Spring Webflux
- ✓ Spring Cloud Stream
- ✓ Apache Kafka
- ✓ H2 database

Arquitetura

Figura 19.5. SAGA coreografado em uma transação distribuída. Fonte: adaptado de Fowler (2015a).

Conforme a figura anterior, para este caso de uso foram criados um microsserviço de pedido e um microsserviço de pagamento. O microsserviço de pedido é responsável pela criação do pedido e o controle do status do pedido. O microsserviço de pagamento é responsável pela validação se para um determinado pedido/cliente existe saldo suficiente para efetuar o pedido. Quando um pedido é criado, este recebe o status "CREATED" e é enviada uma mensagem através do tópico "ORDERS" do *message broker* Apache Kafka para o microsserviço de pagamento. Caso o cliente tenha saldo suficiente, o microsserviço de pagamento retorna o status "APPROVED" para o microsserviço de pedido através do tópico "TRANSACTIONS". Caso contrário, este retorna o status "DECLINED". Se o status retornado for "APPROVED", o microsserviço do pedido atualiza o status para "COMPLETED"; se o status retornado for "DECLINED", este atualiza o status para "FAILED". Dessa forma, o SAGA coreografado resolve o problema de transação distribuída em uma arquitetura de microsserviços.

Para maiores informações sobre a execução deste exemplo, consulte o arquivo README.MD do repositório do exemplo[19].

Conclusão

Em qualquer tipo de arquitetura de sistemas, a integridade é um aspecto extremamente importante e que não podemos simplesmente ignorar ou deixar de lado. Por isso, o padrão SAGA, independentemente da forma como for implementado, é uma ferramenta essencial para aumentar a consistência dos processos de negócio e reduzir o esforço operacional para diagnosticar e corrigir problemas decorrentes da falta de um contexto transacional. Com isso, fazendo uma correlação com os bancos de dados, conseguimos uma maneira de garantir, em sistemas distribuídos, as consistências desses dados.

---

19 <https://github.com/jornada-microsservicos/livro/tree/main/parte-04/03-saga-choreography>.

20. Sistemas reativos

Norberto Hideaki Enomoto

Introdução

Antes de mais nada: sistemas reativos não são o mesmo que "programação reativa". Quando pensamos em microsserviços, é fundamental planejarmos a arquitetura e o "conjunto de ferramentas" para desenvolvermos da melhor maneira tais serviços.

Por que essa diferenciação? Porque **sistemas reativos** estão relacionados à arquitetura e às características do sistema. Um sistema reativo é, por definição, **elástico, resiliente e responsivo** (de acordo com o *The Reactive Manifesto*[20]). Elástico porque um sistema reativo está em nuvem e tem sua oferta variável de acordo com a demanda. Resiliente por ser capaz de se recuperar em casos de falha, não concentrando pontos críticos únicos e centralizados. E, finalmente, responsivo por estar sempre proporcionando respostas em tempos curtos, mantendo a qualidade do serviço.

Já quando falamos em **programação reativa**, exploramos modelos de programação acessíveis e disponíveis para sistemas reativos, modelos baseados em mensagens (*message-driven*) ou eventos (*event-driven*), de modo que consigamos, independentemente de linguagem de programação, *framework* ou ferramenta, implementar as características de um sistema reativo.

Programação reativa também pode ser entendida como um subconjunto relacionado à programação assíncrona, na qual eventos podem acontecer de forma paralela em tempos arbitrários e a existência de uma nova informação no sistema (independentemente da fonte dessa informação) conduz a alguma ação. Dessa forma, a programação reativa está sempre relacionada à programação baseada em eventos (*event-based programming*). Eventos que são provocados ou gerados no sistema despertam e dirigem ações específicas tratadas por agentes específicos.

---

20 <https://www.reactivemanifesto.org/pt-BR>.

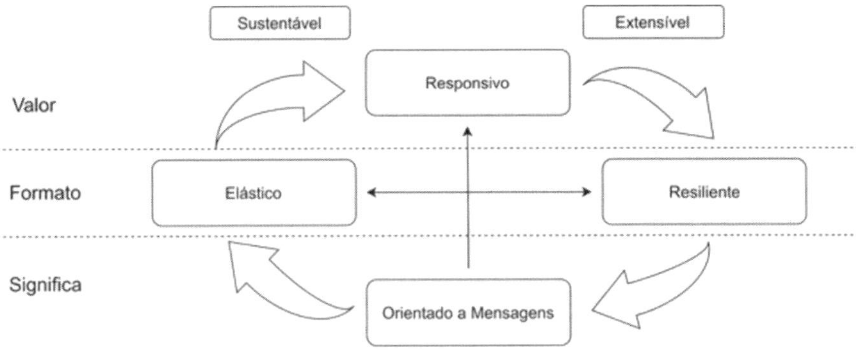

Figura 20.1. Manifesto reativo.
Fonte: adaptado de O Manifesto Reativo (2014).

Desenvolvimento orientado a mensagem (*message-driven development*)

A arquitetura orientada a mensagens, chamada de *message-driven*, é uma estrutura onde temos a comunicação entre duas aplicações ou microsserviços de forma assíncrona através de mensagens. Nessa arquitetura é utilizado um *message broker* ou *Message-Oriented Middleware* (MOM). Algumas características do *message broker* é prover redundância, alta disponibilidade, performance e qualidade de serviço (*Quality of Service* – QoS). A mensagem é publicada por uma aplicação ou microsserviço (produtor) no *message broker* de forma assíncrona (*fire and forget*). Do outro lado teremos uma aplicação ou microsserviço (consumidor) que receberá essa mensagem e fará o seu processamento conforme mostrado na figura a seguir.

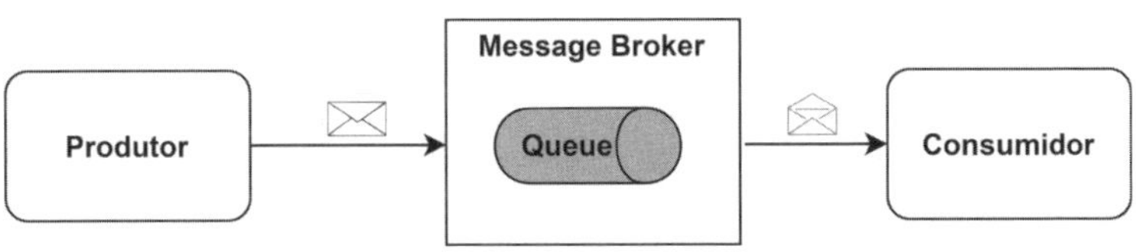

Figura 20.2. *Message-driven development*.
Fonte: adaptado de Enterprise Integration Patterns (s.d.).

Arquitetura de um *message broker*

Um *message broker* possui canais (*channels*) que são caminhos lógicos que conectam as aplicações ou microsserviços, transmitindo a mensagem. Um produtor (*producer*) é uma aplicação ou microsserviço que envia uma mensagem a um determinado canal (*channel*). Um consumidor (*consumer*) é uma aplicação ou microsserviço que recebe a mensagem e esta é retirada do canal (*channel*).

Tipos de *channel*

Existem dois tipos de *message channels*:

- ✓ ***Point to point channel***, equivalente a uma conversa entre dois participantes do Telegram.
- ✓ ***Publisher/Subscriber channel***, equivalente a um grupo do Telegram.

Point to point channel

Neste modelo de implementação o *message broker* determina o consumidor que obterá a mensagem, garantido que somente um único consumidor a receba.

Normalmente, neste modelo temos apenas um único consumidor, mas é possível existir casos onde tenhamos mais de um consumidor. Quando temos mais de um consumidor para o mesmo *channel*, há o conceito de consumidores concorrentes (*competing consumers*).

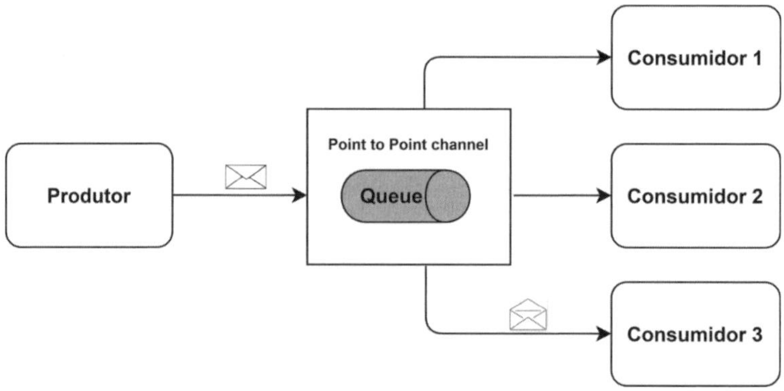

Figura 20.3. *Point to point channel*.
Fonte: adaptado de Enterprise Integration Patterns (s.d.).

Na figura anterior temos três consumidores, mas somente um deles receberá a mensagem.

No modelo de consumidores concorrentes, é possível a escalabilidade horizontal, ou seja, o *message broker* ficará responsável pelo balanceamento de carga (*load balancing*) entres os consumidores. A próxima figura (20.4) mostra o produtor enviando três mensagens para o *point to point channel*, com três consumidores. Cada consumidor receberá uma mensagem de acordo com o balanceamento de carga realizado pelo *message broker*.

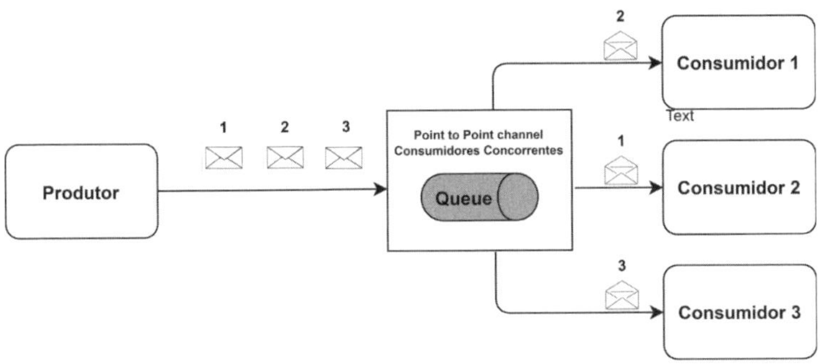

Figura 20.4. *Point to point channel – competing consumers*.
Fonte: adaptado de Hohpe; Woolf (2019a) e Hohpe; Woolf (2019b).

Publisher/Subscriber channel

Neste modelo de implementação o produtor (*publisher*) publica uma mensagem no *message broker* e esta ficará responsável por enviar as mensagens para os consumidores inscritos no canal. Não existe concorrência entre os consumidores (*subscribers*). Cada consumidor receberá a mensagem, a qual será considerada consumida somente quando todos os consumidores a receberem.

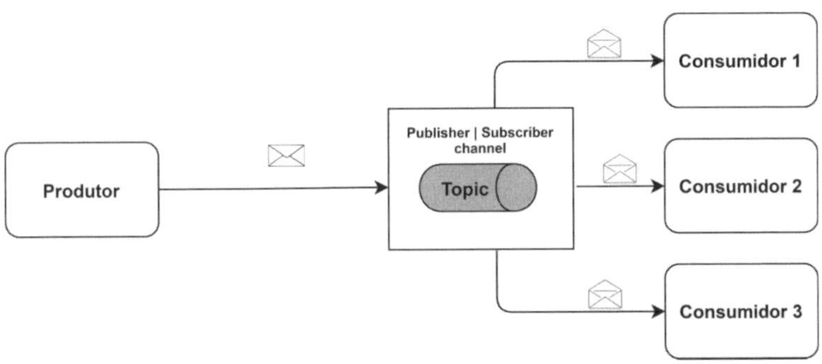

Figura 20.5. *Publisher/Subscriber channel*.
Fonte: adaptado de Hohpe; Woolf (2019c).

Tipos de mensagens

Mensagens são dados transmitidos em um *message broker* (canal) e que possuem um *header* (cabeçalho) e um *body* (corpo). O *header* contém dados utilizados pelo *message broker*, chamados de metadados, e o *body* contém os dados que serão transmitidos.

A mensagem poderá ser um texto em formato XML ou JSON, ou um determinado formato suportado pelo *message broker.*

Dentre os tipos de mensagens, podemos citar:

- ✓ ***Command message***: é utilizada para chamar um determinado método de um microsserviço ou aplicação. Normalmente é utilizada no modelo *point to point channel*, sendo recebida por apenas um consumidor.
- ✓ ***Event message***: os consumidores são notificados de que um determinado evento ocorreu. Normalmente é utilizada no modelo *publisher/subscriber channel*.
- ✓ ***Document message***: é utilizada para enviar dados entre os microsserviços ou aplicações. O consumidor fará o tratamento dos dados recebidos. É utilizado tanto no modelo *point to point channel* como no modelo *publisher/subscriber channel*.

Principais *message brokers* do mercado:

- ✓ Apache Kafka
- ✓ RabbitMQ
- ✓ Apache Active MQ
- ✓ Eclipse Mosquitto
- ✓ IBM MQ
- ✓ Serviços gerenciados de nuvem: SQS (AWS) e Pub/Sub (GCP).

Principais protocolos de mensageria:

- ✓ MQTT
- ✓ STOMP
- ✓ AMQP
- ✓ JMS

Vantagens do *message-driven development*:

- ✓ Comunicação assíncrona.
- ✓ Baixo acoplamento.
- ✓ Escalabilidade.
- ✓ Roteamento.
- ✓ Transformação.

Desvantagens do *message-driven development*:

- ✓ Dependência do *message broker*, adicionando uma camada na arquitetura.
- ✓ Complexidade para monitoramento das requisições.
- ✓ Complexidade para depuração (*debugging*).
- ✓ Complexidade inicial para entender o padrão.

Exemplo de código

Neste exemplo serão criados um produtor e um consumidor utilizando Spring Boot e Apache Kafka (*message broker*) (KAFKA, s.d.). Esta é uma plataforma distribuída de mensagens e *streaming*, utilizada em uma arquitetura de desenvolvimento orientada a mensagens (*message-driven development*) ou eventos (*event-driven development*).

A figura a seguir mostra a arquitetura da aplicação:

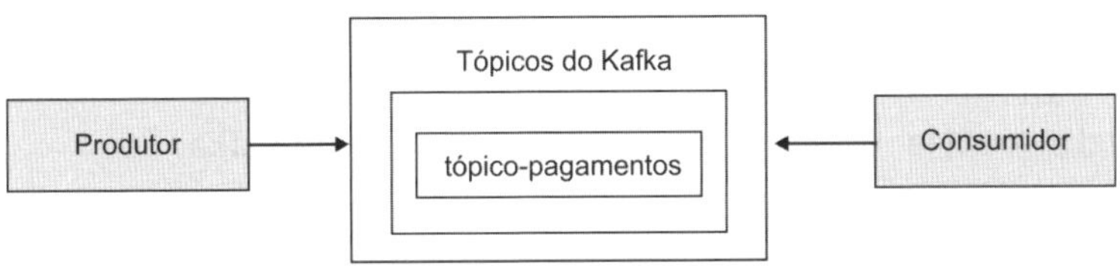

Figura 20.6. *Consumer/Producer.*
Fonte: adaptado de Kafka (s.d.).

No exemplo será utilizada a simulação do processo de pagamento por cartão de crédito. O microsserviço "Producer" receberá os dados do cartão de crédito: CPF, nome, número do cartão de crédito, validade e código de verificação do cartão. O produtor irá inserir a mensagem em um tópico chamado "Pagamento". O microsserviço "Consumer" será responsável por retirar a mensagem do tópico e realizar o seu processamento.

Para execução do Apache Kafka, será utilizado o docker-compose (DOCKER DOCS, s.d.). Este criará dois *containers*: Apache ZooKeeper (APACHE ZOOKEEPER, s.d.) e Apache Kafka. O Apache ZooKeeper é responsável pela coordenação de aplicações distribuídas, neste caso, o Apache Kafka.

Link para acessar o respositório: <https://github.com/jornada-microsservicos/livro/tree/main/parte-04/01-desenvolvimento-orientado-a-mensagens>. No arquivo README.md, você encontra todas as informações sobre como executar os microsserviços.

Microsserviço "Producer"

Este microsserviço disponibilizará um *endpoint* REST responsável por receber os dados do cartão de crédito e inserir no tópico **payment.topic=payment-topic** do Apache Kafka. Para teste, será necessário chamar o seguinte *endpoint* utilizando o método *POST*: http://localhost:9000/payments.

Exemplo do *payload* para chamar o microsserviço "Producer"

```
{
    "CPF":"110.110.110-48",
    "Nome":"Norberto Hideaki Enomoto",
    "CartaoCredito": "0011-0011-0011-0111",
    "DataValidade": "01/26",
    "CodigoVerificador" : "001"
}
```

A classe responsável por inserir a mensagem com os dados do cartão de crédito no tópico é a **PaymentProducer.java**. Nesta classe existe um método chamado "send", responsável por enviar os dados para o tópico do Apache Kafka.

```
@Component
@Slf4j
public class PaymentProducer {

    @Value("${payment.topic}")
    private String paymentTopic;

    private final KafkaTemplate<String, String> kafkaTemplate;

    public PaymentProducer(final KafkaTemplate<String, String>
kafkaTemplate) {
        this.kafkaTemplate = kafkaTemplate;
    }

    public void send(final @RequestBody String payment) {
        final String messageKey = UUID.randomUUID().toString();
        kafkaTemplate.send(paymentTopic, messageKey,  payment);
        log.info("paymentoTopic: " + paymentTopic);
        log.info("messsakey: " + messageKey);
        log.info("payment: " + payment);
    }
}
```

Microsserviço "Consumer"

Este microsserviço será responsável por retirar a mensagem do tópico **payment. topic=payment-topic** do Apache Kafka. A classe responsável por retirar a mensagem do tópico é a **PaymentConsumer.java**. Nesta classe existe um método chamado "consumer" que tem a anotação **@KafkaListener** com informação do tópico e do **group id**, responsável por consumir a mensagem.

```
Package br.com.jornadacolaborativa.microservice.consumer;

@Component
@Slf4j
public class PaymentConsumer {

@KafkaListener(topics = "${payment.topic}", groupId = "${spring.kafka.
consumer.group-id}")
    public void consumer(final ConsumerRecord<String, Payment>
consumerRecord) {
        log.info("key: " + consumerRecord.key());
        log.info("Headers: " + consumerRecord.headers());
        log.info(« Partion : «  + consumerRecord.partition()) ;
        log.info("Payment: " + consumerRecord.value());
    }
}
```

Desenvolvimento orientado a eventos (*event-driven development*)

Carmem Pereira
Natália Gonçalves Rosa

A arquitetura orientada a eventos (*event-driven architecture* – EDA) define o desenvolvimento de microsserviços orientado a eventos chamado de *event-driven development*. Trata-se de uma estrutura que basicamente publica e consome eventos. Isso ocorre, geralmente, quando existem mudanças significativas no "estado" de uma aplicação. Um evento é uma notificação de que os dados foram processados e o estado de algum objeto foi alterado. O padrão arquitetural do *event-driven* é implementado por componentes que produzem eventos para serviços acoplados.

Eventos

Um evento refere-se a uma mudança significativa no estado e é um fato implícito no sistema. Eventos não existem isolados. Um evento pode ser descrito como:

- ✓ **Atômico:** um fato simples que indica que algo aconteceu (cotação criada, e-mail enviado, pedido despachado).
- ✓ **Relacionado:** um fluxo ou sequência de eventos atômicos (rastreando uma alteração de preço, métricas do dispositivo que mudam ao longo do tempo).
- ✓ **Comportamental:** o acúmulo de uma sequência de fatos captura o comportamento.

Eventos podem ser agrupados em coleções lógicas de eventos chamados tópicos. Os tópicos são particionados para processamento paralelo. Podemos pensar em um tópico particionado como uma fila. Os eventos são entregues na ordem em que são recebidos. Ao contrário de uma fila, os eventos são persistentes. Eles permanecem na partição mesmo depois de entregues e estão disponíveis para outros consumidores.

Características da EDA

As principais características de uma arquitetura orientada a eventos são:

- ✓ **Comunicação *multicast*:** os publicadores enviam os eventos simultaneamente para vários assinantes.
- ✓ **Transmissão em tempo real:** os publicadores disponibilizam os eventos como e quando eles ocorrem em tempo real para os assinantes.
- ✓ **Comunicação assíncrona:** o publicador não espera que o destinatário processe um evento antes de enviar o próximo.
- ✓ **Comunicação refinada:** os publicadores continuam disponibilizando eventos refinados individuais em vez de aguardar um único evento agregado.
- ✓ **Ontologia de eventos:** os sistemas EDA sempre têm uma técnica para classificar eventos em termos de alguma forma de um grupo/hierarquia com base em suas características comuns. Isso dá flexibilidade aos assinantes para se inscreverem em um evento específico ou categoria específica de eventos.

Considerações para escolha da EDA

As principais considerações para escolher a arquitetura orientada a eventos são:

- ✓ **Agilidade:** capacidade de lidar com as rápidas mudanças que ocorrem no ambiente. O desacoplamento garante que as alterações que ocorram em um componente não afetem os outros componentes do sistema, possibilitando assim alto grau de agilidade. Isso a torna a escolha ideal para o design de sistemas que exigem mudanças contínuas sem nenhum tempo de inatividade.
- ✓ **Facilidade de implantação:** os componentes são fracamente acoplados. Isso resulta em implantações relativamente simples.
- ✓ **Testabilidade:** o teste de unidade de um padrão EDA é moderadamente difícil, pois requer clientes de teste especiais e ferramentas de teste para gerar eventos necessários para fins de teste. Além disso, fatores como a ordem de entrega nos domínios funcionais precisam ser considerados. A combinação de eventos e a sequência de entrega desempenham um papel fundamental no comportamento do sistema e precisam ser uma consideração importante para o teste.
- ✓ **Desempenho:** tem a capacidade de executar operações assíncronas em paralelo, resultando em melhor desempenho da arquitetura, independentemente do intervalo de tempo envolvido nas mensagens na fila.
- ✓ **Escalabilidade:** oferece um alto nível de escalabilidade devido à natureza altamente dissociada dos componentes.
- ✓ **Facilidade de desenvolvimento:** a facilidade de desenvolvimento usando esse padrão é baixa devido à natureza assíncrona do padrão.

Como exemplo, imagine um sistema de RH onde são cadastrados todos os funcionários de uma empresa. Quando o funcionário é demitido ou solicita o desligamento, gera-se um evento com a mudança de "estado" do funcionário de "Ativo" para "Inativo". Um dos benefícios do paradigma arquitetural *event-driven* é a facilidade na criação de componentes e fluxos das aplicações. Além de aumentar o desempenho e reduzir os locais de serialização, seguindo assim a Lei de Amdahl (WIKIPÉDIA, s.d.), é complementada pela Lei da Escalabilidade Universal de Günther (WIKIPÉDIA, s.d.).

Este modelo arquitetural é composto por três agentes:

- ✓ **Produtores de eventos:** são os responsáveis por gerar o evento.
- ✓ **Mediador/*Broker* de eventos:** é o responsável por receber o evento e encaminhar para os consumidores.
- ✓ **Consumidores de eventos:** são os interessados no evento.

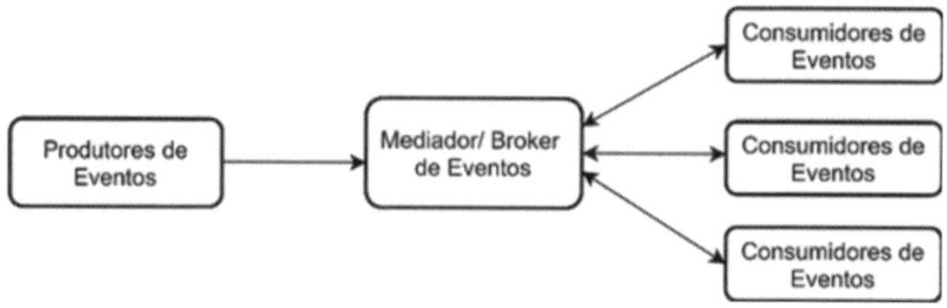

Figura 20.7. Agentes do *event-driven*.
Fonte: adaptado de Borges (2019).

O produtor de um evento não tem nenhum conhecimento sobre os assinantes do evento ou quais ações podem ocorrer como resultado do evento. Isso permite que diferentes grupos de serviços sejam desenvolvidos em sua própria cadência. Além disso, minimiza a necessidade de lançamentos *big-bang* altamente coordenados e arriscados. Se o comportamento precisar ser estendido para que novos sistemas possam reagir a eventos, o encanamento original e os componentes de consumo existentes permanecerão inalterados.

O *event-driven* é uma maneira de realizarmos uma comunicação entre sistemas que se baseia, principalmente, em operações assíncronas, permitindo que as aplicações sejam mais escalonáveis e com baixo acoplamento entre os serviços, possibilitando então uma arquitetura fortemente flexível. É um modelo que independe do tamanho da sua arquitetura e pode ser adaptado a sistemas de qualquer tamanho.

Topologia do *event-driven*

Mediador

O mediador será utilizado se houver a necessidade de manipulação ou orquestração no processamento do evento, ou seja, quando houver vários passos a serem orquestrados.

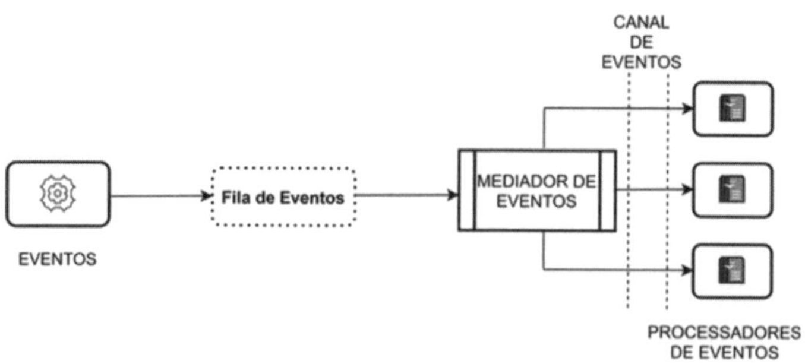

Figura 20.8. Mediador de eventos.
Fonte: adaptado de Borges (2019).

Broker

O *broker* pode ser utilizado em um fluxo de eventos mais simples onde não há a necessidade de orquestração de eventos.

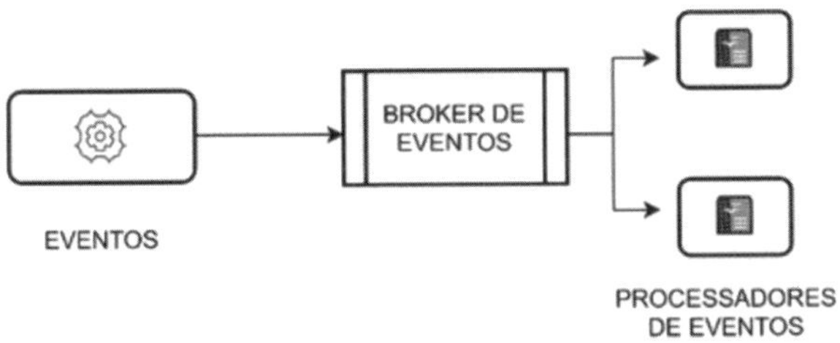

Figura 20.9. *Broker* de eventos.
Fonte adaptado de Borges (2019).

Consumidores de eventos e estilos de processamento

Processadores/consumidores de eventos são componentes que executam uma tarefa específica. Eles contêm lógica para analisar e executar ações em eventos. Cada processador de eventos é independente e é pouco acoplado a outros processadores de eventos.

Quando os eventos atingem os processadores de eventos, existem três estilos predominantes para o processamento de eventos. O tipo de processamento de eventos depende da complexidade do processamento ditada pelo domínio funcional. Os EDAs podem utilizar uma combinação desses três estilos.

- ✓ **Processamento de eventos simples (*Simple Event Processing* – SEP):** um evento de um publicador aciona imediatamente uma ação no consumidor. No SEP, eventos são roteados imediatamente para iniciar algum tipo de ação *downstream* (camada lógica onde as consequências do evento são mostradas). Esse padrão é usado em cenários que exigem que o fluxo de trabalho em tempo real seja acionado sem outras restrições ou considerações.
- ✓ **Processamento de fluxo de eventos (*Event Stream Processing* –ESP):** o ESP lida com a tarefa de processar fluxos de dados de eventos com o objetivo de identificar padrões significativos dentro desses fluxos. O ESP emprega técnicas como a detecção de relacionamentos entre vários eventos, correlação de eventos, hierarquias de eventos e outros aspectos como causalidade, associação e tempo. Esse padrão facilita a tomada de decisões em tempo real. Um exemplo é um sistema de negociação de ações no qual um evento ocorre e

entra em um fluxo de eventos sempre que um contador de ações relata uma alteração no preço. Um algoritmo determina se uma ordem de compra ou venda deve ser criada com base no preço. Em seguida, se necessário, notifica os assinantes apropriados.

- ✓ **Processamento de eventos complexos (*Complex Event Processing* – CEP):** no CEP, a análise é realizada para encontrar padrões nos eventos e determinar se ocorreu um evento mais complexo. Um evento complexo resume ou representa um conjunto de outros eventos. Os vários eventos que são levados em consideração podem ser avaliados por um longo período de tempo. A correlação de eventos entre os vários eventos pode ocorrer em várias dimensões, como temporal, causal e espacial. O CEP combina dados de várias fontes para inferir eventos ou padrões que sugerem circunstâncias mais complicadas. Um exemplo de funcionalidade que usa o CEP é um mecanismo de fraude de cartão de crédito. Cada transação em um cartão de crédito é um evento e o sistema analisa grupos de eventos para um determinado cartão de crédito, para tentar encontrar um padrão que possa indicar fraude. Se uma fraude for detectada, uma ação *downstream* será iniciada.

Padrões da EDA

Uma EDA pode fornecer variações na forma como é implementada. Essas variações são baseadas principalmente em como os eventos são gerados e processados. Eles podem ser categorizados como notificação de eventos, transferência de estado realizada por eventos e fornecimento de eventos. Os sistemas de software orientados a eventos também podem fornecer uma combinação dessas variações.

Notificação de evento

O padrão de notificação de eventos funciona emitindo eventos para os assinantes quando um comando é executado. Não há expectativa de que o destinatário da mensagem produza uma resposta. O sistema de origem não espera e não o usa. Esse é um mecanismo unidirecional de acionar e esquecer. A notificação do evento é imutável.

Os benefícios do uso de notificação de eventos são:

- ✓ Sistemas e funcionalidades dissociados.
- ✓ Dependências invertidas.

Há um desacoplamento entre o produtor de eventos e qualquer consumidor de eventos, bem como entre a lógica que envia as mensagens e a lógica que responde aos eventos. Esse desacoplamento nos permite mudar a lógica de um sem afetar o outro. Novos componentes do processador de eventos podem ser conectados sem nenhuma alteração no produtor.

A desvantagem do acoplamento flexível entre produtores de eventos e consumidores de eventos é que pode ser difícil visualizar o fluxo lógico das notificações de eventos. Essa complexidade adicional também dificulta a depuração e a manutenção. Às vezes, a única maneira de entender o fluxo lógico é monitorar seus sistemas para ver o fluxo de mensagens de eventos.

Transferência de estado realizada por evento

A transferência de estado realizada por evento é uma variação da notificação de evento. São eventos nos quais uma mensagem não contém dados que exijam que o receptor retorne ao sistema de origem. Essas formas de mensagens de eventos incluirão tudo o que o destinatário precisará para processar um evento.

Quando um consumidor de evento recebe uma notificação de evento, ele pode precisar de mais informações do produtor do evento para executar a ação que deseja. Embora o publicador do evento possa não precisar saber nada sobre seus assinantes, o assinante é acoplado ao produtor no sentido de que precisa estar ciente do produtor e ter uma maneira de obter mais informações do produtor.

Retornos de chamada para o sistema que produziu uma notificação de evento para obter mais dados, a fim de manipular um evento, aumentam a carga e o tráfego da rede. Uma maneira de resolver isso é adicionar informações de estado aos eventos para que eles contenham informações suficientes para serem úteis a possíveis consumidores. Por exemplo, uma notificação de evento para um novo pedido pode conter os detalhes do item de linha necessários ao sistema de remessa, para que não seja necessário retorno de chamada. O sistema de remessa pode manter sua própria cópia apenas dos detalhes necessários do pedido.

Embora mais dados estejam sendo divulgados, obtemos um maior nível de disponibilidade e resiliência. O sistema de remessa pode funcionar, pelo menos, com os pedidos já recebidos, mesmo se o sistema de pedidos estiver temporariamente indisponível. O sistema de remessa não precisa retornar ao sistema de pedidos após o recebimento da notificação inicial do evento, o que pode ser particularmente benéfico se o contato e o recebimento de dados do sistema de pedidos forem lentos. No entanto, com maior disponibilidade, menor consistência. A replicação de alguns dados entre os sistemas de pedidos e remessa reduz a consistência dos dados.

Fonte de eventos

A fonte de eventos captura todas as alterações no estado do aplicativo como uma sequência de eventos. Esses eventos são mantidos em um *log* de eventos e podem ser reproduzidos para recuperar o estado do aplicativo. Eventos são fatos imutáveis que apenas são anexados a um *log* de eventos que permite taxas de transação muito altas e replicação eficiente. Para otimizar o tempo necessário para calcular o estado atual, um aplicativo pode criar e salvar periodicamente instantâneos. Para reduzir o tamanho do armazenamento, os eventos anteriores ao instantâneo selecionado podem ser excluídos.

Vantagens da EDA

- ✓ **Desacoplamento:** é adequada para uma estrutura pouco acoplada de sistemas. Não precisamos definir um sistema formal bem delimitado do qual os componentes façam parte ou não. Em vez disso, os componentes podem permanecer autônomos, podendo acoplar e desacoplar em redes diferentes em resposta a eventos diferentes. Assim, os componentes podem ser usados e reutilizados por muitas redes diferentes.
- ✓ **Versatilidade:** permite que os sistemas sejam construídos de maneira a permitir maior capacidade de resposta, porque os sistemas orientados a eventos são, por design, normalizados para ambientes imprevisíveis, não lineares e assíncronos. Eles podem ser altamente versáteis e adaptáveis a diferentes circunstâncias.
- ✓ **Análise em tempo real:** é inerentemente otimizada para análises em tempo real, com grande capacidade de encontrar, analisar e responder a padrões no tempo antes que eventos críticos aconteçam, ao contrário do tradicional, no qual se perde muito tempo analisando dados sobre o que aconteceu ontem ou no ano passado, permitindo assim ações mais preventivas.

Desvantagens da EDA

- ✓ **Riscos de segurança e complexidade:** devido à característica altamente desacoplada e distribuída, nem sempre é possível identificar quais componentes fazem parte do sistema e as dependências entre si. Um bom exemplo disso é a negociação algorítmica, que é um paradigma da arquitetura orientada a eventos. Isso envolve algoritmos de computador que são projetados para realizar transações financeiras em um determinado evento, geralmente comprando ou vendendo um valor mobiliário por alguma alteração no preço de mercado. Ninguém tem informações completas ou parciais sobre quais algoritmos existem, o que todos fazem e como podem estar interconectados. Essa situação em uma infraestrutura crítica é claramente um sério problema de segurança.

Microsserviços reativos – Spring Webflux

Kamila Santos

Introdução

O Spring WebFlux é um projeto do já conhecido e bastante utilizado, tendo como principal diferença o suporte a *reactive streams* NIO e ao conceito de *backpressure* com servidor Netty, vindo por *default* embutido em sua arquitetura (SPRING, 2022).

A partir da versão 5.0 do Spring Framework, passamos a ter uma parte reativa além da estrutura de Servlet que já existia. Cada módulo desses é opcional e você pode utilizar a parte Servlet e/ou a parte reativa em suas aplicações (SPRING, s.d.)[21].

A seguir é possível visualizar melhor tais módulos (SPRING, s.d.):

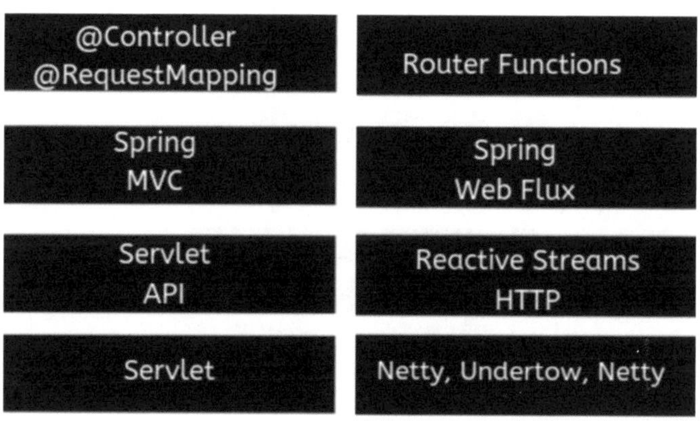

Figura 20.10. Spring MVC e Spring WebFlux.
Fonte: adaptado de Spring (s.d.).

[21] Página de referência das *features* reativas do Spring: <https://spring.io/reactive>.

No Spring WebFlux temos alguns conceitos/componentes que são muito importantes:

✓ ***backpressure***: em uma situação onde um determinado componente da nossa aplicação está tendo um grande esforço para acompanhar o restante da aplicação, para que simplesmente não pare de funcionar, ele deve comunicar a sobrecarga aos outros componentes, a fim de estabelecer um equilíbrio dessa carga (CODE WITH DILIP, s.d.). Esse *backpressure* ajuda o sistema a se manter resiliente sobre a carga e existirá um retorno, auxiliando os recursos a distribuir melhor essa carga. É a capacidade do consumidor, em relação a essa informação (*consumer*), reportá-la ao produtor (*producer*), informando-o sobre a taxa de transferência (*throughput*), que está muito alta para ele suportar (REACTIVE STREAMS, s.d.) (REACTIVE STREAMS, 2021).

✓ ***stream***: um *stream* é uma sequência de objetos/eventos ordenados que suporta diversos operadores para se chegar a um resultado. Ele não pode ser definido como uma estrutura de dados, nem altera a estrutura de dados original. Um *stream* pode emitir alguns eventos:[22]
- ***onNext***: representa algum valor que será chamado a cada evento (avança para o próximo) (REACTIVEX, 2022).
- ***onError***: se ocorreu algum erro nesta sequência, este método será acionado.
- ***onComplete***: no caso de eventos finitos, indica um sinal de que o evento foi concluído.
- ***Flux***: pode emitir de 0 a N eventos, passando também por *onNext(), OnComplete()* e *onError()* (PROJECT REACTOR, s.d.).

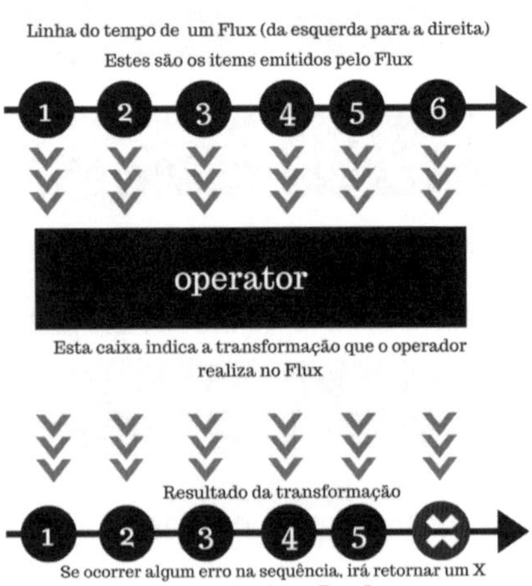

Figura 20.11. Estrutura e funcionamento *Flux*.
Fonte: adaptado de Project Reactor (s.d.).

22 <https://reactivex.io/>.

- ✓ ***Mono***: emite no máximo um evento (0 a 1 evento) (PROJECT REACTOR, s.d.).

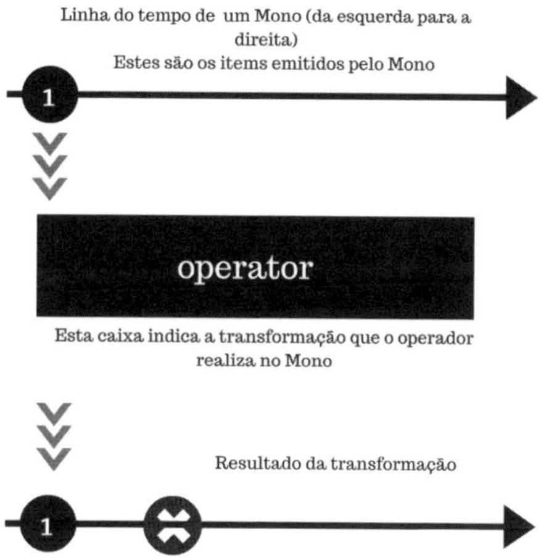

Figura 20.12. Estrutura e funcionamento do Mono.
Fonte: adaptado de Project Reactor (s.d.).

- ✓ ***Observable***: um *observable* pode passar mensagens de forma assíncrona (REACTIVEX, 2019).
- ✓ ***Subscriber***: consome os dados vindos da *Subscription* (REACTIVEX, s.d.).
- ✓ ***Publisher***: produz os dados que serão consumidos via subscrição (BAELDUNG, 2022).
- ✓ ***Subscription***: conexão entre um *Subscriber* e um *Publisher*.

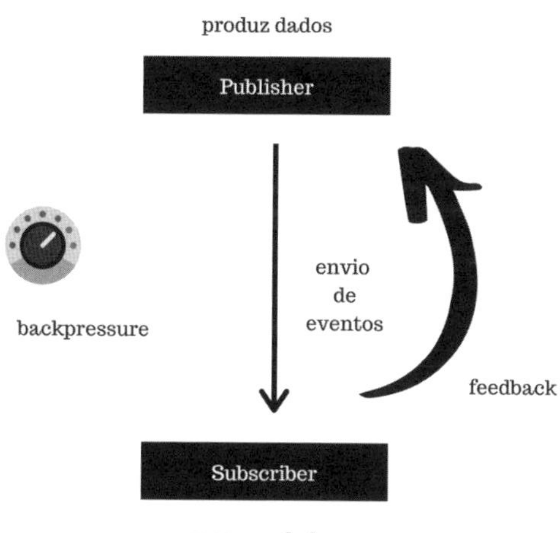

Figura 20.13. Funcionamento do *backpressure*.
Fonte: adaptado de Codin Game (s.d.).

- ✓ ***Cold Observable***: sequência de eventos que só é executada se o observador tiver um subscritor associado a ele.
- ✓ ***Hot Observable***: ele emite eventos independentes mesmo se houver algum subscritor associado a ele.

Quais problemas o WebFlux resolve

O Spring WebFlux foi desenvolvido devido à necessidade de aplicações não bloqueantes que fossem capazes de trabalhar com um pequeno número de *threads* de modo simultâneo e que pudessem ser executadas com poucos recursos de hardware (SPRING I/O, 2019).

A partir do Servlet 3.1 foi fornecida uma API NIO (*Non-blocking I/O*), porém sua utilização não vai ao encontro do contrato das demais APIs, que foram definidas de forma síncrona e bloqueante.

Esses fatores foram determinantes para o desenvolvimento de uma nova API, que fosse utilizada independentemente do tempo de execução e de modo não bloqueante, sendo possível com os servidores que se consolidaram no funcionamento assíncrono e não bloqueante – por exemplo, o Netty.

O WebFlux torna mais fácil a compreensão e utilização de conceitos de programação funcional/reativa. Em nível de modelo de programação, o Java 8 permitiu que o Spring WebFlux tivesse *endpoints* funcionais e *annotated controllers* nas aplicações.

Em uma aplicação, exemplo de gerenciamento de reserva de salas de reunião, o modelo tradicional de design:

```
@GetMapping("/salas")
public List<Sala> listaSalas() {
  return salaRepository.findAll();
}
```

Esse é o ciclo que essa requisição faria:

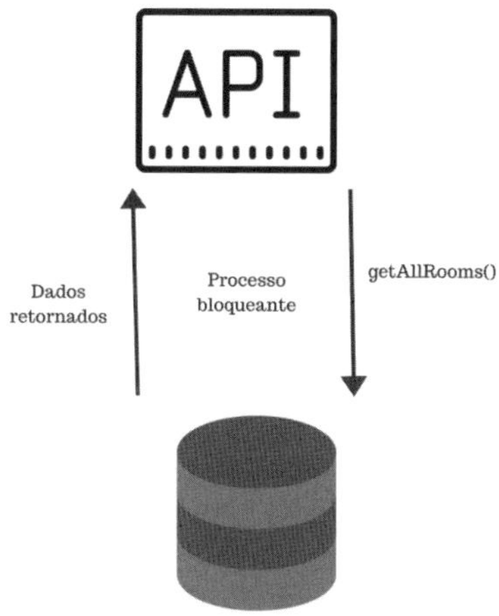

Figura 20.14. Funcionamento de requisições no Spring MVC.
Fonte: adaptado de Code With Dilip (s.d.).

A API irá solicitar ao nosso banco de dados a listagem de todas as salas de reunião, por exemplo, e só irá liberar o próximo processo quando o carregamento desta for concluído.

Tal modelo, dependendo do volume de requisições e da forma como ela foi desenvolvida, poderá gerar lentidão e até mesmo um erro do tipo *Out Of Memory* (esse tipo de erro geralmente ocorre quando mantemos objetos por muito tempo ou tentamos processar muitos dados de uma vez): o *backpressure* seria uma opção para esse caso, mas no Spring MVC ele não tinha um suporte total:

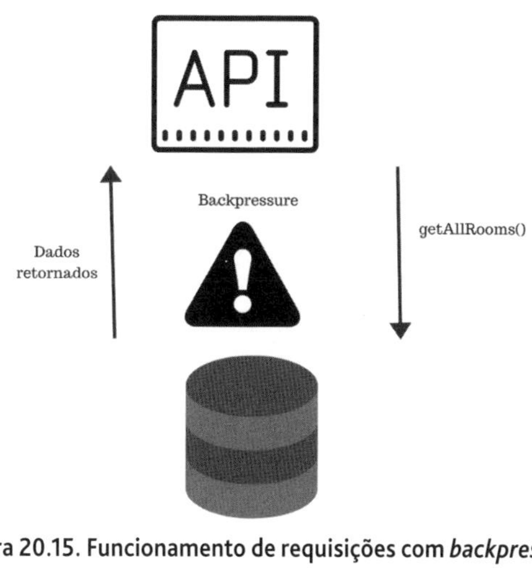

Figura 20.15. Funcionamento de requisições com *backpressure*.
Fonte: adaptado de Code With Dilip (s.d.).

Com este modelo tradicional de design de APIs, não temos suporte a *backpressure*, a escrita da API é realizada de modo imperativo e, como já foi dito anteriormente, a API no modelo tradicional trabalha de modo síncrono e bloqueante.

Utilizando o Spring Webflux, o *endpoint* seria algo semelhante a:

```
@GetMapping("/salas")
@ResponseStatus(HttpStatus.OK)
public Flux<Sala> listaSalas() {
  return salaService.findAll();
}
```

E as requisições seguem um fluxo semelhante a esse:

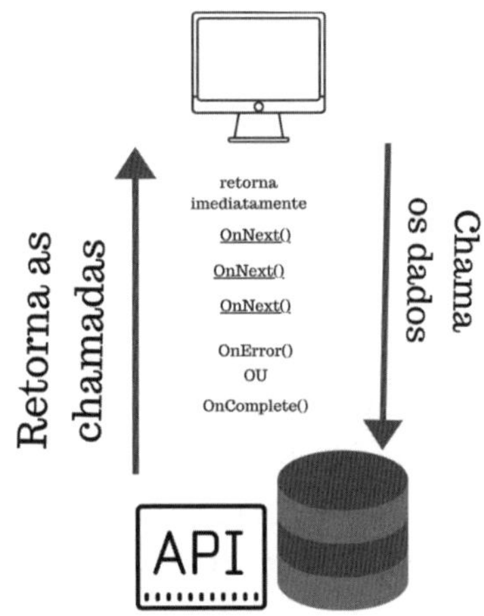

Figura 20.16. Funcionamento de requisições no WebFlux.
Fonte: adaptado de Code With Dilip (s.d.).

Nesse modelo de requisição, para cada item desse Flux que for lido e retornado do banco, é chamado um **onNext()**. Ao chegar ao último, recebe um "sinal" de **onComplete()** ou, caso ocorra algum erro, um **onError()**.

Podemos concluir que, com a programação reativa (Spring WebFlux), passamos a trabalhar de forma não bloqueante e assíncrona. Desse modo, as informações são passadas como *streams* e podemos utilizar *backpressure* nesses *streams* da aplicação. Nos próximos tópicos deste capítulo vamos nos aprofundar nesses pontos.

Arquitetura

Antes de entrar na arquitetura do Spring WebFlux, vamos relembrar como o Spring MVC geralmente faz as requisições:

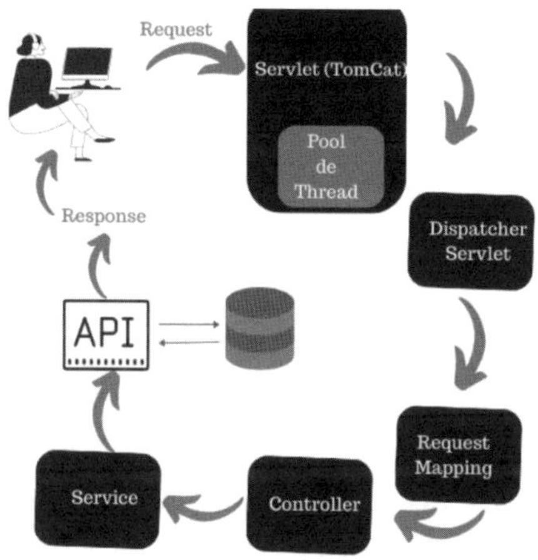

Figura 20.17. Fluxo de requisições do Spring MVC.
Fonte: adaptado de Code With Dilip (s.d.).

Como visto na figura anterior, o processamento de novas requisições, bem como o envio de suas respostas, depende do término de outra. E para que essa resposta seja retornada, ela passa por algumas etapas descritas até aqui.

No WebFlux isso seria um pouco diferente:

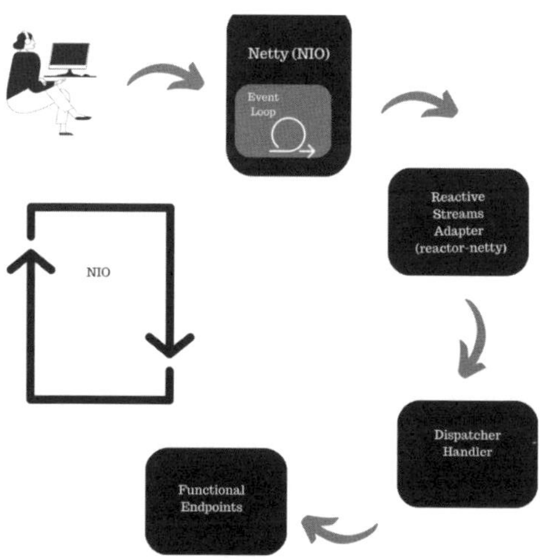

Figura 20.18. Funcionamento do Webflux.
Fonte: adaptado de Code With Dilip (s.d.).

As requisições disparadas por um cliente são recebidas pelo Netty, que é o servidor de aplicação não bloqueante. Elas serão recepcionadas pelo *event loop*, que receberá tal evento e o enviará ao adaptador reativo (*reactor-netty*), reportando em sequência ao *dispatcher handler,* o qual é responsável pelo envio dessa informação de retorno ao cliente. Isso ocorre de forma assíncrona e não bloqueante (MALDINI; GEORGIEVA, 2022; GEORGIEVA, 2019).

O adaptador reativo geralmente é fornecido por alguma biblioteca, que abordaremos a seguir.

Reactor

É uma biblioteca baseada na *Reactive Streams Specifications*, que é totalmente não bloqueante e interage diretamente com a API funcional do Java (*Stream*, *Duration* e *Completable Future*). Para a composição de elementos utiliza Flux e Mono, oferecendo mecanismos prontos de *backpressure* para TCP, UDP e HTTP (incluindo *web sockets*).

Seus *operators* e *schedulers* podem sustentar um grande volume de transferência – até 10 milhões de requisições por segundo, de acordo com a documentação do Reactor (PROJECT REACTOR, s.d.). Também foi a primeira biblioteca reativa a implementar alguns pontos sugeridos pelo *reactive streams commons* (REACTOR, 2019), que posteriormente foram implementados pelo RxJava2.

Seus módulos são interoperáveis e abstraem as *reactive streams* para facilitar o seu desenvolvimento. A biblioteca pode ser utilizada com:

- ✓ *Frameworks* Spring.
- ✓ *Drivers* e *clients* (por exemplo, CloudFoundry Java Client) (CLOUD FOUNDRY, 2022).
- ✓ E em protocolos/contratos como R2DBC[23] e Rsocket[24], por exemplo.

Ele se divide em três partes:

- ✓ O ***Reactor Core*** é a parte principal dessa biblioteca, e os demais módulos são dependentes dela. Ele provê *reactive types* que implementam um *Publisher* provendo dois operadores Flux e Mono.

---

23 <https://r2dbc.io/>.

24 <https://rsocket.io/>.

- ✓ O ***Reactor Netty*** é o servidor da nossa aplicação que provê uma estrutura de entrada e saída não bloqueante (NIO) utilizada para desenvolvimento de servidores altamente escaláveis.
- ✓ O ***Reactor Test*** é responsável por suportar testes e asserções reativas.

Prós e contras dessa arquitetura

Prós:

- ✓ Não bloqueante, o que gera um certo ganho de performance.
- ✓ Menos *threads*, menos memória utilizada.
- ✓ Visão mais clara das *features* funcionais utilizando a programação reativa, onde é possível visualizar melhor *features* da linguagem como *flatmap*, *method reference*, *lambda expressions* e *optional*.
- ✓ Processa diferentes origens de requisição de forma assíncrona – por exemplo, seu microsserviço utilizando WebFlux sendo consumido via *frontend web* e via aplicativo, tendo um grande volume de requisições de forma não bloqueante.
- ✓ Segue os princípios do manifesto reativo: aplicações responsivas, resiliente, elástico e orientado a mensagens.
- ✓ *Backpressure*.
- ✓ Utilizando o Reactor temos maior legibilidade do código, uma grande variedade de operadores para manipular os dados e alto nível de abstração.

Contras:

- ✓ Um modo de programar diferente; no WebFlux o desenvolvimento ocorre de forma declarativa e não imperativa.
- ✓ Difícil de debugar (*stack trace* mais complicado de compreender).
- ✓ Nem todos os *drivers* de banco estão totalmente "maduros" para programação reativa.

Quando é recomendado (ou não) utilizar esta arquitetura

Quando usar:

- ✓ Se você tem *fast producers* (grande emissão de informações) e *low consumers* (consumidores lentos e bloqueantes), sem suporte a *backpressure*.
- ✓ Tráfego variável.
- ✓ Chamadas constantes ao banco de dados. Se esse banco já tiver um *driver* reativo, a mudança para o WebFlux pode diminuir o tempo de latência.
- ✓ Quando esse serviço é consumido via *mobile* e tem alto volume de tráfego.

Quando não usar:

- ✓ Se a sua aplicação não tem um volume de tráfego muito alto, não tem múltiplas origens de requisição, a migração/desenvolvimento para um sistema que utilize programação reativa seria uma otimização prematura, que não apresentaria ganhos e aumentaria a complexidade de desenvolvimento e manutenção.
- ✓ Se não existe um "gargalo" de requisições, que ocorre devido aos processos bloqueantes.
- ✓ Se as dependências já utilizadas em seus serviços são bloqueantes.

PARTE V.
TÓPICOS AVANÇADOS
– ECOSSISTEMA

21. Melhores práticas para microsserviços

Eduardo Costa

Boas práticas para construção de aplicações nativas para nuvem com *Twelve-Factor App*

Aplicações nativas para a nuvem (*cloud native*) se referem a aplicações construídas para executar processos nos provedores de computação na nuvem (*cloud providers*) e aproveitar todos os recursos que estes proporcionam. Essas aplicações são criadas para usar de forma nativa os recursos de infraestrutura ou plataforma como serviço (IaaS/PaaS) disponíveis. Isso significa que os componentes da aplicação são desenvolvidos para lidar com falhas, escalabilidade e alta disponibilidade – além de serem inteiramente automatizados em uma esteira (*pipeline*) de integração e implantação contínua (CI/CD).

Quando construímos esse tipo de aplicação podemos usar um conjunto de boas práticas conhecidas como *Twelve-Factor App*[25]. Essa metodologia, criada pelos engenheiros da empresa Heroku, é uma compilação de dicas úteis e se tornou referência para a construção de aplicações que nascem prontas para ser implantadas na nuvem.

O versionamento da sua aplicação

O código da sua aplicação deve ser rastreável por meio de um repositório localizado em um sistema de versionamento, como o Git. Neste sistema você terá o histórico de todas as mudanças na base de código[26], podendo reverter alterações incorretas, fazer análises da causa-raiz de problemas, além de gerar versões (*releases*) para diversas implantações (*deploys*).

---

[25] Mais informações em <https://12factor.net/pt_br/>.

[26] Base de código: coleção de código-fonte utilizada para construir um sistema, aplicação ou componente de software em particular.

Aplicações *cloud native* normalmente utilizam uma arquitetura distribuída, formada por diversos serviços menores e independentes que se comunicam entre si. A organização e o versionamento dessas diversas aplicações podem estar em um único repositório (*mono-repo*) ou cada uma possuir o seu próprio repositório (*multi-repo*). É comum ter o código organizado em uma estrutura de *multi-repo* – visto que esses microsserviços costumam ser pequenos, especializados e, em alguns casos, ter times diferentes responsáveis por cada um dos serviços.

Seja em uma estrutura de *mono* ou *multi-repo*, é importante que os diversos serviços não compartilhem código diretamente, evitando um acoplamento entre si, sendo recomendado criar bibliotecas para esse fim.

Declaração explícita e isolamento de dependências

Uma aplicação Java certamente usa bibliotecas em formato *jar* de terceiros (*third-party libraries*). Elas permitem que você escreva menos código para executar tarefas complexas. É recomendado manter explícitas todas as dependências que sua aplicação usa, incluindo as versões nas quais elas se encontram. No caso de bibliotecas *jar*, use um gerenciador de dependência como o Maven ou Gradle (para catalogá-las) e um gerenciador de repositório para armazená-las, como o Jfrog Artifactory. Não armazene os arquivos de biblioteca *jar* junto à base de código da sua aplicação.

No caso de dependências de outros recursos, como imagem de *containers* e banco de dados, evite o uso de declarações que não identifiquem especificamente a versão usada, como a versão mais recente disponível (versão *latest*). A versão mais recente no momento do desenvolvimento pode não ser a mesma quando a aplicação sofrer manutenções, podendo acarretar diferenças de comportamento e falhas.

Não confie que o ambiente em que sua aplicação será implantada terá disponíveis todas as dependências necessárias. Isole suas dependências e distribua junto com sua aplicação o que for necessário para o seu funcionamento.

Configurações pertencentes ao ambiente

Configurações são todas as informações que mudam entre os diferentes ambientes onde sua aplicação é implantada. Endereço de banco de dados ou de outros serviços, nome do *host*, número atribuído à porta da aplicação e credenciais são alguns exemplos.

É uma boa prática evitar que essas informações se apresentem de forma estática em seus arquivos de configuração que se diferenciam por ambiente. Ter essas informações de forma estática ou separadas por ambiente irá forçá-lo a gerar versões diferentes de acordo com o ambiente ou alterar o código quando essas informações mudarem.

Armazene as informações que mudam em variáveis relacionadas ao ambiente em que a aplicação será implantada e faça referência a essas variáveis nos arquivos de configuração. Essa medida tornará a *release* mais fácil de ser implantada em diversos ambientes sem a necessidade de mudança no código. Outra alternativa é externalizar suas configurações em um servidor de configuração central que gerenciará suas configurações entre os diversos ambientes. O Spring Cloud Config é uma ferramenta usada para esse fim.

Credenciais de acesso como usuário e senha são informações que, por questões de segurança, você não deve guardar no repositório do sistema de armazenamento e gerenciamento de versão.

Tratar serviços de apoio como recursos que possam ser facilmente anexados

Serviços de apoio são recursos que sua aplicação acessa por meio da rede, como banco de dados, sistemas de filas ou outros serviços. Se sua aplicação possui algum roteamento estático ou endereço de um recurso externo para concluir alguma operação, então esse recurso pode ser considerado um sistema de apoio. Não há diferença entre serviços locais ou externos, ambos são acessíveis por meio de um endereço.

Sua aplicação deverá ser capaz de anexar ou desanexar recursos sem a necessidade de mudar o código, alterando apenas parâmetros de configuração. Se houver um problema no banco de dados, por exemplo, você deve ser capaz de inicializar um novo banco de dados e sua aplicação deve passar a usá-lo sem mudanças no código.

O uso de *service discovery* (descoberta de serviços), como o Eureka Service Discovery, facilita a troca de serviços de forma transparente. Com isso, os serviços podem se registrar a ele e ser "descobertos" por outros serviços dependentes. Essa técnica diminui o acoplamento entre sua aplicação e outros serviços, uma vez que não é necessário manter referências estáticas de seus endereços.

Criação de *releases* versionadas e imutáveis que possam ser facilmente implantadas e retiradas de produção

Release é o binário da sua aplicação pronto para ser implantado em produção ou em qualquer outro ambiente. Esses binários devem ser versionados com uma identificação única e ser imutáveis, de forma que, uma vez gerados, seu conteúdo não seja modificado. Não gere *releases* distintas para os diversos ambientes em que a aplicação será implantada. A mesma *release* deve estar pronta para ser executada em um ambiente de desenvolvimento, teste ou produção sem modificações. As especificidades de cada ambiente devem estar separadas da aplicação.

Use os estágios de *build*, *release* e *run* de forma que: no estágio de *build*, a base de código deve ser compilada junto com suas dependências, gerando um artefato imutável; no estágio de *release*, esse artefato é "tagueado" com um identificador único, como uma data e hora ou número incremental, e opcionalmente pode ser combinado com informações de configuração, gerando um novo artefato imutável; no estágio de *run*, a aplicação é executada no ambiente de destino. Normalmente, a aplicação é empacotada em um *container* onde é iniciada automaticamente na nuvem. Ferramentas de *deploy* usualmente possuem recursos onde é possível retornar as aplicações para *releases* anteriores em caso de falha.

Aplicações não deverão possuir estado

Sua aplicação não deve armazenar dados permanentes em memória. Esses dados devem ser persistidos em serviços externos como um banco de dados ou sistemas de *cache*.

Esse tipo de aplicação é conhecido como aplicação sem estado (*stateless*). Altamente escalável, possibilita a execução em várias instâncias sem comprometer a consistência dos dados permanentes. Vale lembrar que uma aplicação que faz várias requisições em sequência para outra nem sempre terá sua requisição processada pela mesma instância que recebeu a requisição original. Portanto, armazenar estados para o uso em requisições subsequentes pode trazer falhas e inconsistências. Outra desvantagem do armazenamento de estado é que aplicações com estado (*stateful*) exigem maior quantidade de memória e estão mais vulneráveis a vazamento de memória (*memory leaks*). O *memory leak* é uma situação na qual o consumo de memória da sua aplicação cresce de forma linear e infinita, ocasionando sua derrubada.

A própria memória ou sistemas de arquivos podem ser utilizados para dados temporais como o *download* de grandes arquivos ou o resultado de uma operação. No entanto, não assuma que dados mantidos em memória ou disco estejam disponíveis para uso futuro.

Gestão de atribuições de *hosts* e portas pela infraestrutura

Provedores de infraestrutura na nuvem possuem a capacidade de gerenciar certos aspectos da comunicação de rede que mantêm as aplicações disponíveis, seguras e tolerante a falhas. Alguns desses aspectos são o nome do *host* e a porta na qual a aplicação executada fica disponível. Removendo a responsabilidade de manter de forma estática essa configuração, sua aplicação ganha mais flexibilidade para ser executada em diversos ambientes.

Em ambiente de desenvolvimento certamente sua aplicação é executada em um servidor local (*localhost*), mas em produção assumirá outros valores. É importante suportar essa flexibilidade sem mudança no código.

Maximização de robustez da aplicação com inicializações rápidas e desligamentos seguros

A aplicação deve ter a capacidade de ser iniciada e interrompida a qualquer momento. Ter a inicialização rápida aumenta a velocidade na implantação quando algo for corrigido ou configurações mudarem.

Evite tarefas demoradas na inicialização e implemente desligamentos seguros de forma que as requisições em execução terminem antes do desligamento e as novas requisições realizadas durante o desligamento sejam recusadas ou redirecionadas. Também é importante que as instâncias em execução da sua aplicação sejam descartáveis, podendo ser ligadas e desligadas a qualquer momento sem que ocorra o comprometimento dos dados. Instâncias efêmeras são fáceis de ser substituídas.

Manter ambientes similares

É comum ter diversos ambientes para validar a qualidade da sua aplicação até que ela seja implantada em produção. Ambientes de desenvolvimento (*dev*), testes (*quality assurance* ou QA), homologação (*staging*) e produção (*prod*) são alguns exemplos.

Mantenha a menor disparidade possível entre esses ambientes. O ideal é que eles sejam semelhantes e com as mesmas ferramentas, sistema operacional, base de dados, regras de segurança e *firewall*. Isso trará mais confiança na implantação e eliminará a possibilidade de a aplicação funcionar em um ambiente e em outro não.

O distanciamento entre seu ambiente de desenvolvimento e de produção também deve ser o menor possível. Evite o uso de ferramentas mais leves durante o desenvolvimento que não sejam usadas em produção – por exemplo, usar um banco de dados SQLite em vez de um banco de dados MySQL que sua aplicação utiliza. Caso a configuração do seu ambiente esteja complexa, alternativas para agilizar esse procedimento devem ser encontradas.

Ambientes similares aceleram o tempo de implantação. A implantação rápida de novas mudanças em produção permite a recuperação mais rápida de falhas. Normalmente as pessoas se esquecem de quais mudanças foram feitas e desenvolvedores esquecem a estrutura do código. Por isso, quanto mais rápido elas entrarem na esteira de testes, mais fácil será providenciar correções. A automação e o envolvimento dos desenvolvedores na implantação ajudam a acelerar esse processo de melhoria.

Escalando a aplicação horizontalmente

Para que aplicações tradicionais, que ainda não rodam na nuvem, absorvam o aumento da demanda, é comum adicionar mais recursos aos servidores. Essa abordagem, com aumento da capacidade de processamento e quantidade de memória, é conhecida como escalabilidade vertical.

Escalar uma aplicação horizontalmente significa ter várias instâncias dessa mesma aplicação sendo executadas de forma concorrente e respondendo a requisições externas. Aplicações que já surgiram na nuvem com as características de não armazenar estado, altamente descartáveis e de inicialização rápida tiram proveito do poder computacional em nuvem para criar diversas instâncias concorrentes e conseguir atender ao aumento de demanda.

Sistemas que administram a execução das diversas instâncias da sua aplicação, como o Kubernetes, permitem escalar horizontalmente sua aplicação sem intervenção humana, iniciando ou destruindo novas réplicas quando necessário.

Tratamento de *logs* como um fluxo de eventos

Conjunto de textos desestruturados, os *logs* contêm informações de erros, requisições ou mensagens. Normalmente são armazenados em disco em um arquivo de texto rotativo e são extremamente importantes para entender o comportamento da sua aplicação e investigar problemas.

Armazená-los em disco em um sistema implantado na nuvem nem sempre é possível. Disponibilidade dos discos, capacidade de armazenamento e configurações inerentes a *logs* são preocupações que devem estar de fora da aplicação e não impactar seu funcionamento. Não se espera que uma aplicação deixe de funcionar devido à falta de espaço para armazenamento de *logs*.

Logs devem ser tratados como fluxos de eventos, não havendo início ou fim, fluindo continuamente para a saída padrão (*stdout*) do ambiente. Como boa prática, todo o redirecionamento deve ser analisado por ferramentas agregadoras, permitindo o armazenamento e a indexação das informações para permitir sua visualização de forma histórica. A maioria dos provedores *cloud* possui alguma ferramenta de análise de *logs* – Stackdriver, FluentD e Logstash são ótimas opções para coletar e gerenciar os *logs* do seu ambiente em nuvem de forma eficiente.

Criar mecanismos de rastreamento e propagação de *logs* MDC (*Mapped Diagnostic Contex*) permite enriquecer as mensagens com informações que podem não estar disponíveis no escopo onde o *log* é gerado e vai ajudar a rastrear a execução da aplicação.

Atenção às tarefas de administração

Tenha um cuidado adicional com eventuais *scripts* que são executados uma única vez ao implantar seus sistemas: eles devem ser mantidos e distribuídos junto ao código da aplicação para evitar problemas de sincronização e compatibilidade. Conhecidos como *scripts* de administração ou gerenciamento, são responsáveis por tarefas como a migração de banco de dados ou carga inicial de dados da aplicação.

Tarefas administrativas relacionadas à manutenção periódica que necessitam de agendamento exigem uma atenção especial, como limpeza de *cache*, atualização de dados, entre outras. Aplicações *cloud native* não podem ser responsáveis pelo agendamento e disparo dessas tarefas – uma vez que podem existir diversas instâncias em execução de uma mesma aplicação –, o que poderia acarretar a execução de uma mesma tarefa de forma concorrente, trazendo resultados indesejáveis. Nesse tipo de cenário, o ideal é permitir que uma aplicação externa possa disparar e gerenciar o agendamento dessas ações.

22. Virtualização

João Gilberto Magalhães

O que vem a ser virtualização? Esse não é um conceito novo. Ele foi idealizado e implementado pela primeira vez em 1972 via hardware no computador 370 da IBM. Mas os computadores dessa época eram até 800 vezes mais inferiores em relação aos atuais; logo, fazia mais sentido "quebrar" a aplicação em diversas partes porque os softwares demandavam mais capacidade computacional das máquinas da época.

Entretanto, com o passar do tempo, os computadores pessoais e servidores com arquitetura x86 passaram a ser cada vez mais populares, baratos e com maior capacidade de processamento. Isso de certa forma substituiu os *mainframes* e o conceito de virtualização caiu em desuso, já que as máquinas x86 não implementavam a capacidade de virtualização.

O aumento da capacidade de processamento também trouxe outras consequências: as máquinas ficavam subutilizadas, pois o software não usava seu poder de processamento 100% do tempo. Em 1999, a empresa VMWare introduziu um importante conceito na arquitetura x86.

O conceito é bastante simples: uma máquina, chamada de hospedeira, é subdividida logicamente em várias máquinas. E cada uma dessas máquinas, chamadas de máquinas virtuais, teria o seu próprio sistema operacional. A máquina hospedeira aloca recursos de forma que cada máquina virtual tenha exatamente a fração de CPU e memória reservada para ela. Se a máquina virtual tentar consumir mais recursos que o reservado, o sistema operacional do hospedeiro impedirá que as demais máquinas virtuais sejam impactadas. Na prática, cada máquina virtual é uma máquina independente.

Uma ilustração bastante interessante é quando comparamos a máquina hospedeira com um grande navio de carga que tem a capacidade de carregar "outros navios", conforme mostra a próxima figura.

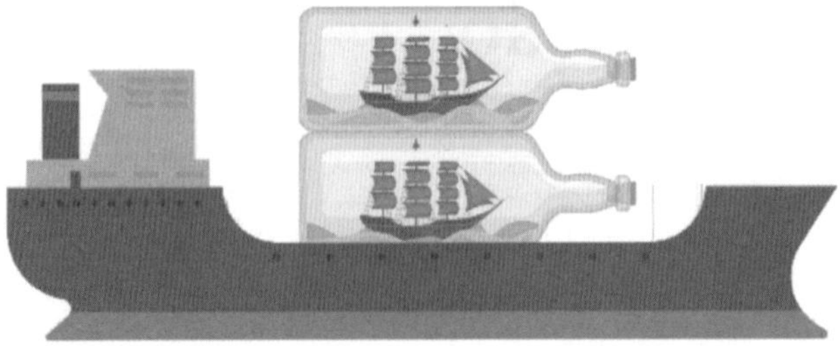

Figura 22.1. Comparando a máquina hospedeira com um navio de carga que carrega outros navios.
Fonte: o autor.

Com o uso dessa tecnologia, uma máquina hospedeira pode suportar diversas máquinas virtuais, aumentando ou reduzindo sua capacidade, ou pode ainda criar "clones" destas de forma relativamente rápida. Isso significa, por exemplo, que em um sistema distribuído poderia ser reservada uma máquina para rodar as requisições e se necessário subir uma outra cópia (instância) da máquina anterior.

Em 2013, um novo conceito de virtualização foi implementado com o uso de contêineres. Agora, em vez de se utilizar o conceito de criar máquinas virtuais, pensou-se em isolar completamente os processos a nível do núcleo (*kernel*) do sistema operacional, onde cada contêiner é um processo em execução (DOCKER, s.d.).

O nome "contêiner" é uma alusão aos contêineres de carga. Cada contêiner é independente e tem sua própria configuração, sendo conduzido por um navio de carga para que ele possa ser utilizado. A ilustração a seguir mostra esse conceito.

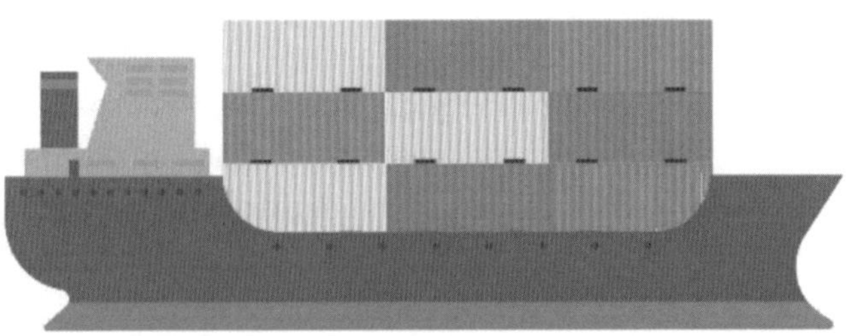

Figura 22.2. Comparando a máquina hospedeira com um navio de carga carregando contêineres.
Fonte: próprio autor.

Olhando para as ilustrações anteriores, nota-se que o mesmo hospedeiro pode suportar maior quantidade de contêineres do que de máquinas virtuais.

É importante ficar claro que, apesar de definirmos como um tipo de virtualização, um contêiner não é uma máquina virtual. Isso é muito importante de se observar, pois um contêiner só roda na arquitetura onde foi implementado.

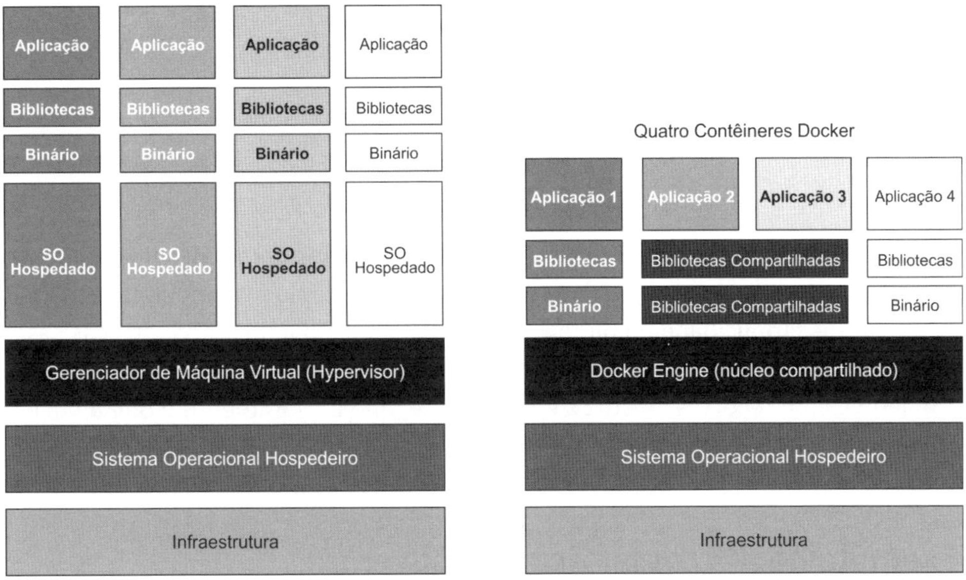

Figura 22.3. Diferença entre virtualização sem e com o uso de contêineres. Fonte: adaptado de Docker (s.d.).

Note, na ilustração anterior, que não existe o sistema hospedeiro nos contêineres. Outro ponto importante é que normalmente nos referimos aos contêineres como Docker, entretanto isso não é correto. Docker é a empresa mais conhecida que implementa conteinerização. Existem outras empresas que implementam o mesmo conceito, mas que têm a sua própria implementação. O exemplo mais conhecido é CoreOS (REDHAT HYBRID CLOUD, 2020) – um sistema operacional Linux muito leve e voltado para contêineres, que recentemente foi adquirido pela Red Hat e está agora se tornando parte integrada do Openshift (RED HAT, 2020), um gerenciador de contêineres da Red Hat. Outro exemplo é o Containerd, que é uma implementação mais enxuta de contêineres focada em simplicidade, robustez e portabilidade, sendo utilizada por gerenciadores de contêineres e, inclusive, pelo próprio Docker.

A virtualização foi fundamental para o surgimento da computação em nuvem, e a conteinerização de aplicações foi fundamental para a evolução dos microsserviços, pois permitiu agilizar e uniformizar a implantação de serviços em uma forma modularizada e independente da infraestrutura.

23. Microsserviços na nuvem

Dorival Querino

A arquitetura de microsserviços traz grandes benefícios para o desenvolvimento de software, como entregas mais ágeis, serviços desacoplados, implantações mais frequentes e simplicidade no dimensionamento individual dos serviços. Mas essas vantagens só poderão ser aproveitadas em sua totalidade quando utilizadas em ambientes com recursos elásticos e *self-service*, que é exatamente o que a nuvem oferece.

Exemplo de microsserviços na nuvem

Para entender melhor como um microsserviço é implantado na nuvem, vamos analisar um exemplo prático de um módulo de um *e-commerce*, implantado *on premise* (localmente), cujos componentes estão representados na próxima figura. Em todas as máquinas, poderíamos opcionalmente ter as aplicações rodando em *containers* como o Docker, podendo ou não ser gerenciados por orquestradores de *containers* como o Kubernetes.

API Gateway é o componente responsável por receber todas as solicitações e encaminhar aos microsserviços. Ele é um ponto crítico da arquitetura, pois, se falhar, toda a solução ficará inacessível. Assim, este *gateway* precisa estar um ambiente escalável e tolerante a falhas.

Temos também os microsserviços de **Recomendação**, **Precificação**, **Imagens** e **Metadados** (estatísticas), que são implementações de microsserviços utilizando *frameworks* mais adequados ao projeto.

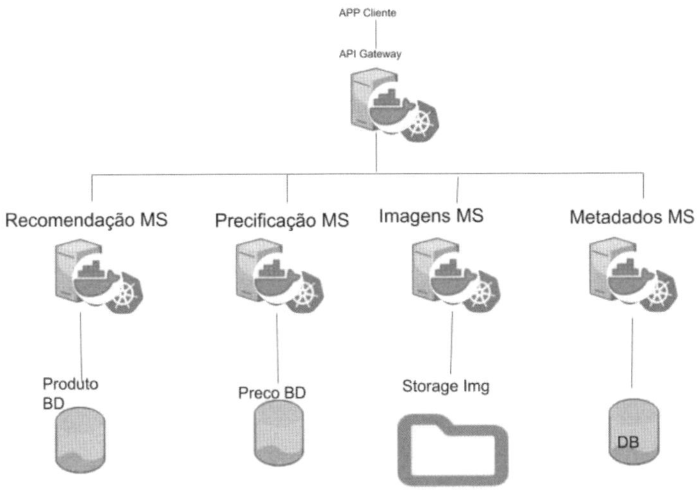

Figura 23.1. Microsserviços *on-premise* demandam maior gerenciamento da infraestrutura. Fonte: o autor.

Migrando a arquitetura para a nuvem

Escolha do provedor

Na migração para a nuvem, é importante ter em mente que não há uma resposta única sobre qual é o melhor provedor para o seu projeto – Amazon AWS, Microsoft Azure, Google Cloud, IBM, Oracle ou outros. Isso depende muito das necessidades de cada projeto. Como essa avaliação não está no escopo deste livro, é recomendável conhecer os provedores, suas vantagens e desvantagens, e escolher o que melhor atende às suas necessidades.

Para nosso exemplo, usaremos a nuvem da AWS, pois ela é referência em questão de infraestrutura. Sabendo o que é e como fazer na AWS, você encontrará uma forma equivalente nos demais provedores. Assim, veremos a seguir um modelo básico de como ficaria a arquitetura apresentada anteriormente implantada na nuvem. Na sequência, estão listados os serviços da AWS que foram utilizados para substituir a infraestrutura local.

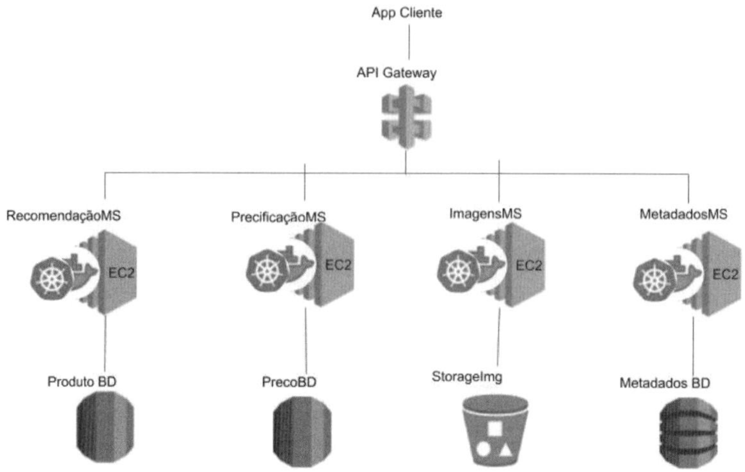

Figura 23.2. Microsserviços migrados para a nuvem da AWS.
Fonte: o autor.

Gerenciador de APIs ou *gateway* de APIs

Na AWS, este serviço é oferecido com o nome de *API Gateway* na modalidade *serverless*. Ele é a porta de entrada para os serviços implantados na nuvem. Através dele, estes podem ser expostos para ser acessados pela *web*. Ao utilizá-lo, você já tem acesso a diversas funcionalidades para tratar requisições HTTP e HTTPS e várias outras.

Servidores na nuvem

Chamadas na AWS de instâncias EC2 (*Elastic Compute Cloud*), estas servem para execução de diversos tipos de carga de trabalho computacional. Essas instâncias podem ser criadas tanto no console *web* quanto por linha de comando (via serviço da AWS, a AWS CLI), ou, ainda, utilizando soluções IaC (*Infrastructure as Code*), onde é possível criar *scripts* que documentam toda a infraestrutura, podendo ser recriada a qualquer momento utilizando-se *frameworks* ou bibliotecas para essa finalidade. Nessas instâncias, as aplicações poderão, opcionalmente, rodar em *containers* como Docker, gerenciadas ou não por orquestradores como Kubernetes (detalhes no tópico "contêineres na nuvem", mais adiante).

Serviços de banco de dados

São os serviços chamados, na AWS, de RDS (*Relational Database Service*) oferecidos no modelo PaaS (*Platform as a Service*). Com esse serviço, você pode instanciar qualquer um dos principais bancos de dados do mercado diretamente de um console *web*. São suportados diversos bancos, tais como Oracle, SQL Server, MySQL, MariaDB, Postgres e Aurora – um banco de dados de alto desempenho desenvolvido pelos times da própria AWS utilizando como base o Postgres e o MySQL e que oferece uma alternativa aos grandes bancos do mercado a um custo reduzido.

Ao criar um banco de dados utilizando o RDS, você se livra das preocupações com questões de infraestrutura, sistemas operacionais, bibliotecas, atualizações de software, estrutura de *backup* e muitas outras. Um bom exemplo dessa simplicidade é a criação de um servidor Oracle, que tem várias particularidades para ser instalado e configurado. Utilizando o serviço de RDS, você só precisa acessar o console, escolher as configurações, tais como o tipo de banco, armazenamento, administrador e senha, periodicidade de *backup* etc. para ter um banco de dados pronto e em execução. Poderá escolher desde versões básicas de teste até versões de alto desempenho para produção, com *terabytes* de armazenamento, *backups* periódicos, redundância e tolerância a falhas.

Armazenamento de objetos

Façamos um comentário sobre a diferença entre **armazenamento de objetos**, que é o armazenamento de baixo custo para arquivos que você faz *upload* e pode acessar e baixar com sua chave de identificação, e **armazenamento em blocos**, que é um sistema de arquivos que pode ser montado[27] como disco de máquinas virtuais na nuvem e que costuma ter um custo mais elevado.

Assim, no exemplo, as imagens podem ser facilmente armazenadas como objeto, aproveitando seu baixo custo de armazenamento. Esse serviço é oferecido na AWS com o nome de **S3 (*Simple Storage Service*)** e possui alta **durabilidade** e baixo custo. No S3, os arquivos já são armazenados com redundância, escala automática para acesso e gravação, controle de acesso e versionamento. Esse é um dos serviços mais populares em qualquer provedor de nuvem. Podemos citar, como exemplo, o

[27] Montar um sistema de arquivos significa deixá-lo disponível para o sistema, através de um diretório (ponto de montagem). Fonte: Sun (2000).

Google, que oferece o *Google Cloud Storage*, o Azure, com o *Azure Blobs*, e a IBM, com o *IBM Cloud Object Storage*.

Banco de dados não relacional

Geralmente oferecido como ***serverless*** na nuvem, costuma ser totalmente gerenciado pelos provedores, oferecendo redundância, escalabilidade e alta disponibilidade, e deixando o cliente livre dessas preocupações. Na AWS tem o nome de **DynamoDB,** mas também é oferecido nos outros grandes provedores. O Google tem o Google Cloud Datastore, o Azure tem o Azure Cosmos DB e a IBM tem o IBM Cloudant.

Contêineres na nuvem

Uma das formas mais utilizadas para fazer implantações na nuvem é através de contêineres. Eles permitem empacotar aplicações com seu código, bibliotecas e configurações, garantindo consistência entre ambientes de execução.

Na nuvem, podem ser utilizados de três formas: não gerenciada, gerenciada e orquestração utilizando Kubernetes em instâncias ou como serviço.

Contêineres não gerenciados

Nesse modelo, somos responsáveis por criar as instâncias de máquinas virtuais, instalar e configurar os contêineres nessas instâncias. O modelo permite usufruir de recursos como escala automática, monitoramento e integração, com todo o ecossistema da nuvem. Em contrapartida, teremos que gerenciar todo o dimensionamento e a quantidade das instâncias, bem como a saúde dos contêineres e a maioria das questões de infraestrutura. Com a alta granularidade dos microsserviços e cada aplicação rodando em seu próprio contêiner, a quantidade de contêineres pode facilmente passar de centenas para milhares em grandes empresas. Por isso é mais comum a utilização de contêineres gerenciados, que explicamos a seguir.

Contêineres gerenciados

Nesse modelo, contratamos os contêineres como um serviço na nuvem e o provedor abstrai a criação das instâncias e toda a infraestrutura, tornando muito mais simples a implantação.

Como exemplo, podemos citar o ECS (*Elastic Container Service*) da AWS (AWS, s.d.), o ACI (*Azure Container Instances*) do Azure (AZURE, s.d.) e o Google Cloud Run.

Para exemplificar, mostramos a seguir o serviço **ECS** da AWS utilizando o Fargate[28]. Este é um gerenciador de contêineres Docker escalável e de alto desempenho, sendo responsável por manter seu *cluster* com a quantidade de *nodes*, contêineres e demais parametrizações que forem definidas na sua configuração. Isso torna a implantação mais simples:

- ✓ Criamos a imagem da aplicação localmente.
- ✓ Enviamos essa imagem para um *hub* remoto, podendo ser o próprio registro da AWS (ECR), Docker Hub ou outro.
- ✓ Criamos o serviço de contêiner na nuvem e o configuramos para buscar a imagem que subimos no nosso *hub* remoto.
- ✓ Definimos, via configurações, o *cluster* com a quantidade de *nodes* e contêineres desejados para iniciar o serviço.

A partir daí, o provedor instancia o *cluster* com seus *nodes* e contêineres e irá garantir seu funcionamento de acordo com as configurações que adicionamos nas parametrizações. Os detalhes do funcionamento desse ECS podem ser vistos na Figura 23.3:

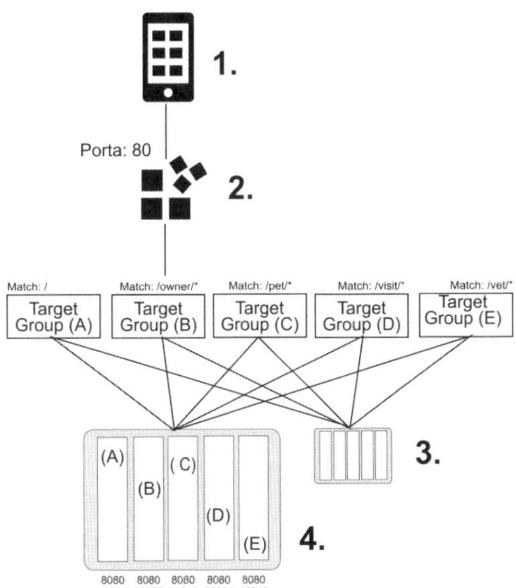

Figura 23.3. Arquitetura de uma aplicação implantada em contêineres ECS da AWS. Fonte: adaptado de Taber (2017).

[28] Mecanismo gerenciador de contêineres sem servidor – *serverless*.

1. Aplicação cliente envia as requisições via *Load Balancer.*
2. O *Load Balancer* analisa a rota das requisições recebidas e as encaminha para os respectivos microsserviços através do *target group*.
3. Cada classe de contêiner tem um *target group* que conhece a localização e a porta de cada contêiner, para as quais direciona as requisições recebidas.
4. Cada contêiner executa um único processo da aplicação respondendo na porta 8080, cada um em seu respectivo *namespace*. Entretanto, internamente, todos os contêineres são expostos randomicamente em diferentes portas da máquina hospedeira.

Kubernetes como serviço

Uma solução largamente utilizada hoje para a orquestração de contêineres é o Kubernetes (ACETOZI, 2017). Este é um orquestrador criado pelo Google que se tornou *open source* e muito popular. Possui uma comunidade muito grande e ativa de desenvolvedores e o apoio de grandes empresas como Google, Oracle, IBM e outras.

Atualmente, vários provedores de nuvem o oferecem como serviço, por exemplo: o Google tem o *Google Kubernetes Engine* (GOOGLE CLOUD, s.d.), o AWS tem o EKS (*Elastic Kubernetes Service*), o Azure tem o *Azure Kubernetes Service* (AZURE, s.d.), entre outros. São indicados para projetos que, por sua complexidade, precisam de soluções mais elaboradas para a orquestração de contêineres. Por ser *cloud* agnóstico, o Kubernetes permite a utilização em *multi-cloud*, além de evitar *o vendor-lock-in*. Utilizá-lo na nuvem diminui a complexidade, uma vez que a nuvem abstrai a criação das instâncias de máquinas virtuais, estruturas de rede, comunicação entre os elementos do *cluster*, dentre outras particularidades.

Para exemplificar, a próxima figura mostra uma visão geral de como é a arquitetura de uma aplicação utilizando Kubernetes na nuvem da AWS (EKS) (AWS, s.d.).

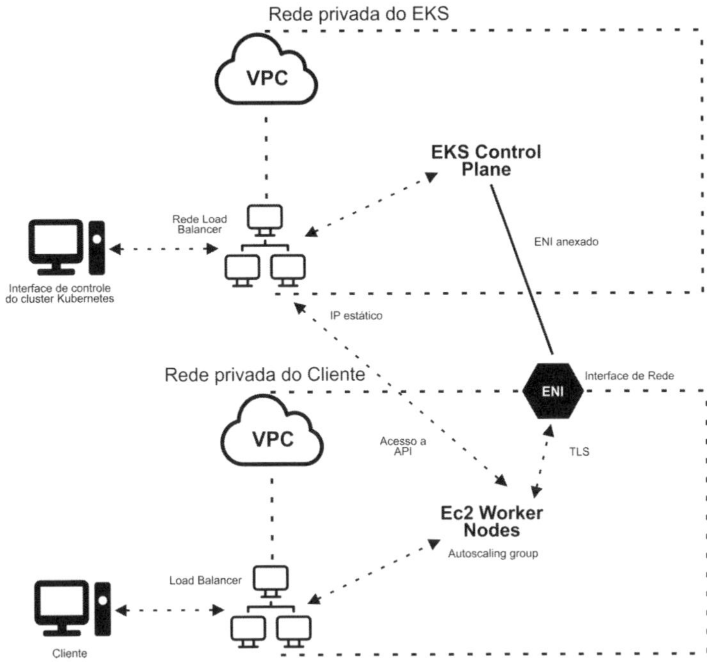

Figura 23.4. Arquitetura de uma aplicação implantada em Kubernetes EKS da AWS. Fonte: adaptado de AWS (s.d.).

Serverless – microsserviços sem servidor

O que é *serverless*?

Serverless (ROBERTS, 2018) é um modelo de execução de software onde o provedor é responsável por executar partes de código do desenvolvedor, de forma que este não tenha que provisionar nem gerenciar infraestrutura, pois os recursos são alocados dinamicamente pelo provedor (AWS, s.d.). Os serviços geralmente são disparados por eventos e, internamente, o código é executado por contêineres, mas isso é totalmente transparente ao desenvolvedor.

As principais **vantagens** de utilizar *serverless* são a agilidade de implantação por não ter que gerenciar infraestrutura, escalabilidade automática e cobrança somente quando os serviços recebem acessos, diminuindo o custo em muitos casos.

Como **desvantagens**, podemos citar o tempo de execução limitado (por exemplo, 15 minutos na AWS – um serviço que precise ficar ativo por um tempo mais longo será terminado), o *cold start* (a primeira chamada de uma função sempre levará um tempo maior para começar, pois precisará iniciar um contêiner para sua execução, o que pode trazer uma experiência ruim ao usuário final), e o risco de *vendor-lock in*, pois uma função *serverless* em um provedor não funcionará em outro sem adaptações.

Mostraremos a seguir uma implementação que utiliza o modelo *serverless* através de funções *lambda*, bem como outros componentes necessários para fazer uma solução funcionar:

- ✓ Servidor de conteúdo estático (NGINX) foi substituído pelo serviço S3, configurado para hospedagem de conteúdo estático.
- ✓ Adicionado um serviço de distribuição de conteúdo (*Content Delivery Network* – CDN) para melhorar o tempo de resposta.
- ✓ Um *proxy* reverso foi substituído pelo serviço *API Gateway*.
- ✓ Os servidores onde poderiam ser implantados nos serviços foram **substituídos por funções *lambda***.
- ✓ O armazenamento (*storage*) que utilizaria um equipamento como unidade de disco ou fita, ou um servidor na nuvem, foi substituído pelo serviço de armazenamento sem servidor chamado **S3**.
- ✓ O servidor de banco de dados foi substituído por um banco sem servidor, o Aurora Serverless.
- ✓ O servidor do banco NoSQL foi substituído pelo DynamoDB, que também é *serverless*.

Na sequência, detalhamos os elementos dessa arquitetura e as alternativas oferecidas por outros provedores de nuvem:

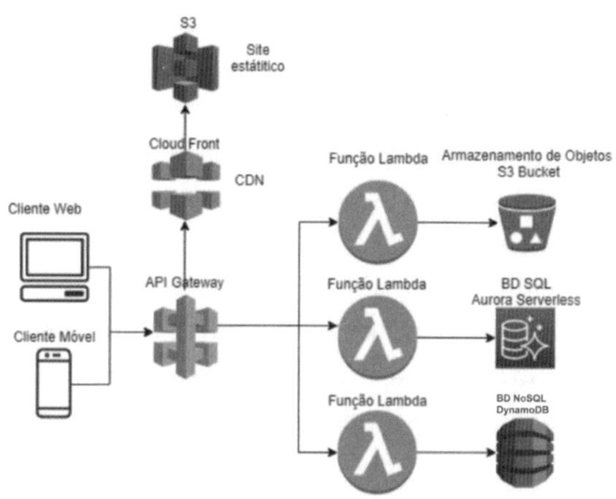

Figura 23.5. Arquitetura de uma aplicação utilizando *serverless* na AWS, onde todo o provisionamento de instâncias de servidores foi eliminado (delegado para o provedor). Fonte: adaptado de AWS (s.d.).

Funções *serverless*

São utilizadas para substituir instâncias computacionais (computadores e máquinas virtuais). Nessa modalidade, o desenvolvedor só precisa escrever seu código em forma de funções *serverless* e fazer *upload* para o ambiente do provedor, que tratará de provisionar os recursos para sua execução. Exemplos: *AWS Lambda, Azure Functions, Google Cloud Functions*.

API Gateway

Elimina a necessidade de um computador ou máquina virtual para hospedar o *proxy* reverso dos microsserviços. É utilizado para expor os recursos *serverless* na internet, agindo como um ponto de entrada para acessar as funções *serverless* e outros serviços na nuvem. Exemplos: *AWS API Gateway*, *Google Cloud Endpoints* e *Azure Application Gateway*.

Armazenamento de objetos[29]

Elimina a necessidade de servidores de arquivos e armazenamento e, além disso, pode ser configurado como servidor de conteúdo *web* estático, eliminando esse tipo de servidor também. Exemplos: S3 da AWS, *Cloud Storage* do Google e *Azure Blob Storage* do Azure.

Banco de dados SQL *serverless*

Elimina a necessidade de computadores contendo bancos de dados. Atualmente, já é possível até mesmo eliminar a necessidade do banco na nuvem, substituindo-o por um banco SQL *serverless*. A vantagem desse banco é que ele é autoescalável tanto para cima quanto para baixo, ou seja, ele aumenta sua capacidade para absorver os picos de tráfego e a diminui quando o tráfego diminui, podendo até mesmo desligar o recurso quando não há acesso, levando seu custo a zero nesses casos.

Exemplos: Aurora Serverless da AWS e Azure SQL Server Serverless (OSLAKE et al., 2021).

---

[29] Referências: Myers et al. (2021) e Google Cloud (2022).

Banco de dados NoSQL

Elimina a necessidade de uma máquina para hospedar o banco NoSQL, sendo que este banco é contratado como um serviço e é escalado automaticamente pelo provedor conforme a demanda. Exemplos: AWS DynamoDB, Azure CosmosDB, Google Cloud Datastore e Google Firebase (GOOGLE CLOUD, 2021).

Fila de mensagens

Elimina o servidor de fila de mensagens (*broker*) e o substitui por um serviço autoescalável na nuvem. Exemplos: AWS SQS/SNS, *Azure Queue Storage* e *Azure Service Bus Queue, Google Cloud Tasks* e *Google Pub/sub*.

Orquestração de funções *serverless*

Serviços que permitem criar *workflows* orquestrando funções e outros recursos *serverless* mantendo e gerenciando seus estados com grande facilidade e agilidade. É possível, por exemplo, implementar um SAGA *Pattern* sem servidor, utilizando apenas elementos *serverless*. Como exemplo, podemos citar o *AWS Step Functions* e o *Azure Durable Functions*.

Contêiners *serverless*

Uma prática que está sendo bastante difundida é a utilização de contêineres *serverless* (contêineres sem servidor). Embora estes sempre precisem de um servidor para ser executados, você pode contratar o contêiner como um serviço e o gerenciamento de servidores é abstraído pelo provedor da nuvem. Desse modo, o provedor será o gerenciador de seus contêineres, criando e eliminando instâncias computacionais conforme o nível de carga e os parâmetros que você configurar. Você precisará enviar sua aplicação para um ***hub*** (como Docker Hub), prover as parametrizações para execução das aplicações, e o provedor criará as instâncias e os contêineres necessários para sua execução. Exemplos: AWS Fargate, *Google Cloud Run, Azure Container Instances* (MSV, 2019).

Conclusão

Como podemos verificar, a nuvem oferece toda a infraestrutura de que precisamos para migrarmos nossos microsserviços com grandes vantagens. Além de oferecer o que existe de mais moderno em sistemas operacionais, plataformas, software e hardware, ela elimina preocupações com instalações físicas, energia suplementar (*nobreaks*), sistemas de refrigeração, controle de acesso às instalações, além de oferecer redundância, escalabilidade e facilidade na alocação e desalocação de recursos. Tudo isso vem fazendo da nuvem um dos negócios que mais crescem no mundo e vale a pena o profissional estar consciente dos seus benefícios e da melhor forma de usufruí-los.

24. *Infrastructure as Code* (IaC)

Dorival Querino

Vivemos em uma época onde, comumente, as empresas fazem centenas de implantações em produção em um mesmo dia. E, em um cenário onde a infraestrutura precisa ser criada, escalada e finalizada com alta frequência, torna-se fundamental que uma forma eficiente de automação seja adotada para prover melhor controle de custos, redução de riscos e maior agilidade nas respostas às demandas de negócio (IBM CLOUD EDUCATION, 2019). Essas necessidades ajudaram a difundir a cultura *DevOps* (Capítulo 26). Dentro dessa cultura, a IaC (*Infrastructure as Code*) se tornou essencial para execução de suas práticas, principalmente a entrega contínua (*Continuous Delivery*) e o *deploy* contínuo (*Continuous Deployment*).

IaC gerencia recursos computacionais de forma automatizada utilizando linguagens de alto nível, que possam ser facilmente compreendidas por humanos. Ou seja, toda a infraestrutura se transforma em *scripts* de automação que podem ser versionados e executados em vários ambientes, permitindo que ela seja criada e recriada quantas vezes forem necessárias.

Isso evita tarefas repetitivas de provisionamentos que necessitam de intervenção humana e traz vários benefícios como:

- ✓ Configuração única para os diversos ambientes – desenvolvimento (ou *dev*), teste, QA, produção etc.
- ✓ Os sistemas e sua infraestrutura podem ser provisionados sob demanda, reduzindo os custos tanto com pessoal quanto com recursos de infraestrutura.
- ✓ Diminuição de falhas humanas no momento das implantações.
- ✓ Elimina a dependência do especialista de infra que tem todo o conhecimento apenas em sua cabeça.

IaC traz diversos benefícios para a criação da infraestrutura (HASHICORP LEARN, s.d.), como:

- ✓ Facilidade de recriação.
- ✓ Facilidade de leitura.
- ✓ Estabilidade operacional.
- ✓ Padronização do ambiente de construção.
- ✓ Rápido provisionamento de ambientes de desenvolvimento.
- ✓ Rápida recuperação de desastres.

Ferramentas de IaC

Existe uma grande quantidade de ferramentas de IaC de código aberto disponíveis, como Chef[30], Ansible[31], Puppet[32] e SaltStack[33]. Tais ferramentas fazem o **gerenciamento da configuração** ou seja, permitem instalar e gerenciar os softwares em servidores já existentes. Por outro lado, temos as ferramentas que são específicas para **provisionamento**, como Cloud Formation, Open Stack e Terraform. Estas são utilizadas para **criação** de recursos de infraestrutura, como servidores, bancos de dados, estruturas de rede e outros recursos de hardware por meio de código. No exemplo a seguir, para efeitos de aprendizado, será adotado o Terraform.

Terraform

Terraform é uma ferramenta (TERRAFORM, s.d.) desenvolvida pela HashiCorp e utilizada para criação, alteração e versionamentos de infraestrutura de forma segura e eficiente. É *cloud* agnóstico e formado por arquivos de configuração. Ao ser executado, ele lê os arquivos de configuração, mostra o plano de execução com tudo o que será realizado em cada recurso e pede a confirmação do usuário, para depois aplicá-lo efetivamente. O Terraform é capaz de detectar mudanças de infraestrutura nos arquivos e aplicá-las de forma incremental no ambiente.

Instalando o Terraform

Para proceder com a instalação, você deverá acessar a página de *download*[34] e baixar o pacote de acordo com o sistema operacional. Após baixá-lo, você deve descompactá-lo

---

30 <https://www.chef.io>.

31 <https://www.ansible.com>.

32 <https://www.puppet.com>.

33 <https://www.saltproject.io>.

34 <https://www.terraform.io/downloads.html>.

em um diretório de sua escolha e adicioná-lo ao *PATH* do sistema operacional. Caso tenha alguma dúvida, poderá consultar um tutorial[35] no site do Terraform.

Para testar a instalação, digite:

```
terraform -version
```

Deverá aparecer a versão instalada, por exemplo:

```
Terraform v0.12.26
```

Agora, vamos utilizar o Terraform para criar uma instância na nuvem da Amazon (AWS). Caso você não conheça a nuvem da AWS e deseje dar os primeiros passos, poderá utilizar o passo a passo do artigo "Cloud AWS do Zero ao Deploy: uma aplicação Spring Boot na nuvem da AWS" (QUERINO, 2020). A seguir, apresentamos os pré-requisitos para utilizar o Terraform com AWS:

- ✓ Ter um conta criada na AWS.
- ✓ Ter o AWS CLI configurado, podendo seguir as instruções na página da AWS[36].

Com os pré-requisitos configurados, em um diretório de sua preferência, crie a pasta do projeto de infraestrutura e acesse-o conforme segue:

```
mkdir  tf-instancia-aws
cd tf-instancia-aws
```

Utilizando seu editor favorito, crie um arquivo *terraform* como a seguir.

```
Notepad main.tf
```

Inclua neste arquivo o trecho a seguir e salve-o.

```
provider "aws" {
  profile = "default"
  region  = "us-east-1"
}

resource "aws_instance" "example" {
  ami           = "ami-2757f631"
  instance_type = "t2.micro"
}
```

35 <https://learn.hashicorp.com/terraform/getting-started/install>.

36 <https://docs.aws.amazon.com/pt_br/cli/latest/userguide/install-cliv2.html>.

O arquivo já contém as informações básicas que permitem criar uma instância na AWS. A seção **provider** traz o provedor da nuvem (AWS); o **profile**, o perfil criado quando configuramos o AWS CLI; **region** é a região da AWS onde o recurso será criado. Depois vem o **resource**, que é o recurso que será criado, trazendo as informações de **ami** (imagem do sistema que será criado). Caso esta do exemplo não funcione, você poderá entrar no console da AWS e na criação de EC2 aparecerão vários tipos de instâncias com as suas imagens. E **instance-type** é o tipo da instância a ser criada.

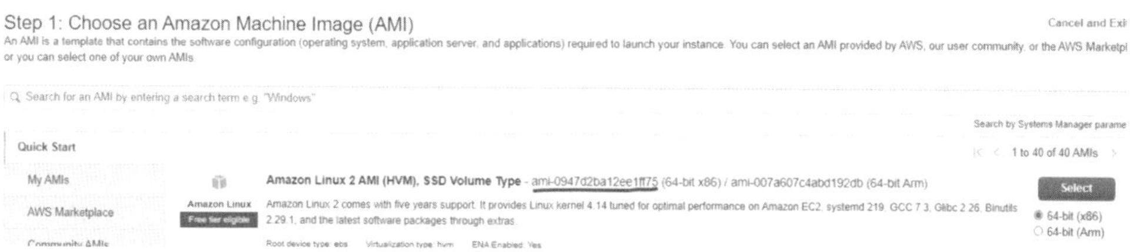

Figura 24.1. Identificador de uma imagem (AMI) da AWS.
Fonte: captura de tela do autor.

Inicialize o projeto e este baixará os *plugins* necessários para a sua execução.

```
Terraform init
```

Ao chamar o *apply*, serão mostradas as alterações que estão para ocorrer.

```
Terraform apply
....
Enter a value: yes
```

Após a confirmação, será gerada a instância na nuvem. Se ocorrer algum erro, verifique se o AWS CLI está configurado corretamente, conforme instruções anteriores.

Caso precise executar os comandos **sem confirmação** – não recomendado para iniciantes –, poderá utilizar a sintaxe a seguir:

```
terraform init -input=false
terraform apply -input=false -auto-approve
```

Estando tudo configurado, sua instância será criada na nuvem da AWS, o que pode ser confirmado fazendo *login* na AWS e acessando o console EC2.

Após criar e executar os testes, não esqueça de **finalizar as instâncias** que não estão sendo utilizadas a fim de evitar gastos financeiros desnecessários. Para isso, basta utilizar o comando a seguir:

```
terraform destroy
...
Enter a value: yes
```

Consulte o console EC2 e verifique se sua instância foi finalizada (*terminated*). Se precisar terminá-la manualmente, no mesmo console, basta selecioná-la e clicar em **Actions > State > Terminate**.

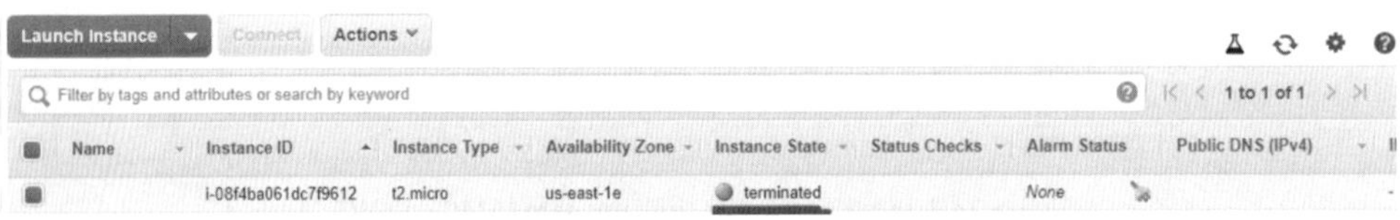

Figura 24.2. Verificando se a instância foi finalizada.
Fonte: captura de tela do autor.

A página oficial do Terraform[37] mostra como fica a configuração para os diversos provedores de nuvem. Também no GitHub (HASHICORP, 2022) você encontra exemplos para todos os provedores de nuvem suportados. Assim, sempre que precisar criar projetos de infraestrutura do zero, poderá usar os exemplos como base, aplicando as modificações necessárias para atender às particularidades do seu projeto.

Gravando a configuração com o *Console Recorder for AWS*

Para otimizar a criação da infraestrutura, vamos utilizar uma ferramenta muito útil, o *Console Recorder for AWS*, fornecida como um *plugin* para o Chrome. Para instalar, basta buscar pelo nome "Console Recorder for AWS" no Chrome Web Store. Ao encontrá-lo, clique em "adicionar no Chrome".

Inicie o gravador clicando em "Start Recording", conforme a figura a seguir.

Figura 24.3. *Console Recorder for AWS* no Chrome.
Fonte: captura de tela do autor.

[37] <https://www.terraform.io/language/providers>.

Com o gravador ativado, ao criarmos uma instância, o *plugin* gera automaticamente o conteúdo do arquivo com a configuração do nosso recurso. Assim, podemos versioná-lo e recriar essa infraestrutura apenas executando o Terraform quando precisarmos.

Agora, faça *login* no console da AWS, digite "EC2" na barra de busca e clique no *link* do console.

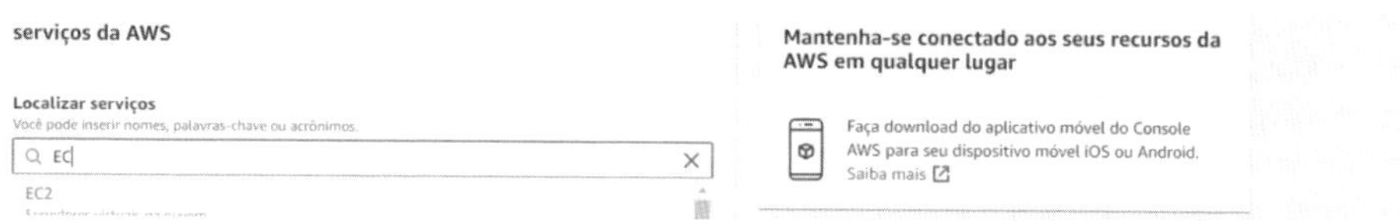

Figura 24.4. Acessando o console EC2 pela barra de buscas.
Fonte: captura de tela do autor.

Depois acesse **INSTANCES** e clique em **Launch Instance**. Clique em **Next** nos próximos passos até o passo 6, **Configure Security Group**, onde serão realizadas as configurações de portas.

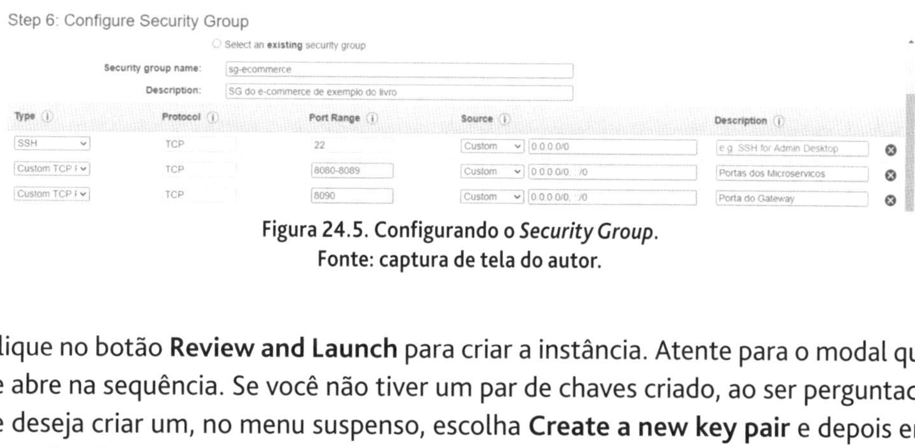

Figura 24.5. Configurando o *Security Group*.
Fonte: captura de tela do autor.

Clique no botão **Review and Launch** para criar a instância. Atente para o modal que se abre na sequência. Se você não tiver um par de chaves criado, ao ser perguntado se deseja criar um, no menu suspenso, escolha **Create a new key pair** e depois em **Download Key Pair**. Se já tiver um par de chaves, escolha **Choose an existing key pair** no menu suspenso. Após isso, clique em **Launch Instance**.

Para ver sua instância, poderá clicar mais acima, em **Launch Status**, no *link* com o *id* da instância.

Para validar a criação da instância, no Linux, você pode utilizar o SSH. No Windows, pode-se utilizar o Git Bash ou outro emulador de terminal Linux.

Selecione a instância, clique em **Connect** e siga as instruções mostradas no modal que se abre, conforme mostra a figura a seguir.

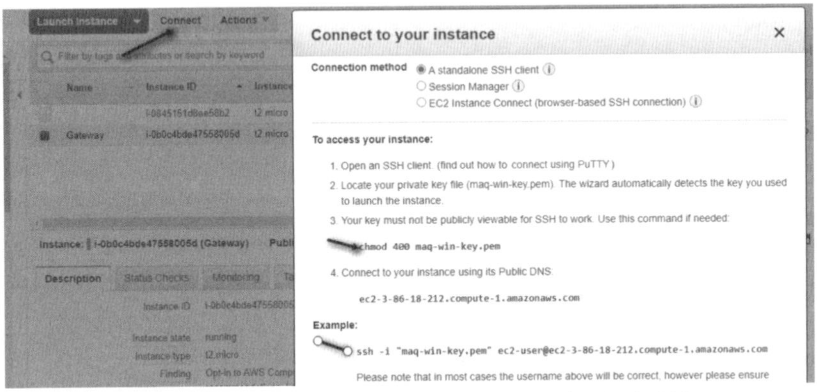

Figura 24.6. Configurando o par de chaves para a instância EC2.
Fonte: captura de tela do autor.

Ao copiar o comando de sua instância, semelhante ao demonstrado na figura anterior, e executá-lo no terminal, você terá acesso a essa instância via SSH.

Depois disso, vá no ícone do *plugin* do gravador e clique em **Stop Recording**. Será aberta uma aba com o código gerado.

O *plugin* gera códigos em diversos formatos, mas, no nosso caso, vamos gerar para o **Terraform**, clicando na aba correspondente a essa linguagem.

Agora vamos criar um projeto de infraestrutura chamado "ecommerce". Na sequência, copia-se para ele o conteúdo gerado.

```
Mkdir ecommerce
cd ecommerce
notepad main.tf
```

Copie para o arquivo **main.tf**, que acabamos de criar, o conteúdo gerado pelo gravador e salve-o. Vá no console da AWS e termine a instância que tinha acabado de criar, pois já estamos com ela em nosso arquivo Terraform.

Feito isso, vamos recriar a instância de forma automatizada pelo Terraform.

Inicializar o projeto:

```
terraform init
```

Validar os arquivos de criação:

```
terraform validate
```

Mostrar o plano de criação:

```
terraform plan
```

Executar o plano e confirmar:

```
terraform apply
```

Nesse momento, acesse o console do EC2 da AWS e, se não ocorrer nenhum erro na execução, você deverá ver uma instância sendo criada.

Após o *download* do par de chaves, conforme mostrado antes, já é possível acessar a instância via SSH.

```
Ssh -i "sua _ chave.pem" ec2-user@dns-da-sua-instancia
```

Quando terminarem os testes, lembre-se de finalizar os recursos criados com o comando:

```
terraform destroy
```

Conclusão

Neste capítulo foi apresentado o ganho que podemos alcançar com a utilização de ferramentas IaC e como elas facilitam o processo de criação, destruição e reconstrução de ambientes, provendo agilidade, economia de recursos, estabilidade e padronização de ambientes.

25. Introdução à malha de serviços (*service mesh*)

Norberto Hideaki Enomoto

A malha de serviços (*service mesh*) é uma camada de infraestrutura dedicada no tratamento da comunicação serviço a serviço. É responsável pela entrega confiável de solicitações através da topologia complexa de serviços que inclui uma aplicação nativa da nuvem moderna. Na prática, é normalmente implementada como matriz de *proxies* de rede leves que são implantados juntamente com o código da aplicação, sem que a aplicação precise estar ciente.

Na arquitetura de microsserviços, tratar a comunicação entre serviços não é tarefa fácil. Na maioria das vezes, temos a dependência de bibliotecas ou componentes de terceiros para fornecer funcionalidades como descoberta de serviço, balanceamento de carga, interrupção de circuito (*circuit breaker*), observabilidade (telemetria e métricas), entre outras.

Dessa forma, tais componentes precisam ser configurados no código do microsserviço, de modo que, quando estes são atualizados, faz-se necessária a sua atualização. No entanto, haverá uma complexidade, pois o código se torna uma combinação de funcionalidades de negócios e de requisitos não funcionais (*service mesh*). Esse acoplamento aumenta muito a dificuldade geral para implementar o microsserviço, porque o desenvolvedor precisará entender como esses componentes não funcionais são configurados para que ele possa resolver problemas inerentes da arquitetura de microsserviços.

O *service mesh* vem para resolver esse problema. Ele desacopla tal complexidade do microsserviço e o coloca em um *proxy* de serviço responsável por esses requisitos não funcionais. Esse *proxy* fornece diversas funcionalidades, como gerenciamento de tráfego, interrupção de circuito (*circuit breaker*), descoberta de serviço (*service discovery*), autenticação, monitoramento, segurança e muito mais. Dessa forma, o microsserviço contemplará somente a implementação das funcionalidades do negócio.

Assim sendo, em uma arquitetura de microsserviços, em vez de criar as funcionalidades comuns necessárias, como configuração, roteamento, telemetria, registro (*service registry*), descoberta (*service discovery*), interrupção de circuitos etc. dentro de cada microsserviço, torna-se mais sensato abstraí-las para um componente separado – ***proxy* de serviço**.

Com o conceito de *service mesh*, existe uma separação de responsabilidades, facilitando a implementação do microsserviço por parte dos desenvolvedores.

Para a implementação de um *service mesh*, será necessária a implementação de um ***proxy*** junto aos microsserviços. Esse ***proxy*** fará o papel de um ***sidecar*** do microsserviço. Os ***sidecars*** abstraem a complexidade do microsserviço e lidam com os requisitos não funcionais descritos previamente.

Istio

O **Istio**[38] é uma plataforma aberta (*open source*) para conectar, gerenciar e proteger os microsserviços. É amplamente adotado na comunidade do Kubernetes. Este fornece recursos adicionais em sua arquitetura de microsserviços, como roteamento inteligente, balanceamento de carga, descoberta de serviços, imposição de políticas, observabilidade (telemetria e métricas), interrupção de circuito (*circuit breaker*), registro (*service registry*), monitoramento e demais funcionalidades.

Podemos considerá-lo um dos melhores *frameworks* de *service mesh* disponíveis no momento. Ele permite implantar uma arquitetura de microsserviços sem a necessidade de um conhecimento profundo da infraestrutura onde os microsserviços serão implantados.

À medida que empresas começam a migrar os seus monolitos para uma arquitetura de microsserviços, elas entendem que o número crescente de microsserviços se torna um sistema distribuído de alta complexidade. Conclui-se que o *service mesh* é muito útil em tais cenários e abstrai todas as complexidades sem a necessidade de fazer alterações nos códigos dos microsserviços.

---

38 <https://istio.io>.

Arquitetura do Istio

Uma malha de serviços do Istio é logicamente dividida em um plano de dados (*data plane*) e um plano de controle (*control plane*):

✓ O plano de dados (*data plane*) é composto por um conjunto de *proxies* inteligentes (Envoy) implantados como *sidecars*. Esses *proxies* fazem a mediação e controlam toda a comunicação de rede entre microsserviços. Eles também coletam e relatam telemetria em todo o tráfego de malha.

✓ O plano de controle (*control plane*) gerencia e configura os *proxies* para rotear o tráfego.

O diagrama a seguir mostra os diferentes componentes de cada plano:

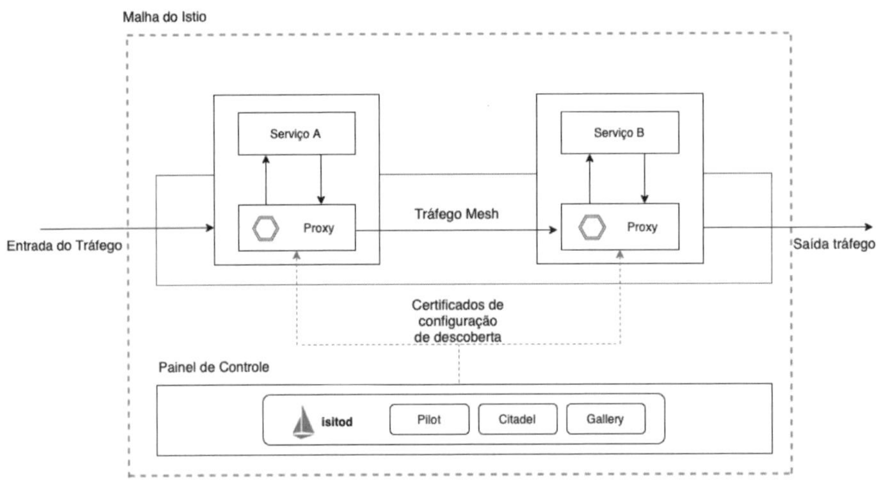

Figura 25.1. Arquitetura do Istio.
Fonte: adaptado de Istio (s.d.).

Componentes do Istio

Envoy

O Istio usa uma versão estendida do Envoy, um *proxy* de alto desempenho desenvolvido em C++ para mediar todo o tráfego de entrada e saída de todos os serviços na malha de serviços. Os *proxies* Envoy são os únicos componentes do Istio que interagem com o tráfego do plano de dados.

Os *proxies* Envoy são implantados como *sidecars* dos serviços, aumentando-os logicamente com os seus muitos recursos internos, por exemplo:

- ✓ Descoberta dinâmica de serviços.
- ✓ Balanceamento de carga.
- ✓ Terminação TLS.
- ✓ *Proxies* HTTP/2 e gRPC.
- ✓ Disjuntores (*circuit breakers*).
- ✓ Verificações de integridade.
- ✓ Implantação em etapas com divisão de tráfego com base em percentual (%).
- ✓ Injeção de falha.
- ✓ Métricas.

O *sidecar* permite que o Istio extraia diversas informações sobre o comportamento do tráfego como atributos, podendo utilizá-los para impor decisões de política e enviá-los aos sistemas de monitoramento para fornecer informações sobre o comportamento de toda a malha de serviços.

O modelo de *proxy sidecar* também permite adicionar recursos do Istio a uma implantação existente, sem a necessidade de rearquitetar ou reescrever o código do microsserviço.

Alguns dos recursos e tarefas do Istio habilitados pelos *proxies* Envoy incluem:

- ✓ **Recursos de controle de tráfego:** impõem o controle de tráfego refinado com regras de roteamento avançadas para tráfego HTTP, gRPC, WebSocket e TCP.
- ✓ **Recursos de resiliência da rede:** novas tentativas de implantação, *failovers*, disjuntores e injeção de falhas.
- ✓ **Recursos de segurança e autenticação:** impõem políticas de segurança, bem como controle de acesso e limitação de taxa definidos por meio da API de configuração.
- ✓ Modelo de extensões conectáveis com base no WebAssembly que permitem imposição de políticas personalizadas e geração de telemetria para tráfego da malha de serviços.

Istiod

O Istiod fornece descoberta de serviços, configuração e gerenciamento de certificados.

O Istiod converte regras de roteamento de alto nível que controlam o comportamento do tráfego em configurações específicas do Envoy e as propaga para os *sidecars* em tempo de execução. O Pilot abstrai os mecanismos de descoberta de serviços específicos da plataforma e os sintetiza em um formato padrão que qualquer *sidecar* em conformidade com a API Envoy poderá consumir.

O Istio pode suportar a descoberta de vários ambientes, como Kubernetes, Consul ou VMs.

Podemos usar a API de gerenciamento de tráfego do Istio para instruirmos o Istiod a refinar a configuração do Envoy para exercer um controle mais granular sobre o tráfego em sua malha de serviço.

A segurança do Istiod permite autenticação forte de serviço a serviço e usuário final com gerenciamento de credenciais e identidade integrada. Pode-se usar o Istio para atualizar o tráfego não criptografado na malha de serviço. Usando-se o Istio, os operadores podem aplicar políticas baseadas na identidade do serviço, e não nos identificadores de rede da camada 3 ou 4, relativamente instáveis. A partir da *release* 0.5, poderá ser utilizado o recurso de autorização do Istio para controlar quem pode acessar seus serviços.

A figura a seguir mostra todos os requisitos não funcionais que são implementados no código do microsserviço antes da utilização do Istio.

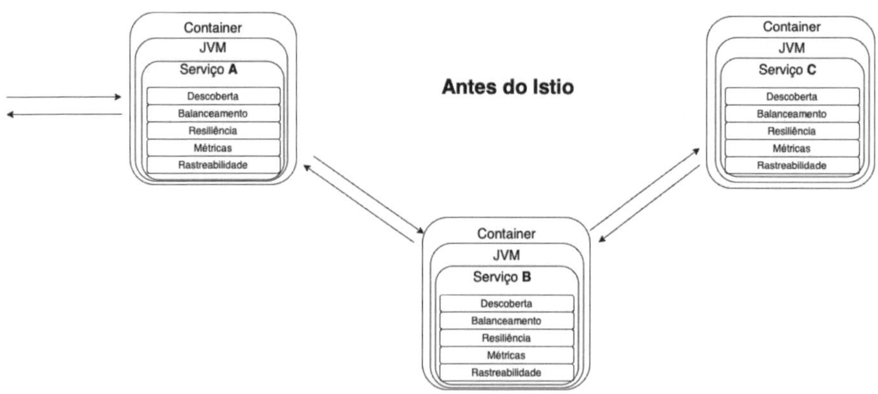

Figura 25.2. Arquitetura de microsserviços sem a utilização do Istio.
Fonte: adaptado de Red Hat Developers (s.d.).

A próxima figura mostra os requisitos que são suportados pelo Istio. Dessa forma, a complexidade de implementação destes é retirada do código do microsserviço e eles passam a ser de responsabilidade do Istio. Assim sendo, o microsserviço será responsável somente pela implementação da lógica do negócio, abstraindo a implementação dos requisitos não funcionais.

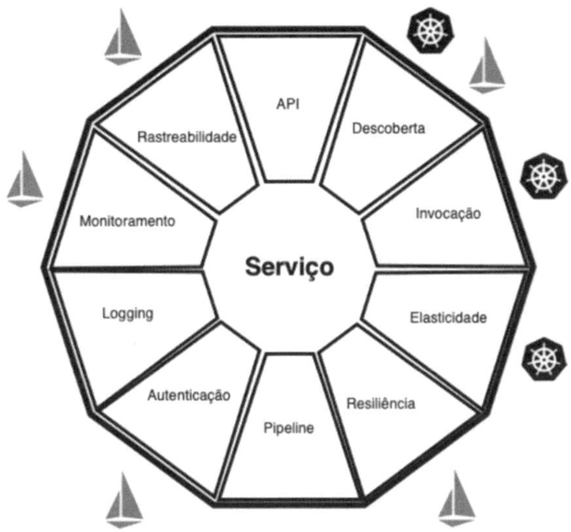

Figura 25.3.Requisitos suportados pelo Istio.
Fonte: adaptado de Red Hat Developers (s.d.).

O Istio injeta um *container* (*proxy*) chamado Envoy com um *sidecar* no *pod* do *container* do microsserviço. Esse *sidecar* será responsável por tratar todos os requisitos não funcionais de uma malha de serviços (*service mesh*).

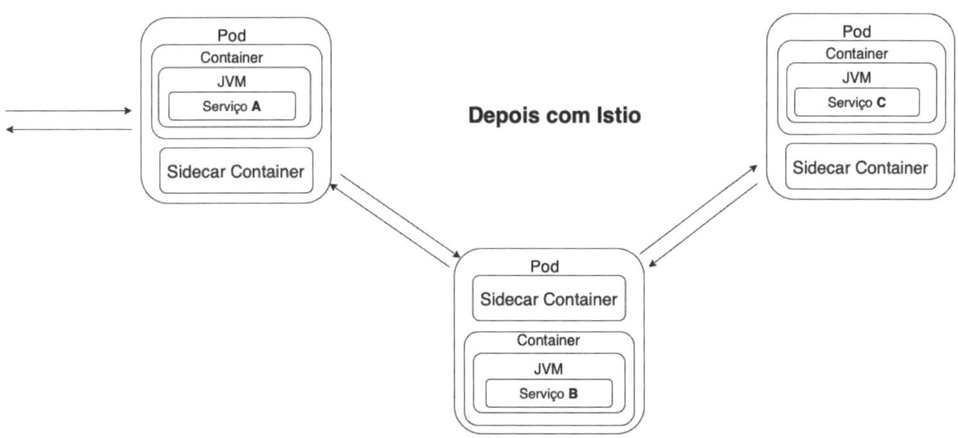

Figura 25.4. Arquitetura de microsserviços utilizando Istio.
Fonte: adaptado de Red Hat Developers (s.d.).

Conclusão

A malha de serviços (*service mesh*) é um requisito não funcional muito importante quando se utiliza uma arquitetura de microsserviços. A comunicação entre microsserviços e os relacionamentos entre estes forma esta malha.

Conforme mostrado, é importante utilizar algum *framework* que forneça a infraestrutura necessária, como descoberta do serviço, autenticação e autorização, observabilidade, rastreamento distribuído e controle do tráfego.

Vale a pena destacar que, de acordo com o *Cloud Native Foundation Landscape* (CLOUD NATIVE COMPUTING FOUNDATION, 2022), existem alguns *frameworks* que implementam uma malha de serviços: Istio, Linkderd, AWS App Mesh, Consul, EaseMesh, Glasnostic, Gloo Mesh, Grey Matter, Kuma, Meshery, Open Service Mesh, Service Mesh Interface, Service Mesh Performance e Traefik Mesh.

26. *DevOps*

Rodrigo Moutinho
Regiane Moura Mendonça
Abraão Santos

Em 2009, na conferência Velocity, da O'Reilly, uma palestra marcava com seu título: "Mais de 10 implantações por dia: cooperação entre *Dev* e *Ops* no Flickr"[39], em uma tradução livre. Naquela época era algo simplesmente inimaginável realizar essa quantidade de entregas em apenas um dia. Empresas com entregas semanais não eram muitas.

Esse tipo de cenário mostra de maneira clara como o desenvolvimento ágil transformou a maneira de fazer software. Antes os setores eram específicos para lidar com cada tipo de necessidade, como levantamento de requisitos, desenvolvimento da aplicação, operações etc., todos de maneira isolada. A cultura *DevOps* visa justamente remover essas barreiras entre os setores, incentivando a colaboração entre desenvolvimento (*Dev*) e operações (*Ops*).

Essa grande transformação só é possível com a utilização de ferramentas e melhores práticas para criar um ambiente eficiente e automatizado. Uma imagem que ilustra muito bem esse cenário complexo que vivemos hoje é a tabela periódica de ferramentas de *DevOps* mantida pela Digital.ai (DIGITAL AI, 2021)[40].

Neste ambiente complexo do desenvolvimento de software, onde a automação é uma prática fundamental, existem ferramentas específicas para cada etapa. Controladores de versão, ferramentas para os mais diversos tipos de testes, servidores de integração contínua, ambientes de nuvem (sejam ele com máquinas virtuais ou *containers*) e monitoramento. Cada tipo pode ter opções *open source*, com suporte pago ou com licenças pagas. É um mundo de informações.

---

[39] Palestra completa em inglês: <https://youtu.be/LdOe18KhtT4> (O'REILLY, 2019).

[40] Confira a versão interativa e colorida no link <https://digital.ai/periodic-table-of-devops-tools>. (DIGITAL AI, 2021).

Mas de nada adianta ter todas essas ferramentas incríveis se a empresa não tiver a cultura ideal para esse ambiente. Nesses casos, *DevOps* é apenas mais uma *buzzword* no meio de muitas. O ponto principal da cultura *DevOps* é facilitar o aumento da colaboração entre desenvolvimento e operações. Mas isso exige algumas mudanças em como o time se comporta e, o principal, como a organização como um todo influencia esse ambiente.

Analisando a cultura da organização, a remoção dos silos e o apoio a equipes autônomas são fundamentais para o sucesso dessa jornada.

Como o foco deste livro é microsserviços, a parte mais importante é como garantir a autonomia das equipes. Cada equipe será responsável por todo o ciclo de vida de um ou mais serviços. Ou seja, todos compartilham a mesma responsabilidade de manter os serviços funcionando da melhor maneira possível. Essa colaboração gera um ciclo de *feedback* contínuo, que é muito comum de encontrar em ilustrações com o símbolo do infinito, mas também em fluxos como a imagem seguir, relacionadas ao mundo *DevOps*.

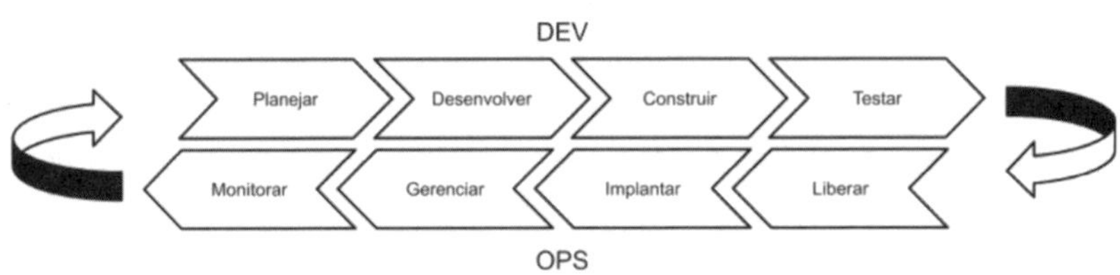

Figura 26.1. Ciclo contínuo de entrega de software.
Fonte: o autor.

O objetivo deste capítulo é abordar as principais vantagens e desvantagens da cultura *DevOps* no desenvolvimento de microsserviços, e mostrar as práticas mais comuns de automação que permitem que esse ambiente complexo continue funcionando a cada nova entrega de software. Até porque, sem essas práticas, mesmo o comum monolito será uma eterna fonte de dor de cabeça para a sua empresa.

Vantagens e desvantagens com microsserviços

Com o crescente uso de *containers* e computação em nuvem, a utilização de microsserviços deixou muito evidente sua **principal vantagem**: a **escalabilidade**. Uma das tarefas mais complexas do ponto de vista de um grande monolito é o potencial de crescimento. Os itens com maior utilização no sistema não estão totalmente isolados e a alternativa escolhida acaba sendo sempre a escala vertical, onde se aumenta o poder computacional do servidor. Por outro lado, a utilização de microsserviços deixa tudo mais fácil para a escala horizontal, onde se aumenta o número de computadores. Além de muito mais barato, torna mais simples aumentar o poder de resposta do serviço com maior utilização.

Outro ponto muito interessante durante o desenvolvimento é o **aumento da velocidade de entrega** e a **diminuição do intervalo de entregas**. Isso ocorre devido à simplicidade que o serviço possui em relação a uma base de código muito complexa. Com um pequeno serviço é possível entregar uma nova versão sem afetar um outro serviço, e também sem ter que esperar a conclusão de outras funcionalidades para conseguir gerar uma versão com todo o código novo.

Ainda no assunto velocidade, pequenos serviços possibilitam um ***pipeline* de entrega muito mais rápido**. Por ter uma base de código muito menor, a verificação da qualidade do código e a execução dos testes são muito mais rápidas. Esse cenário possibilita levar o novo código desenvolvido até o ambiente de produção em um espaço de tempo muito mais curto, dependendo da estratégia de entrega adotada.

Outro fator de grande importância é a **tolerância a falhas**. Ao considerar um monolito, quando o sistema sai do ar, tudo sai do ar, mesmo que o problema seja algo específico de uma pequena parte do código. Com microsserviços, a escalabilidade permite que, mesmo que um nó apresente uma falha, muitos outros ainda possam continuar respondendo. Ou, em um cenário um pouco pior, onde todos esses serviços não conseguem dar conta da quantidade de pedidos, os outros tipos de serviços continuam funcionando normalmente sem tirar totalmente o sistema do ar.

Para exemplificar melhor todas essas vantagens, é possível citar um estudo de caso apresentado pela OLX na Qcon São Paulo de 2019, na palestra "Quebrando o monolito!" (INFOQ, 2019). Percebe-se, em um cenário com grande quantidade de acessos, o quão difícil pode ser escalar com um único monolito. Muitas melhorias foram feitas na base de código dividindo-o em vários microsserviços, principalmente a autenticação no sistema, que era um grande problema no caso deles. Ficou muito claro o potencial de escalabilidade e de economia com infraestrutura para manter todo o sistema rodando.

Agora caminhando no sentido contrário, para abordar as **desvantagens**, o *case* anterior já deixa claro um dos principais problemas: a **complexidade** que um sistema com muitos microsserviços pode ter.

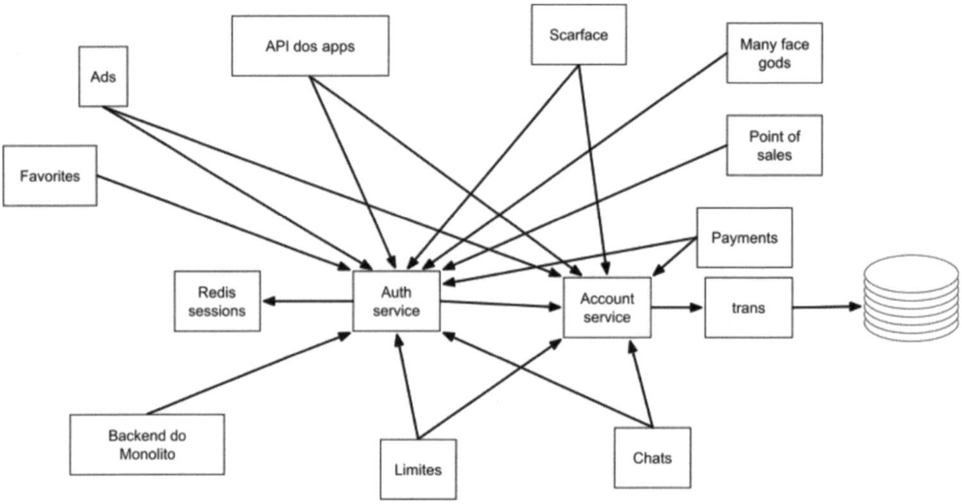

Figura 26.2. Evolução inicial dos microsserviços após a primeira fase da quebra do monolito. Fonte: adaptado de InfoQ (2019).

Dependendo da quantidade de serviços que sua aplicação precisa gerenciar, a **complexidade da comunicação** pode se tornar um fator-chave para o sucesso do seu negócio. Como observado na palestra e na imagem anterior, a primeira estratégia de comunicação utilizada, onde todo pedido de autenticação passava pelo serviço *Auth service*, causou um altíssimo gasto de infraestrutura devido à forma como foi definida a arquitetura. Em alguns momentos atingiam-se mais de 500 mil requisições por minuto somente nesse serviço de autenticação. No caso dessa empresa, o problema foi resolvido mais tarde utilizando outro tipo de abordagem. Os ajustes feitos na arquitetura geraram uma diminuição de mais de 85% nos gastos de infraestrutura.

Continuando ainda na questão da comunicação, ao melhorar a escalabilidade adicionando novos nós ao sistema, podem surgir **problemas de performance**. Dentro de um monolito, uma única requisição é capaz de realizar praticamente todos os processos necessários sem considerar cada possível acesso ao banco de dados. No contexto dos microsserviços, isso pode significar diversas chamadas para cada serviço específico que lida com a necessidade do cenário. Nesse ambiente surge a possível **latência de rede** entre os serviços, que antes não existia.

Outro ponto, que está ligado a todas as desvantagens abordadas anteriormente, é a **complexidade de monitoramento**. Agora, não basta monitorar *logs* e métricas de apenas uma aplicação. São *N* serviços somados a todo o monitoramento de comunicação entre esses serviços também. Aqui é fundamental ter um bom planejamento para continuar escalando de forma saudável. Caso contrário, será impossível diagnosticar qualquer tipo de problema que esteja ocorrendo na aplicação.

Seguindo na análise de desvantagens, a **necessidade de automações** é algo que não se deve nem arriscar começar sem. Se a entrega do grande monolito hoje é manual, ao criar microsserviços você está multiplicando seu pesadelo. O que era um grande evento, a entrega de uma nova versão, será transformado em grandes eventos, algo altamente nocivo para a manutenção desse tipo de ambiente. Neste processo, a automação precisa ser tão normal quanto criar uma linha de código. A entrega de uma nova versão deve ser tranquila, utilizando softwares que realizam e controlam o processo sem você se preocupar. Aqui não existe espaço para eventos de entrega.

Para deixar um pouco mais claro o nível de complexidade que sistemas podem atingir, a seguir você poderá observar o gráfico de comunicação de serviços de Hailo, Netflix e Twitter, cada um com mais de 450 microsserviços. São sistemas incrivelmente estáveis e resilientes, mas também com times gigantes para gerenciar um desafio desse tamanho.

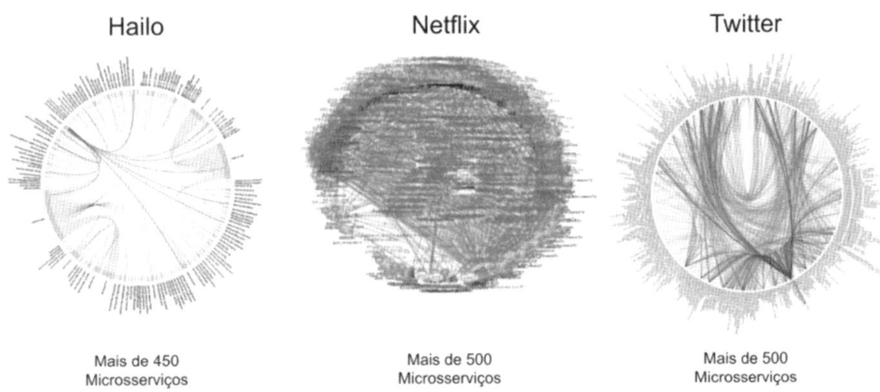

Figura 26.3. Mapa com a comunicação entre serviços de Hailo, Netflix e Twitter. Fonte: adaptado de Cui (2017).

Se o time é pequeno e o orçamento também, a estratégia de criação de novos serviços sempre precisa ser muito bem planejada. Caso contrário, a grande vantagem pode se transformar em um grande pesadelo.

27. Integração contínua

Rodrigo Moutinho

Segundo Martin Fowler (2006), integração contínua, também conhecida como CI, do inglês *Continuous Integration*, é uma prática de desenvolvimento de software onde os membros do time integram seus códigos de forma constante. Geralmente, cada desenvolvedor integra seu código pelo menos uma vez por dia, resultando em múltiplas integrações diárias. Cada integração é verificada por um *build* automatizado, incluindo testes, que vai detectar problemas no código o mais rápido possível.

As principais práticas da integração contínua deixam o desenvolvimento de qualquer software mais seguro e eficiente. No mundo de microsserviços, tais práticas são fundamentais para seu sucesso, uma vez que o número de serviços ou projetos mantidos pode aumentar de forma significativa. Fowler cita 11 práticas em seu artigo (FOWLER, 2006) que serão abordadas de forma resumida a seguir para mostrar uma visão geral dessa jornada que transforma qualquer processo de desenvolvimento.

A primeira é **manter um único repositório de código**. Parece simples, mas é uma peça fundamental para que todos os desenvolvedores tenham um único ponto para sincronizar e integrar seu código. Hoje em dia, com GitHub, GitLab e outras plataformas, com repositórios Git privados com número ilimitado de participantes, essa tarefa não tem mais a mesma complexidade de muitos anos atrás, quando era necessário manter um servidor próprio de SVN (*Subversion*).

Com o repositório devidamente configurado, ele será utilizado para iniciar o processo de **automação do *build***, que pode ser facilmente configurado utilizando Maven ou Gradle, no contexto do Java, por exemplo. Essa automação garante que o processo de compilação e geração do pacote seja totalmente baseado em *scripts* e arquivos de configuração. Assim, o fluxo será sempre o mesmo e replicável em qualquer tipo de ambiente.

Com o *build* automatizado, crie **testes automatizados** para serem executados em toda nova integração. Isso vai evitar que lógicas mais simples quebrem depois de uma nova mudança de código e o time precise realizar testes manuais em fluxos que não tiveram modificações. Uma prática comum é utilizar o desenvolvimento orientado a testes (TDD, do inglês *Test Driven Development*), que sugere primeiro escrever os testes e somente depois implementar o código.

A quarta prática pode ter suas variações. O **envio de código para o *branch* principal todo dia** pode depender muito da forma que a empresa escolheu trabalhar. Ao enviar código sempre, é preciso garantir que o sistema continue funcionando mesmo com funcionalidades ainda em desenvolvimento. Para isso existem abordagens como o *feature toggle*, onde, mesmo que a funcionalidade já tenha código no *branch* principal, suas ações ainda não estão habilitadas para uso. Mas algumas empresas preferem a abordagem de *feature branches*, onde fluxos separados cuidam do desenvolvimento de uma nova funcionalidade que ao final será mesclada ao código principal. A melhor prática aqui é a que funciona para a sua empresa. Vale lembrar que, ao utilizar estratégias com *branches* separados, será necessário sincronizar as alterações do *branch* principal com esses *branches* para sempre manter o código atualizado, evitando problemas de conflitos. O GitHub, por exemplo, possui uma opção que só permite realizar o *merge* do código caso o *branch* esteja atualizado.

Outra prática é garantir que **toda nova integração ao *branch* principal acione o servidor de integração**. Esse processo elimina a dependência da máquina de qualquer desenvolvedor, garantindo que o código seja compilado de forma automática e isolada sem influência de nenhuma configuração específica, comum em ambiente local. Atualmente existem muitas opções disponíveis de servidores de integração, como Jenkins e GitLab, que são *open source*.

Com a integração constantemente acontecendo no *branch* principal, **todo *build* quebrado deve ser corrigido imediatamente**. Quando uma nova integração quebra o fluxo principal, é prioridade que todo desenvolvedor cheque e garanta que o erro seja corrigido o mais rápido possível. Assim, uma nova versão sempre poderá ser lançada de acordo com a demanda e as regras do negócio.

À medida que o *build* vai ficando mais estável, outra boa prática é **manter o *build* rápido**. Com o aumento da base de código, o *pipeline* pode ficar mais lento. É importante sempre analisar se etapas como compilação e testes de unidade podem ser isoladas de outras fases que demoram mais, para garantir sempre um *feedback* rápido para o desenvolvedor sobre o estado da aplicação.

Com toda integração e automação, também é importante **criar um ambiente de teste o mais próximo possível do de produção**. Ao simular um ambiente real de forma controlada, é possível estressar a aplicação com o objetivo de eliminar o maior número possível de problemas antes que o código chegue à produção.

Outra prática que pode variar de acordo com o *business* de cada empresa é **disponibilizar de forma fácil a última versão da aplicação**. Em alguns casos pode ser apenas um artefato, em outros pode ser um ambiente de demonstração controlado. O objetivo principal é simplificar o processo para que qualquer pessoa da equipe que deseja testar alguma funcionalidade consiga realizar essa ação sem depender de outras pessoas do time para isso.

A penúltima prática sugerida é **permitir que todos do time tenham acesso ao que está acontecendo com a ferramenta**. Isso pode ser feito com páginas de estado da aplicação, acesso ao servidor de integração para analisar o comportamento e o resultado dos últimos *builds* e outras estratégias, dependendo da empresa.

Por último, mas não menos importante, **automatizar a implantação**. Considerando que muitas integrações e testes estão sendo realizados por dia, é importante ter a capacidade de realizar a implantação em diversos tipos de ambientes. A automação pode ser para criar um ambiente de teste ou para atualizar a última versão em produção. No caso da produção, também é importante ter uma estratégia de reverter o que foi feito. Falaremos mais sobre esse assunto na próxima seção.

Automatizando um microsserviço em Java

Esta seção não tem o objetivo de criar um microsserviço nos mais exigentes padrões de mercado. Isso levaria muito tempo e fugiria do objetivo principal, que é mostrar uma automação. Um código simples será o suficiente para mostrar o conceito.

Para favorecer códigos já disponíveis na comunidade e facilitar o entendimento, foi utilizado como base o exemplo de um *web service RESTful* disponível na documentação do Spring[41]. Mas, por ser um exemplo em inglês, todo o código foi reescrito utilizando o *Spring Initializr*[42] como ponto de partida, para se adaptar ao idioma do livro.

---

41 Página de exemplo do Spring em <https://spring.io/guides/gs/rest-service/> (SPRING, s.d.).

42 Página do *Spring Initializr* em <https://start.spring.io/>.

Todo o código em português está disponível no repositório do livro[43]. Caso queira configurar apenas o projeto principal e suas automações, lidando melhor com as integrações configuradas, faça um *fork* do projeto original utilizando sua conta do GitHub.

Para executar o projeto no ambiente local, será necessário ter o Java 11 instalado. Dentro de um terminal, na pasta raiz do projeto, execute **./mvnw spring-boot:run** para inicializar a aplicação. Isso bloqueará a linha de comando. Pressione as teclas **Ctrl + C** para encerrar o processo. Com o projeto rodando, acesse a URL a seguir para receber um JSON de resposta:

```
URL: http://localhost:8080/jornada?nome=Rodrigo
JSON: {"id":1,"conteudo":"Bem-vindo à Jornada Microsserviços, Rodrigo!"}
```

Uma forma alternativa é executar **./mvnw clean package** e depois **java -jar target/devops-0.0.1-SNAPSHOT.jar**. A URL de acesso permanece a mesma, mas o resultado em relação aos arquivos gerados é um pouco diferente. Nesse caso, um pacote do projeto foi gerado no formato JAR. Para a criação da automação, será utilizada a mesma ideia de comando para que depois seja possível disponibilizar o artefato final do projeto.

Considerando que o projeto está hospedado no GitHub, a automação será feita utilizando o GitHub Actions[44] para facilitar ao máximo o processo de integração. Já existe bastante documentação traduzida para o português caso queira se aprofundar nessa plataforma (GITHUB DOCS, s.d.). Se estiver confortável em consumir conteúdo em inglês, o GitHub também fornece um curso totalmente gratuito para aprender os conceitos básicos desse processo[45], apesar de utilizar a linguagem NodeJS como projeto de exemplo.

As possibilidades de utilização do GitHub Actions ou qualquer outra plataforma de CI/CD são as mais diversas. Tudo vai depender da complexidade do projeto e da maturidade da equipe em lidar com o ciclo de vida do projeto na ferramenta escolhida. Esse exemplo visa mostrar a forma mais simples possível de compilar, executar testes, empacotar a aplicação e salvar o artefato gerado.

---

43 <https://github.com/jornada-microsservicos/livro>.

44 <https://github.com/features/actions>.

45 Curso gratuito sobre GitHub Actions, em inglês, disponível em <https://lab.github.com/githubtraining/github-actions:-continuous-integration>.

As automações do GitHub Actions são armazenadas dentro da pasta **.github/workflows** do projeto. O exemplo possui um arquivo chamado **main.yml** contendo toda a automação do projeto. O conteúdo, sem comentários explicativos, ficou da seguinte forma:

```
name: automacao-livro-microsservicos

on: [push]

jobs:
  build:
    runs-on: ubuntu-latest

    steps:
      - name: Baixando o  enera do projeto
        uses: actions/checkout@v2
      - name: Configurando o JDK 11
        uses: actions/setup-java@v1
        with:
          java-version: "11"
          java-package: jdk
          architecture: x64
      - name: Limpando o ambiente
        run: ./mvnw clean
      - name: Compilando o  enera
        run: ./mvnw compile
      - name: Executando testes
        run: |
          ./mvnw test
          echo 'Parabéns por realizar testes!'
          echo 'Mas era só para testar múltiplos comandos'
      - name: Empacotando a aplicação
        run: ./mvnw package
      - name: Arquivando o pacote .jar gerado
        uses: actions/upload-artifact@v1
        with:
          name: snapshot
          path: target/devops-0.0.1-SNAPSHOT.jar
```

Essa automação considera qualquer *commit* do projeto e utiliza o sistema Ubuntu com o JDK 11 instalado como base para a compilação. Depois de realizar a compilação, os testes e o empacotamento, o artefato será salvo em um arquivo ZIP ao final do processo. Acessando o código-fonte do projeto, você poderá entender o que cada linha faz através de comentários ao longo do código.

Acessando a parte de *actions* do projeto original[46], você poderá perceber que nem tudo funcionou como o esperado desde o início. Isso mostra o quão importante é ter um processo como esse, onde a velocidade de interação é praticamente imediata após uma mudança na base de código. Se em um projeto simples foi possível cometer erros, em um projeto maior e mais complexo essa chance aumenta exponencialmente.

Integrando o código com frequência será possível observar se os testes continuam se comportando da maneira esperada ou se o pacote está sendo gerado com o número da versão corretamente, por exemplo. A regra de negócio do projeto definirá o que é mais importante.

Apesar desse projeto considerar qualquer *commit*, é possível definir ações específicas para *branches*, criação de versões com base em mensagens de um *commit*, envio de arquivos para repositório de artefatos, ou até mesmo a implantação da aplicação. Um ponto interessante do GitHub Actions é que você pode criar *actions* personalizadas para satisfazer exatamente o que precisa, proporcionando uma flexibilidade incrível de automações.

Com o tempo, e a cada nova interação do ciclo de vida do projeto, melhorias de performance, qualidade e segurança sempre poderão ser implementadas para manter a melhoria contínua da automação.

Pensando em uma melhoria simples, que traz um ótimo ganho de performance, é possível configurar um passo de *cache* durante a construção. Considerando que o projeto utiliza Maven, bastaria garantir que a pasta de pacotes seja salva para futuras compilações.

```
- name: Armazenar Cache dos pacotes Maven
  uses: actions/cache@v1
  with:
    path: ~/.m2
    key: ${{ runner.os }}-m2-${{ hashFiles('**/pom.xml') }}
    restore-keys: ${{ runner.os }}-m2
```

Pode parecer um código complexo, mas esse passo apenas salva a pasta **~/.m2** e considera o código de *hash* gerado pelos arquivos **pom.xml** do projeto como chave para saber quando invalidar esse *cache*. Em outras palavras, a cada nova alteração em arquivos **pom.xml**, o *cache* será invalidado e todas as dependências serão buscadas

46 *Actions* do projeto original em <https://github.com/jornada-microsservicos/livro/actions>.

novamente. Esse processo garante consistência em todas as compilações e velocidade para mudanças de código nas quais nenhuma dependência mudou.

No exemplo do livro, é possível observar que, ao aplicar a camada de *cache*, a primeira execução demorou mais que as anteriores, mas isso é algo normal para que todo o *cache* seja salvo. A execução seguinte já fica mais rápida – tudo isso do ponto de vista de um projeto superpequeno. Em um projeto maior essa diferença será ainda mais notável.

Esta seção é apenas o início de uma jornada de menos tarefas manuais e mais automações de processos comuns do dia a dia do desenvolvimento de um microsserviço.

Entrega contínua *vs.* implantação contínua

Todo o conceito visto anteriormente sobre integração contínua simplifica o fluxo do desenvolvimento da aplicação, garantindo que ela sempre esteja funcionando como previsto. Nesta seção, o objetivo é mostrar a continuação desse processo e como garantir que a entrega de todo o código desenvolvido funcione de maneira eficiente e consistente.

Quando falamos de entrega contínua (do inglês, *continuous delivery*) e implantação contínua (do inglês, *continuous deployment*), a grande diferença está na forma de automatizar a entrega, como pode ser observado na imagem a seguir.

Figura 27.1. Diferença entre entrega contínua e implantação contínua.
Fonte: adaptado de Bryant (s.d.).

A entrega contínua deixa a decisão de colocar uma versão nova em produção de forma manual. Entenda o manual aqui como um clique de um botão. O processo é automatizado, mas não a decisão de quando fazer a implantação. Dependendo do tipo de negócio, isso faz toda diferença. Por exemplo, lançar a versão apenas no momento de uma nova campanha que a empresa está promovendo. Ou, ao contrário, não entregar novas funcionalidades durante um período crítico de acessos, como a *black friday* para um site de comércio eletrônico. Nesse dia especial para o negócio da empresa, o foco será manter tudo funcionando da melhor maneira possível, e não colocar algo novo com risco de prejudicar as operações daquele dia que só acontece uma vez por ano.

A implantação contínua segue a mesma estratégia, porém a entrega é feita toda com base em dados fornecidos pelo processo. A implantação vai acontecer de forma automática após todos os testes planejados para o serviço passarem. Assim como o *rollback* também pode acontecer com base em métricas do sistema e números de erros que a nova versão esteja gerando. Dependendo do tipo de negócio, esse processo acontece de forma natural a todo momento. Dependendo do tamanho do serviço, o código do desenvolvedor sai de sua máquina e vai para o ambiente de produção em algumas horas, ou, às vezes, até minutos.

Para facilitar o entendimento completo desse tipo de cenário, observe a seguir o fluxo comum de entrega contínua de uma aplicação Java com base no livro *Containerizing Continuous Delivery in Java* (BRYANT, s.d.).

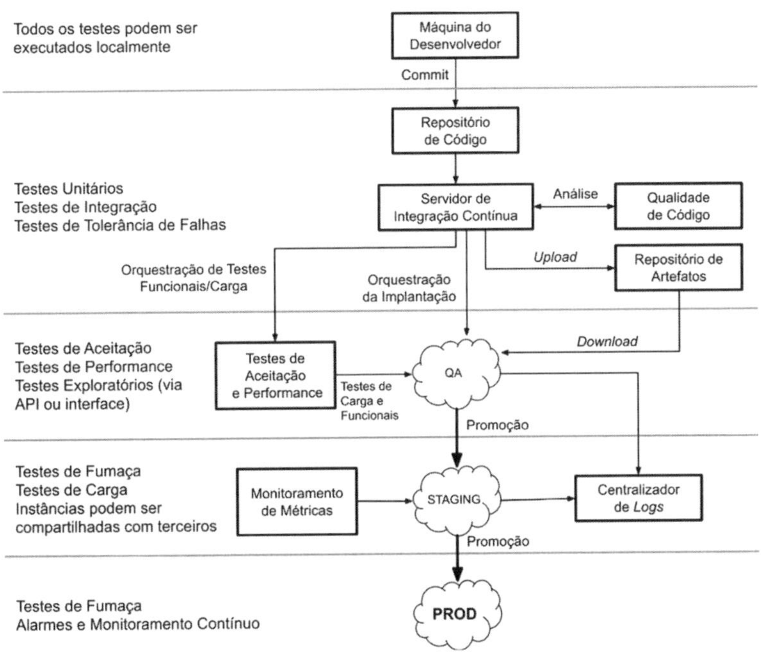

Figura 27.2. Imagem do fluxo comum de entrega contínua de uma aplicação Java. Fonte: adaptado de Bryant (s.d.).

Observe que cada etapa, ao longo do fluxo, tem várias alternativas de ferramentas para resolver o problema, como foi citado no início do capítulo. Depende muito do desafio e do tipo de negócio que a empresa possui para avaliar a melhor alternativa. A complexidade de ferramentas envolvidas e do ciclo de vida completo de entrega de um software deixa claro por que as "salas de guerras" são comuns em uma implantação de um monolito totalmente manual. Seria realmente insano lidar com toda essa complexidade, fazer entregas curtas e ter muitos serviços ao mesmo tempo sem ter um processo automatizado.

Pensando em resolver toda essa nova complexidade das entregas ágeis de vários serviços, várias estratégias foram desenvolvidas para lidar da melhor forma possível dado o cenário do seu projeto. A seguir abordaremos um resumo das mais comuns, com base nas principais estratégias disponíveis pelo Spinnaker[47].

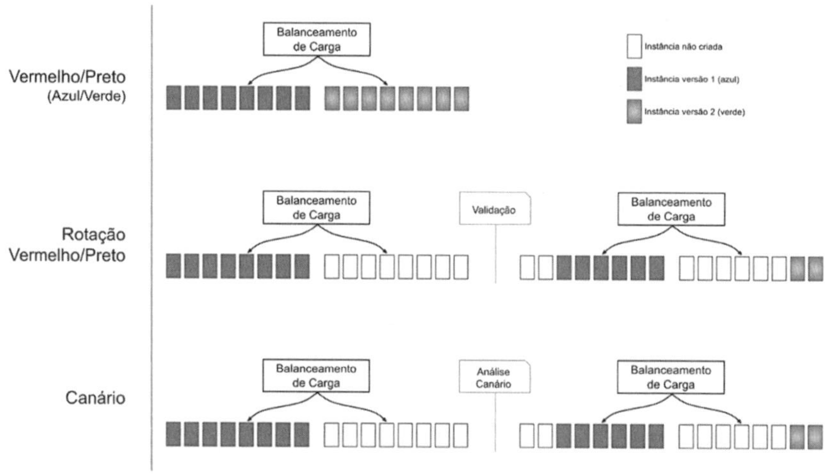

Figura 27.3. Imagem dos tipos de estratégias disponíveis pelo Spinnaker. Fonte: adaptado de Spinnaker (s.d.).

✓ ***blue/green* ou *red/black* (azul/verde ou vermelho/preto):** inicia um novo grupo de instâncias com a nova versão, com a mesma quantidade do grupo já em produção (versão "antiga"). Quando o novo grupo estiver totalmente disponível, todo o tráfego será redirecionado do grupo antigo para o novo. Se tudo ocorrer como o esperado, o grupo antigo depois pode ser destruído. Funciona muito bem, mas, dependendo da quantidade de instâncias, duplicar esse cenário pode significar um alto custo.

47 <https://spinnaker.io/docs/concepts/#deployment-strategies>.

- ✓ ***rolling red/black* (rotação vermelho/preto)**: mesma ideia da estratégia anterior, mas agora rotacionando grupos ou instâncias. Sendo assim, uma nova instância é criada com a versão nova, e quando se torna totalmente disponível uma instância da versão anterior é destruída. Quanto todas as versões antigas são destruídas, todo o tráfego já estará direcionado para a nova versão. Nesse caso, o tráfego foi redirecionado de forma incremental em vez de totalmente em um único movimento.
- ✓ ***canary* (canário)**: substitui uma pequena quantidade de instâncias e redireciona uma porcentagem do tráfego (por exemplo, 1%-5%) para a nova versão. Isso ajuda a testar se a nova versão não possui nenhum tipo de problema, garantindo que apenas uma pequena quantidade de usuários seja impactada por possíveis novos problemas introduzidos pela nova versão. Se nenhum problema for encontrado em um período de tempo predefinido, a implantação continuará até chegar aos 100%; caso contrário, a atualização é desfeita, mantendo a versão anterior.

Apesar do Jenkins ou outras ferramentas de integração contínua serem capazes de gerenciar esse tipo de estratégia (com um esforço extra e muitas configurações), ferramentas como o Spinnaker são especializadas em lidar apenas com esse tipo de cenário. Inicialmente desenvolvido pelo Netflix, o Spinnaker é uma ferramenta de código aberto e *cloud agnostic*, o que significa não se prende a apenas um fornecedor de nuvem. Sendo assim, independentemente de o seu projeto usar Amazon, Google, Kubernetes ou diversos outros provedores suportados, a ferramenta está preparada para auxiliar o seu processo de entrega.

Este capítulo deixa claro que a cultura *DevOps* e todas as ferramentas associadas são fundamentais para sua jornada de criação e manutenção de microsserviços. A chave desse processo sempre será um misto de automação com colaboração da equipe para desenvolver serviços sólidos e escaláveis na medida que o seu negócio precisa.

28. Observabilidade

André Pontes Sampaio

A necessidade de observabilidade

Este capítulo define o que é observabilidade e o que é necessário para alcançá-la. Também há exemplos práticos com casos de uso e ferramentas que auxiliam o entendimento, bem como orientações e melhores práticas sobre o que procurar em uma solução para ajudar sua organização a alcançar a observabilidade de microsserviços.

O que é observabilidade?

Em sua definição mais simples, a observabilidade é o fato de conseguirmos entender o estado operacional de uma solução e de cada um dos microsserviços que compõem essa solução ao agregar informações sobre sistemas, aplicativos, infraestrutura e seus componentes a partir da coleta de métricas, *logs* e tempos de respostas (*tracing*). O termo foi baseado na teoria de *feedbacks*, onde a observabilidade pode medir os estados de um sistema para inferir se ele está operacional.

Em equipes modernas voltadas aos ciclos ágeis do desenvolvimento *DevOps*, a visibilidade operacional extrapola os analistas de operações de TI e vai até os desenvolvedores, que estão se apropriando do que está acontecendo nos microsserviços para fornecer uma melhor experiência ao cliente (UX). Além disso, a visibilidade operacional está direcionada a coletar indicadores de negócios. Para tal, as equipes precisam ter noção de toda a arquitetura para corrigir e, eventualmente, evitar problemas. Com essas preocupações incorporadas por toda a equipe, facilitam-se a visibilidade e a percepção dos microsserviços, o que é fundamental para o sucesso e a confiabilidade da solução, aspectos importantes de *Site Reliability Engineering* (SRE).

Permite-se, assim, uma visão unificada dos problemas que ocorrem, dando visibilidade tanto para a equipe de desenvolvedores como para a equipe de operações responsável por manter a infraestrutura. Além disso, uma parte da preocupação do monitoramento da aplicação é agora transferida para a equipe de desenvolvimento (tal preocupação antigamente estava muito mais na equipe de operações). Ou seja, a preocupação sobre a saúde de todos os microsserviços passa a ser compartilhada entre toda a equipe envolvida no ciclo *DevOps*.

Desta forma, a observabilidade ajuda as equipes a:

- ✓ entregar software de alta qualidade em escala;
- ✓ construir uma cultura sustentável de inovação;
- ✓ otimizar investimentos em nuvem e ferramentas modernas;
- ✓ verificar o desempenho de seus negócios digitais em tempo real.

Desafios de monitoramento de microsserviços para equipes *DevOps*

As novas tecnologias e práticas relacionadas ao uso de nuvem, contêineres, *serverless*, *DevOps* e SRE introduzem maior complexidade nas soluções construídas. Para manter aplicações modernas com boa experiência para os usuários e com um gerenciamento mais simples, devem ser utilizadas técnicas e ferramentas voltadas para aumentar a observabilidade. Dessa forma, as equipes passam a ter visibilidade do funcionamento de seus microsserviços e demais componentes da solução.

Mas como estabelecer a observabilidade dos microsserviços? Quais resultados esperar?

Para enfrentar esses desafios, as equipes precisam adotar práticas que contemplem principalmente:

- ✓ instrumentação de aplicações para coletar seus tempos de respostas;
- ✓ dados sobre o desempenho dos componentes da solução;
- ✓ capacidade de visualização integrada de todas as informações coletadas.

Portanto, além de métricas, *logs* e tempo de resposta dos aplicativos (obtidos através de rastreamentos/*tracing*), algumas empresas também estão coletando dados da experiência do usuário (UX) para obter uma visibilidade completa. Entretanto, vale destacar que observabilidade não é um sinônimo sofisticado para monitoramento, conforme veremos a seguir.

Monitoramento *versus* observabilidade

A observabilidade não substitui o monitoramento; eles são complementares. Ela seria uma evolução do monitoramento tradicional ao incorporar e dar visibilidade de maneira integrada ao uso de métricas, *logs* e *tracing* (que são os rastreamentos das aplicações para verificar se o tempo de resposta está de acordo com o esperado). Podemos monitorar um sistema usando vários instrumentos, mas se não for possível identificar de maneira objetiva se o sistema está operacional e o que realmente está acontecendo, há monitoramento sem observabilidade.

Compará-los ajuda a diferenciá-los e a entender suas características. Destacam-se, portanto, as seguintes características:

Tabela 28.1. Monitoramento x observabilidade.
Fonte: o autor.

Monitoramento	Observabilidade
Informa se o sistema funciona	Permite investigar por que não está funcionando
Uma coleção de métricas e *logs* sobre um sistema	Análise gráfica integrada de informações desse sistema contemplando métricas, *logs* e rastreamento das aplicações
Centrado em falhas	Entende o comportamento do sistema
Mais reativo	Mais proativo
Informações estáticas	Análises dinâmicas com alertas inteligentes
Adequado para aplicativos bem definidos em um sistema monolítico	Adequado para microsserviços modernos distribuídos em *multicloud*

Ferramentas de monitoramento tradicionais foram criadas para monolitos e falham em fornecer os novos níveis de visibilidade necessários para suportar aplicativos modernos baseados em microsserviços. Elas focavam em coletar informações sobre os "estados conhecidos". Com o advento dos microsserviços e toda sua infraestrutura, agora existem muitos outros "estados desconhecidos", ou seja, problemas que acontecem pela primeira vez e são desconhecidos pelas equipes.

A tabela anterior contém um resumo dos aspectos de observabilidade de microsserviços quando comparada ao monitoramento tradicional.

O monitoramento coleta dados sobre os sistemas e permite que respostas sejam dadas rapidamente quando ocorrem erros. Métricas e *logs* eram frequentemente armazenados em silos isolados de dados sem um contexto significativo que os unissem, de tal forma que uma avaliação holística da saúde do sistema ficava prejudicada.

Observabilidade, por outro lado, é a prática de utilizar métricas, eventos, *logs* e rastreamentos/*tracing* (denominados, em inglês, M.E.L.T.) para coletar informações com o objetivo de fornecer uma visão integrada, com informações de que as equipes precisam para resolver emergências. A boa notícia é que existem muitos dados; o desafio é agregar tudo isso e gerar informações importantes para a resolução de problemas e análise de causa-raiz no menor tempo possível.

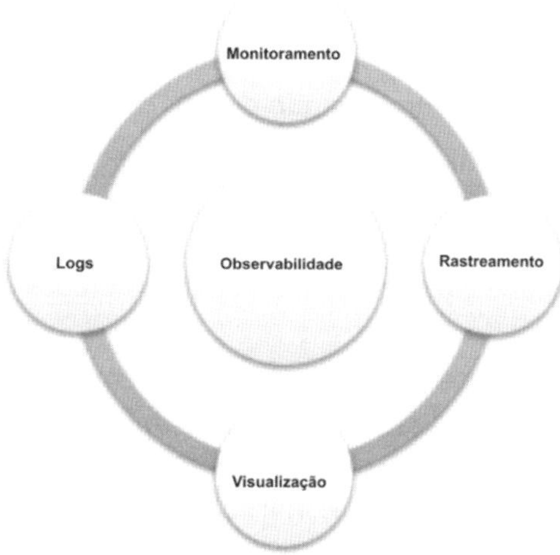

Figura 28.1. Observabilidade contempla muito mais que somente o monitoramento. Fonte: adaptado de James (2020).

Os principais desafios para obter a observabilidade de uma solução estão relacionados aos seguintes itens:

- ✓ **Descoberta automática:** garantir cobertura em ambientes altamente dinâmicos sem configuração manual, devendo detectar automaticamente todos os aplicativos, contêineres, serviços, processos e sua infraestrutura.
- ✓ **Informações de topologia:** entender as interdependências e o contexto entre diferentes componentes da solução (*stack*) e dados monitorados de seus elementos.
- ✓ **Mecanismo de IA:** fornecer respostas a problemas de desempenho por meio de uma análise precisa da causa-raiz com base na observação dos diversos componentes da solução e aprendizado automático do desempenho "normal" para se adaptar dinamicamente conforme o ambiente muda.

Tais desafios podem ser endereçados com o uso de ferramentas de *service mesh*, por exemplo o Istio, bem como com funcionalidades de AIOps, conforme será apresentado durante o restante do capítulo.

Observabilidade como cultura, e não como uma preocupação operacional

Observabilidade como cultura é o grau em que uma equipe ou empresa valoriza a capacidade de inspecionar e entender seus microsserviços, sua carga de trabalho e seu comportamento. As empresas que têm uma forte cultura de observabilidade possuem equipes preocupadas em gerar valor para a organização ao conseguir identificar se seus sistemas estão funcionando dentro do desempenho esperado pelos usuários. Ferramentas não são suficientes e nenhuma delas fornecerá observabilidade magicamente.

O valor da observabilidade é percebido nas seguintes etapas:

- ✓ Solução de problemas e análise de causa-raiz em menor tempo.
- ✓ Respostas mais rápidas aos incidentes e recuperação de falhas.
- ✓ Melhoria e otimização do desempenho e disponibilidade da solução.
- ✓ Gestão de eventos com o objetivo de obter *insights* compartilhados entre a equipe técnica.
- ✓ Respostas colaborativas através da análise de dados.
- ✓ Operações inteligentes com visibilidade completa entre as diversas tecnologias utilizadas.
- ✓ Remover falsos positivos ao separar informações úteis dos ruídos.
- ✓ Fornecer detalhes do negócio e aprimorar as percepções do serviço.

Os três pilares da observabilidade

O monitoramento da TI sempre foi difícil e desafiador. Plataformas de nuvem, contêineres e alteração na arquitetura de software só aumentaram os desafios envolvendo os componentes necessários para um monitoramento ágil.

A observabilidade envolve a captura de três tipos de dados sobre o desempenho dos microsserviços. Esses três pilares a seguir são críticos:

- ✓ **Métricas:** as métricas de séries temporais são a base do monitoramento eficaz. Elas descrevem um determinado estado medido ao longo de intervalos de tempo. Por exemplo, ao coletar a cada cinco minutos o percentual de uso de CPU ou de memória, coletaremos métricas numéricas em intervalos definidos.
- ✓ ***Logs* de eventos:** registro imutável de eventos discretos que acontecem ao longo do tempo. Por exemplo, praticamente todas as aplicações e ferramentas de mercado geram *logs* para os eventos que ocorrem, tais como avisos ou possíveis erros. A principal dificuldade é a padronização dessas informações, uma vez que cada *log* pode ser gerado sem nenhum formato predefinido. Eles fornecem aos profissionais as principais informações de suporte, e muitas vezes há uma conversão de *logs* em métricas.
- ✓ **Rastreamento (*Tracing*):** dados sobre o tempo de resposta e latência dos microsserviços. Podem chegar no nível de mostrar qual linha de código está falhando ou quais métodos estão ocasionando tempos de respostas com desempenho ruim. São adquiridos por meio de instrumentação de aplicativos e são uma maneira excelente para que a equipe possa tentar isolar anomalias de desempenho em um microsserviço.

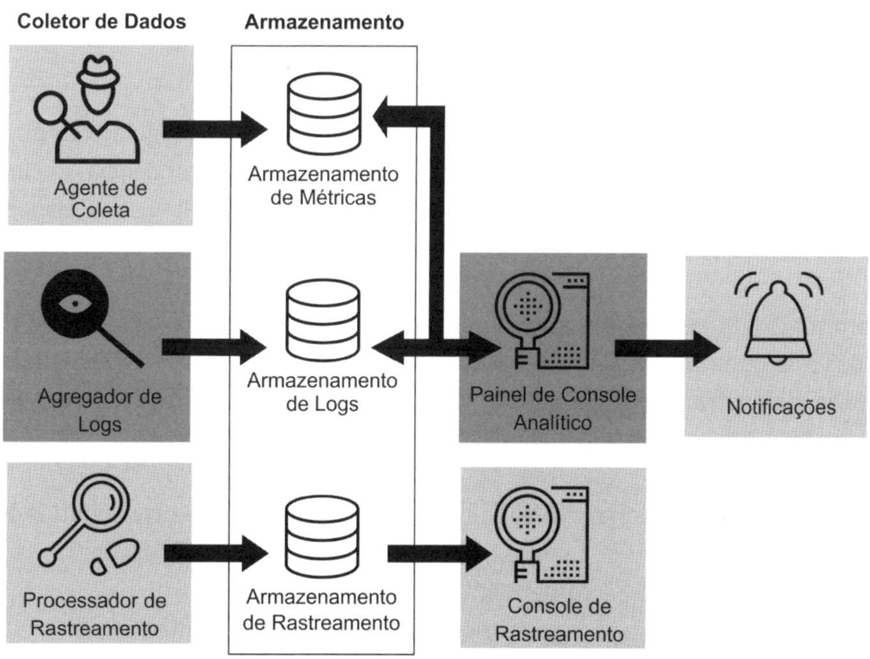

Figura 28.2. Componentes da arquitetura de uma solução para a observabilidade.
Fonte: o autor.

Agora que falamos sobre o que é a observabilidade e por que é ela importante, vamos vê-la em ação, seus benefícios para a TI e como pode ajudar a área de negócios a alcançar seus objetivos a atender às expectativas dos clientes.

As plataformas de monitoramento devem atender a públicos diferentes. Antes voltadas para as equipes de operações, a mudança para o desenvolvimento ágil e a responsabilidade compartilhada das equipes *DevOps* trazem aos desenvolvedores mais responsabilidades e mudam substancialmente o público para o monitoramento, bem como as expectativas para as próprias ferramentas. No outro extremo do espectro das expectativas, os executivos de negócios buscam indicadores-chave de desempenho (*Key Performance Indicators* – KPIs) baseados na saúde de sistemas críticos de negócios.

Métricas

Definição de métricas:

- ✓ Registro de um valor em determinada data e hora.
- ✓ Utilizam banco de dados de séries temporais.

Métricas são uma sequência de medidas de um componente ao longo do tempo. Elas são ideais para obter uma compreensão histórica da saúde e de tendências, incluindo pelo menos dois parâmetros: o nome (por exemplo: uso de CPU) e seu respectivo valor da métrica (por exemplo: 50% de uso).

Podem ser coletadas métricas mais operacionais voltadas ao desempenho do sistema, dos microsserviços ou até métricas de código; bem como podem ser coletadas métricas mais estratégicas voltadas à avaliação do desempenho de negócio. As mais usadas são:

- ✓ **Métricas operacionais voltadas para o desempenho e a disponibilidade do serviço:** taxa de erros, tempos de resposta, taxa de transferência de transações, percentual de uso de componentes etc.
- ✓ **Métricas de negócios:** gasto médio por requisições, quantidade de usuários ou transações simultâneas, custo da transação executada nas APIs, receita gerada por transação etc.

Uso de métricas que gerem valor

O primeiro e mais crítico domínio na plataforma de monitoramento é a métrica. Recomenda-se uma abordagem iterativa que primeiro aborde as métricas para suportar seus microsserviços. As métricas serão familiares para a maioria dos profissionais técnicos envolvidos no monitoramento. Uma métrica nada mais é do que um registro que compreende um valor e uma data e hora, juntamente com quaisquer rótulos adicionais necessários.

Métricas podem ser separadas por preocupações:

- ✓ **Métricas de negócio:** têm um foco em objetivos de longo prazo, sendo responsável por assegurar que os requisitos futuros do negócio são levados em consideração.
- ✓ **Métricas de serviço:** responsáveis por assegurar que o desempenho e as metas dos microsserviços da solução estejam dentro dos parâmetros definidos.
- ✓ **Métricas de recurso:** coletam detalhes para gerenciamento dos componentes individuais dentro da infraestrutura, tendo um foco mais técnico.

Tabela 28.2. Exemplo de métricas.
Fonte: o autor.

Exemplos de métricas	Monitoração em camadas
Negócio	Receita, inscrições de clientes, taxa de rejeição, abandono de carrinho (indicadores de negócio gerados pelos microsserviços)
Serviço	Uso de páginas *web* (Google Analytics e Azure App Insights)
Recurso	Métricas de IaaS (Google Stackdriver e AWS CloudWatch)

Exemplo de coleta, armazenamento e visualização de métricas

O Grafana é uma plataforma de análise, visualização e notificação de código aberto amplamente utilizada que tem foco nos casos de uso de TI. Suporta uma variedade de fontes de dados e canais de notificação e tem uma comunidade ativa, com suporte comercial também disponível. Normalmente há o uso do Prometheus junto com o Grafana como ferramenta analítica e de notificação. O Grafana demonstra métricas armazenadas no Prometheus relacionadas aos contêineres que executam microsserviços, contemplando métricas de recursos relacionado a(o):

- ✓ Carga de CPU de cada contêiner.
- ✓ Uso de memória de cada contêiner.
- ✓ Uso de redes de cada contêiner.
- ✓ Uso de armazenamento total.

Uma ampla variedade de ferramentas está disponível para reunir os dados de métricas gerados pela infraestrutura e pelos aplicativos. O software de coleta de métricas pode ser implementado como um agente em um nó que agrega dados de métricas e encaminha para uma plataforma de armazenamento. Se um agente for descrito como *push*, ele transmitirá os dados a um fluxo pré-agendado. Já um agente *pull* é pesquisado periodicamente para fornecer esses dados. Por fim, há também cenários mais modernos onde as ferramentas fornecem APIs para coleta de métricas diretamente da infraestrutura ou dos aplicativos, sem a necessidade do uso de agentes.

Dessa forma, os principais componentes de qualquer métrica são:

- ✓ **Nome:** o identificador da métrica.
- ✓ **Carimbo de data/hora:** data e hora associadas.
- ✓ **Valor:** a quantidade numérica associada.
- ✓ **Rótulos [opcional]:** contexto adicional para esses dados.

Uso de telemetria para microsserviços

Os sistemas e plataformas usados para fornecer serviços e aplicativos modernos geram muitos dados. Mesmo com um conjunto restrito para avaliar a saúde e o desempenho, uma análise é necessária. O consumo de métricas normalmente envolve visualização (na forma de painéis e notificação) e análise de uma anomalia detectada.

Os avanços da telemetria em plataformas de microsserviços permitem:

- ✓ **Limites de alertas adaptativos para detecção de anomalias (não utiliza limites fixos predefinidos):** determinar o que é "normal" e notificar com base nos desvios.
- ✓ **Aprendizado de máquina:** construir um modelo complexo de comportamento do sistema, correlacionando eventos e dados para que ele "aprenda" ao longo do tempo.
- ✓ **Análise preditiva com respostas automatizadas:** identificar capacidade de responder proativamente, como, por exemplo, provisionando recursos adicionais antes da exaustão.

Logs de eventos

Definição de *logs*:

- ✓ Possuem formatos variados.
- ✓ Convertidos de texto para um formato definido.
- ✓ Consomem muitos recursos.

O planejamento adequado fará a diferença entre uma solução útil que atenda às necessidades das equipes *DevOps* ou algo que somente consome recursos e fornece pouco valor. Há muitos fatores que devem ser considerados ao projetar uma solução de gerenciamento de *log*. Mesmo em uma organização pequena, os ambientes modernos produzem muitos dados de *log*, uma vez que existem diversas fontes de informações para serem coletadas. Os *logs* de eventos podem ser coletados a partir de várias fontes diferentes e em diversos formatos.

Tabela 28.3. Fontes de *logs*.
Fonte: o autor.

Principais fontes de *logs* de eventos incluem:
System logs e *server logs* (*syslog*, *journald*)
Logs do sistema de detecção e intrusão de *firewall*
Feeds de mídia social (Twitter, Facebook etc.)
Logs de aplicativos, plataformas e servidores (log4j, log4net, Apache, MySQL, AWS)

Uma importante fase em uma ferramenta de *logs* é a de planejamento dos casos de uso desses registros, pois ajuda nas decisões de arquitetura. Algumas dessas decisões incluem a definição de quais serão as fontes de eventos que devem ser coletadas, como será a coleta dessas fontes, quantos tipos de evento armazenar e por quanto tempo reter os dados.

Definições dos casos de uso

Um caso de uso é uma descrição do que você deseja fazer com um *log* de eventos depois de coletá-lo. Os casos de uso geralmente são categorizados para agrupar atividades semelhantes. Algumas categorias comuns para casos de uso são relacionadas às equipes *DevOps* ou de segurança. Um exemplo de um caso de uso de segurança pode ser o armazenamento das ações efetuadas pelos usuários de uma aplicação para transações críticas, como, por exemplo, a mudança de salário feita pelos usuários do sistema de RH. Já um caso de uso *DevOps* se concentraria no monitoramento dos *logs* gerados pela aplicação para solução de problemas em microsserviços.

Para cada caso de uso deve ser feito um planejamento considerando as seguintes características:

- ✓ **Quais *logs* coletar?** Em um ambiente em que aparentemente tudo gera *logs* de eventos, pode ser difícil saber o que coletar. Na maioria dos casos, a seleção de fontes de eventos deve ser orientada pelos casos de uso identificados. Por exemplo, se o caso de uso estiver monitorando *logins* do usuário em um determinado microsserviço, as fontes de eventos selecionadas devem ser apenas as dos recursos críticos relacionados a esse serviço.
- ✓ **Como armazenar?** Após a determinação de uma lista de fontes de eventos, a próxima etapa é decidir o método de coleta para cada fonte. Muitos produtos de hardware e software suportam o envio de dados de *log* via *syslog*.
- ✓ **Quem usará a solução?** Um fator importante a ser considerado aqui é o número de usuários. Se muitos usuários consultarem os dados simultaneamente, haverá uma alta carga de processamento e poderá ser necessário ajustar a ferramenta. O nível de habilidade dos usuários também deve ser considerado, pois usuários menos técnicos podem exigir mais painéis (*dashboards*) com informações prontas.

Outro ponto importante é o controle de acesso e onde deve ser aplicado o princípio do menor privilégio, uma vez que diversas informações sensíveis estarão disponíveis nos *logs*. Os diversos perfis devem ser agrupados para melhor gerenciamento e considerando os papéis desempenhados, por exemplo:

Tabela 28.4. Tipos de usuários.
Fonte: o autor.

Grupos de usuários típicos incluem:
Analistas de segurança
Equipes *DevOps*
Líderes de equipes de plataformas
Central de serviços (*service desk*)

Prós e contras dos *logs*

O volume de dados, a variedade de fontes de registro e o número de ferramentas envolvidas no transporte e na interpretação tornam a coleta de *logs* uma tarefa complexa. Essa complexidade é aumentada ainda mais ao considerar também a visualização e a notificação integradas ao gerenciamento de dados de monitoração. Ao contrário das métricas, que têm um formato simples e bastante uniforme, os *logs* podem ser qualquer coisa. Em muitos casos, essas ferramentas de coleta e ingestão convertem o texto em um formato estruturado e indexado. Isso não apenas complica o armazenamento, mas também pode ter um impacto profundo na análise de dados.

Os *logs* são bons para análises profundas, ou seja, para investigações após indisponibilidades operacionais ou incidentes de segurança. Como os *logs* são baseados em texto, eles são difíceis de tratar e padronizar, além de dispendiosos para armazenar, processar e visualizar.

As métricas, por outro lado, podem ser armazenadas, processadas e recuperadas de maneira muito mais simples quando comparadas aos *logs*. Consequentemente, para atingir velocidade analítica e visibilidade no processamento tradicional de *logs*, algumas ferramentas criam métricas diretamente dos *logs*. Tais ferramentas transformam dados de *log* em métricas de séries temporais para ajudar na resolução de problemas, análise de tendências e planejamento de capacidade.

Processamento de fluxos centralizados

A coleta de dados de *log* oferece suporte a análise de informações mais detalhadas para resolução de problemas. Os *logs* são uma parte essencial de uma estratégia de monitoramento baseada em observabilidade, pois é possível responder à pergunta "por que o sistema está quebrado?" através da análise das informações fornecidas pelos *logs*.

Um exemplo de ferramenta utilizada para o gerenciamento centralizado de *logs* é a Stack Elastic (ELK). Composta pelas ferramentas Elasticsearch, Kibana, Logstash e Beats, oferece uma solução completa de análise de dados em tempo real. Utilizando o ELK, é possível coletar e filtrar os *logs* de maneira eficiente, além de acessar, analisar e visualizar os dados em um único local.

A figura a seguir ilustra os *logs* centralizados recebidos de diversas fontes (Redis, MongoDB e Kafka) que poderiam ser usados para verificar possíveis problemas de comunicação entre os componentes de um microsserviço.

Figura 28.3. *Logs* de diversas fontes centralizadas do Kibana.
Fonte: Elastic (s.d.).

A interface gráfica exibida na figura é do Kibana, que é o componente de visualização e análise de dados do Elastic Stack. Organizações que centralizam dados de monitoramento podem obter observabilidade através de painéis e relatórios complexos, agrupando dados de várias fontes para que sejam analisados e apresentados em um único painel. Embora os componentes citados anteriormente sejam *open source*, a empresa Elastic dispõe ainda de um componente pago denominado X-Pack, que é um pacote de extensões que agrupa recursos avançados de alerta sobre segurança, relatórios gráficos e *machine learning*.

Rastreamento e monitoração sintética

Definição de *tracing*:

- ✓ Instrumenta código-fonte de aplicativos.
- ✓ Avalia anomalias de desempenho.

Do ponto de vista da infraestrutura, a observabilidade estará bem atendida usando uma combinação de métricas e *logs*. Porém, deve ser considerado também que o rastreamento dos detalhes que ocorrem nos aplicativos é uma fonte valiosa de informações sobre o comportamento do negócio, devendo ser utilizado em função da sua importância como mais um pilar da observabilidade.

Rastreamento distribuído é o método usado para monitorar especialmente microsserviços e é ótimo para solucionar problemas, pois pode ajudar a identificar onde ocorrem as falhas e o que causa um desempenho ruim. À medida que a quantidade de microsserviços cresce, normalmente também aumentam as trocas de mensagens com natureza assíncrona entre eles. Obter visibilidade dessas comunicações e entender o fluxo de chamadas e transações se torna rapidamente um desafio na arquitetura de microsserviços.

Os desafios do rastreamento e o uso de *correlations IDs*

O rastreamento distribuído é um método para que as equipes técnicas monitorem seus aplicativos baseados em microsserviços. Essa técnica ajuda a identificar onde ocorrem as falhas e o que causa desempenho abaixo do ideal. Com uma pequena instrumentalização do código, os desenvolvedores poderão visualizar, monitorar e analisar as principais métricas de desempenho de saúde e rastreamento distribuído de seus microsserviços.

Microsserviços individuais são relativamente fáceis de projetar e implementar. O que dificulta o uso da arquitetura de microsserviços é tudo que os rodeia: descoberta, coordenação, segurança, replicação, consistência dos dados, *failover*, implantação e integração com outros sistemas.

O código de um microsserviço não estará "pronto" até que se criem mecanismos de análises para suportá-lo durante eventuais incidentes. Ao se comunicar com outros microsserviços externos, nunca se pode ter certeza de como o outro sistema se comportará quando a comunicação estiver com alguma intermitência, ou seja, quando ocorrerem falhas ou quando o outro sistema estiver sobrecarregado. Nessa situação, o nosso microsserviço não deve depender de outro externo e, portanto, é importante tomar precauções para manter nosso microsserviço em um estado seguro.

Para acompanhar as transações distribuídas entre diversos componentes, as ferramentas de observabilidade usam o *correlation ID* como forma de amarrar as diversas partes (denominadas de *spans*) em uma única transação global.

Sem criar esse tipo de visibilidade, pode não ser possível determinar por que um sistema falhou, impactando a resolução de problemas críticos para os negócios. Uma indisponibilidade em uma arquitetura complexa deve ser bem analisada e compreendida, evitando que as equipes gastem muito tempo resolvendo problemas de forma manual e apagando incêndios.

Embora esses pontos sejam dores crescentes com o uso de microsserviços, felizmente as ferramentas estão amadurecendo para tornar possível a identificação automática, de maneira gráfica, do relacionamento entre os diversos microsserviços. Nesse sentido, ferramentas de *service mesh* possibilitam essa funcionalidade sem necessidade de qualquer ajuste da codificação.

Service mesh e o futuro da observabilidade

Embora microsserviços individuais possam ser criados de maneira mais ágil, as comunicações entre esses microsserviços se tornam cada vez mais complexas à medida que os aplicativos se tornam maiores e várias instâncias do mesmo serviço são executadas simultaneamente.

Service meshes surgiram e estão se tornando cada vez mais populares em ambientes nativos em nuvem como uma maneira de gerenciar, proteger e monitorar melhor as comunicações entre os microsserviços de uma arquitetura distribuída. Em resumo, trata-se de uma camada de infraestrutura configurável para melhorar o gerenciamento desses serviços.

A tabela a seguir compara as características do Istio e do AWS App Mesh, dois *service meshes* que podem ser utilizados sem qualquer necessidade de ajuste no código-fonte das aplicações:

Tabela 28.5. Istio x AWS App Mesh.
Fonte: o autor.

	Istio	AWS App Mesh
Soluções de observabilidade com rastreamento	Prometeu, Grafana, Jaeger, Zipkin, Kiali e outros	AWS CloudWatch, AWS X-Ray e outros
Empresas envolvidas	Google, IBM, Pivotal, VMware, Cisco, Red Hat e outras	AWS
Código aberto	Sim	Não (usa componente *open source* Envoy como *sidecar/ circuit breaker*)
Plataforma	Kubernetes	AWS Fargate, ECS, EKS ou Kubernetes em execução no EC2
Protocolos suportados	HTTP/2, HTTP/1.x, TCP, gRPC	HTTP/2, HTTP/1.x TCP

O uso de uma plataforma para observabilidade de aplicativos modernos que são executados em um ambiente de nuvem oferece visibilidade para seus microsserviços. O Istio facilita a análise de dados de métricas, *logs* e rastreamentos com suporte a diversos mecanismos. Para o recurso de rastreamento distribuído, é possível fornecer a integração de vários *backends* com envio do rastreio utilizando Zipkin, Jaeger e LightStep.

Embora o Istio possa identificar cada parte de uma transação (*span*) automaticamente, deve haver uma configuração dos *correlations IDs* para unificar a visualização de um rastreamento. Dessa forma, os aplicativos precisam propagar os cabeçalhos HTTP apropriados para que cada *span* possa ser correlacionado corretamente em um único rastreamento.

Com essa visibilidade unificada, as equipes podem detectar e solucionar problemas de desempenho com seus microsserviços de maneira mais rápida.

Resolvendo gargalos nos microsserviços

Em um aplicativo baseado em microsserviços, as diferentes partes da arquitetura usadas para compor a solução são interdependentes. Como resultado, a experiência do cliente depende de quão bem os microsserviços estão trabalhando juntos – ou pelo menos aqueles microsserviços que fazem parte do caminho crítico das principais transações.

Medir e garantir uma boa experiência do cliente começa com a definição de um nível de desempenho operacional aceitável em cada serviço. Além disso, deve existir um nível de confiabilidade em relação aos outros microsserviços. Portanto, a equipe responsável por cada microsserviço deve especificar os objetivos de nível de serviço (*Service Level Objectives* – SLOs) – ou seja, uma meta de expectativas operacionais sobre como um serviço será executado (performance e tempo de resposta), além de metas para sua disponibilidade. Definir e monitorar SLOs é importante para que as equipes possam trabalhar de maneira integrada com aplicativos baseados em microsserviços dentro de metas estabelecidas.

Tal abordagem reduz as reclamações sobre uma possível lentidão, desde que a meta do nível de serviço definido esteja sendo atendida. Dessa forma, cada componente depende de outros microsserviços para atender aos objetivos gerais de negócios.

Enfrentando os desafios no monitoramento de microsserviços

Em uma arquitetura tradicional, era mais fácil para as equipes técnicas monitorarem o monolito. Agora, com dezenas ou centenas de microsserviços interligados, é mais difícil para as equipes entenderem as dependências entre os serviços e isolarem os microsserviços relevantes que podem estar ocasionando uma possível falha. Assim, quando ocorre um erro intermitente, é difícil e demorado descobrir quais microsserviços estavam envolvidos na solicitação que gerou esse erro e leva-se muito tempo para isolar o microsserviço responsável.

Considerando esse contexto, constam a seguir alguns dos principais desafios e possíveis propostas de solução para esses cenários:

- ✓ Para entender melhor o impacto de qualquer problema, as equipes precisam analisar métricas responsáveis pelo baixo desempenho do microsserviço – por exemplo, latências de aplicativos. Portanto, **falta visibilidade detalhada** para entender rapidamente o impacto de uma falha.
  - **Solução: uso de mapas de serviço (*service maps*).** As equipes técnicas devem resolver incidentes usando uma ferramenta que forneça visibilidade *full-stack* e *insights* compartilhados. Os mapas de serviço destacam as dependências dos microsserviços e fornecem contexto adicional com visibilidades a partir das métricas, permitindo que as equipes isolem os microsserviços relevantes e reduzam o tempo de solução de problemas. Além disso, estão disponíveis as visualizações detalhadas do fluxo de solicitações e dependências em rastreamentos em microsserviços individualizados para identificar gargalos de desempenho.
- ✓ Uma chamada ou solicitação de API pode não estar cumprindo seu nível de resposta. Entretanto, essa solicitação pode estar chamando vários outros microsserviços em segundo plano. Identificar a equipe certa para atuar no serviço que de fato está ocasionando a falha também pode ser um desafio. Portanto, há dificuldade de **identificar qual microsserviço está degradando o desempenho** e acionar a equipe técnica efetivamente responsável.
  - **Solução: uso de *APM spans* e *tracing*.** Encontrar APIs que precisam de otimização, visualizando detalhes da transação, e também com a capacidade de visualizar o fluxo completo de solicitações para identificar em qual microsserviço a solicitação está passando a maior parte do tempo. Com isso, as equipes podem otimizar o código para melhorar o tempo de resposta da referida solicitação, com foco na experiência do cliente.
- ✓ Todos os membros da equipe devem entender **como diferentes microsserviços interagem entre si**. Mas acompanhar uma documentação complexa e que se torna rapidamente desatualizada é um desafio crescente. Não é mais possível manter topologias que representam as interações dinâmicas entre os diversos microsserviços. Logo, é difícil para a equipe técnica entender e manter as dependências dos diversos microsserviços em produção.
  - **Solução: uso da topologia que demonstra as chamadas de maneira gráfica.** Por exemplo, o Kiali, do *service mesh* Istio.
- ✓ As soluções tradicionais baseadas em agentes **podem consumir muita CPU e memória**, afetando o desempenho do microsserviço.
  - **Solução: monitorar com base na API *Healthcheck*.**

- ✓ A instrumentação de microsserviços e **APIs de ferramentas** oferecidas por diferentes fornecedores **podem ser incompatíveis entre si**. Ou seja, a interoperabilidade entre diversas ferramentas é complexa e intensa.
  - **Solução: utilizar soluções que utilizem padrões que suportem *OpenTelemetry/OpenTracing/OpenCensus*.** Instrumentar código para suportar as principais bibliotecas de métricas de código aberto, usando uma solução totalmente compatível com *OpenTracing/OpenCensus* (ex.: Zipkin e Jaeger).

Caso de uso: juntando as peças durante um *troubleshooting*

Vamos imaginar um cenário típico de uma empresa que funciona com soluções de microsserviços hospedadas em um ambiente híbrido, ou seja, com seus microsserviços sendo executados tanto na nuvem como na própria organização. Nesse cenário, temos soluções críticas de negócio onde não pode haver baixo desempenho nos tempos de resposta em quaisquer de suas APIs. Qualquer solicitação de API com latência acima do esperado resulta em erro, levando a uma experiência ruim do cliente. Quando isso acontece, a equipe técnica deve investigar e isolar a causa-raiz relacionada ao desempenho ruim nas solicitações de uma determinada API – por exemplo, quando a transação leva mais tempo do que o seu SLO, que é de 1 segundo. Para investigar esse cenário relativo ao problema de latência da API, devem ser consideradas várias estratégias para solucionar esse problema.

Elementos importantes num cenário como este são os **mapas de serviços**, que fornecem visualizações em tempo real das dependências de cada microsserviço, permitindo que as equipes entendam rapidamente a arquitetura do aplicativo e possam utilizar esse mapa de dependência para ajudar na solução de problemas. Além disso, pode-se visualizar as solicitações de ponta a ponta no mapa de serviços, demonstrando o fluxo entre os microsserviços e ajudando no diagnóstico.

Dessa forma, a investigação de problemas pode contemplar as seguintes etapas:

- ✓ **Etapa 1:** examinar quais são os alertas com status crítico associados aos componentes da transação que teve seus níveis de serviços acima do esperado.
- ✓ **Etapa 2:** visualizar e identificar os microsserviços envolvidos com os alertas e erros através dos mapas de serviços. Ao visualizar de maneira gráfica as dependências entre os diversos microsserviços envolvidos na transação com erro, deve-se buscar identificar qual chamada da API está com um problema. Visualizando o fluxo de chamadas das APIs é possível isolar os microsserviços relevantes envolvidos na solicitação. A análise das dependências e do fluxo de

chamadas de serviço deve excluir os microsserviços que não foram chamados na solicitação do contexto com erro. Portanto, isolam-se os microsserviços relevantes para encontrar o microsserviço responsável pelo erro.

- ✓ **Etapa 3**: procurar no rastreamento a solicitação com tempo de resposta longo, observando a compreensão dos serviços envolvidos e o fluxo de chamadas. Por exemplo, classificar rastreamentos de solicitação com base no tempo de resposta, podendo identificar o microsserviço responsável pelo atraso. Ao identificar o microsserviço suspeito através de rastreamentos distribuídos, é necessário corrigir o aspecto que resultou no longo tempo de resposta para solucionar o problema.
- ✓ **Etapa 4**: envolver as equipes apropriadas para corrigir a possível causa-raiz do problema, através da triagem do problema e identificação dos microsserviços específicos possivelmente responsáveis pelo problema.
- ✓ **Etapa 5**: encontrar a causa-raiz e efetuar sua correção definitiva, isolando o microsserviço responsável pelo erro e procurando as evidências para isolar o método ou função que causou a falha e impactou os negócios da organização.

Em resumo, essa abordagem fornece as informações necessárias em tempo real para tomar decisões melhores e mais rápidas com base nos vastos dados monitorados dos diversos componentes envolvidos. As etapas anteriores podem ser utilizadas para atuar em falhas nos microsserviços, possibilitando definir e medir alguns indicadores que ajudem a ter controle e permitam melhorias.

AIOps

Muitas organizações de TI têm um forte desejo de substituir processos de monitoramento de operações de TI e gerenciamento de serviços com correlação de eventos manuais e intensivos pelo uso de sistemas automatizados e inteligentes.

A inteligência artificial para plataformas de operações de TI (*AIOps*) é uma prática promissora para acelerar a resolução de problemas através de reconhecimento de padrões, análise avançada e recursos de aprendizado de máquina que vão exigir novas habilidades das equipes *DevOps*.

As equipes passam a receber notificações proativas sobre as deficiências no serviço que precisarão de atenção específica. Plataformas *AIOps* podem fornecer os seguintes recursos para facilitar o suporte ao serviço:

- ✓ **Notificação inteligente:** as plataformas podem usar os dados de monitoramento avançados para prever o comportamento futuro, gerando alertas proativos sobre possíveis eventos que diminuem a reclamação de usuários.
- ✓ **Colaboração inteligente:** as plataformas podem melhorar os fluxos de comunicação e espaços de trabalho colaborativos das equipes através de:
  - Potencial para unificar as diferentes ferramentas de monitoramento, *logs*, rastreamento (*tracing*) para fornecer percepções e ações consolidadas.
  - Rastreamento em tempo real e monitoramento sintético da experiência do usuário.
  - Recomendações baseadas em contextos relevantes.
  - Sugestões que se ajustam dinamicamente.

Figura 28.4. Fonte de dados para plataformas *AIOps*.
Fonte: o autor.

O papel da AI/ML na monitoração das operações de TI

O volume, a velocidade e a variedade dos dados que estão sendo coletados fazem com que as soluções de monitoração de TI se tornem verdadeiros sistemas de *big data*, cujas características passam a ser incontroláveis de maneira manual pelos seres humanos. Ferramentas *AIOps* permitem a utilização de inteligência artificial (*Artificial Intelligence* – AI) e aprendizado de máquina (*Machine Learning* – ML) para análises sofisticadas da saúde dos microsserviços.

Os algoritmos de aprendizado podem entender o desempenho atual dos serviços e aplicativos para prever o que acontecerá no futuro. Tais técnicas possibilitam aplicar *machine learning* tanto aos dados históricos quanto em tempo real, para ajudar a detectar possíveis anomalias de desempenho e obter previsões do comportamento dos microsserviços.

O uso de inteligência artificial (IA) em ferramentas e sistemas *DevOps* fornece *insights* contínuos para aumentar a produtividade e agilidade das equipes.

As ferramentas de *AIOps* funcionam assim:

- ✓ Dados são ingeridos a partir de várias fontes.
- ✓ Múltiplas fontes de dados são combinadas, analisadas, normalizadas, enriquecidas e estruturadas.
- ✓ Esses dados são inseridos em um mecanismo de análise em tempo real, que pode, então, acionar outras ações.
- ✓ Enquanto isso, os dados agregados são analisados para identificar tendências.
- ✓ A plataforma *AIOps* permite a visualização dos dados correlacionados/analisados.
- ✓ Usuários podem pesquisar e visualizar dados.
- ✓ As informações obtidas são usadas para apoiar as ações e tomadas de decisão.

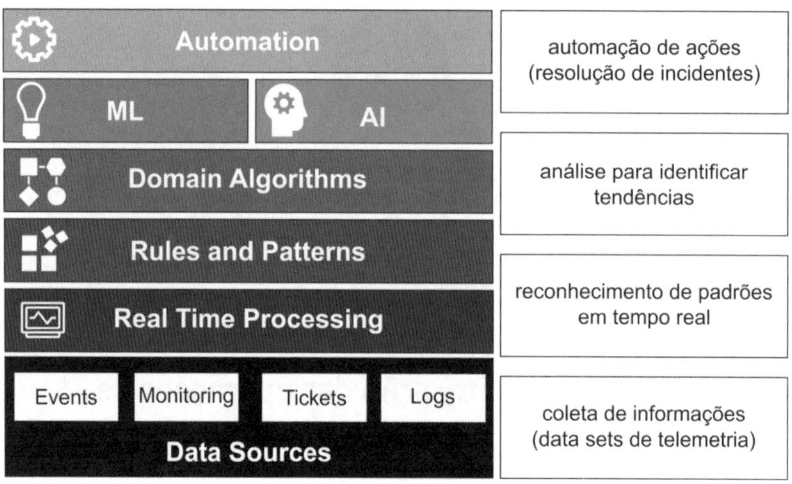

Figura 28.5. Inteligência artificial para observabilidade.
Fonte: adaptado de Paskin (2017).

A observabilidade, quando combinada com inteligência artificial e automação, promete fornecer as respostas necessárias para garantir que os aplicativos funcionem dentro dos níveis de serviços esperados e ofereçam a experiência e o valor esperado por seus usuários. Tais abordagens ganham mais impulso ainda à medida que as empresas aceleram sua transformação digital, com ambientes em nuvem difíceis de operar devido ao seu tamanho e complexidade.

Alerta com base em dados de monitoramento

Embora a observabilidade seja importante, não basta apenas "observar" dados. É importante usar as informações geradas a partir dos dados para fornecer melhores resultados de negócios. À medida que os ambientes de microsserviços se tornam altamente dinâmicos e crescem para milhares de *hosts*, o desafio das equipes passa por entender e obter respostas para incidentes de desempenho em tempo real. Essa pode ser uma tarefa assustadora e que supera rapidamente a capacidade dos operadores humanos.

Técnicas de *AIOps* estão expandindo a observabilidade tradicional com respostas automatizadas, baseadas em IA, auxiliando com respostas aos seguintes pontos, por exemplo:

- ✓ Ocultar automaticamente eventos duplicados para focar em eventos relevantes.
- ✓ Filtrar grandes quantidades de eventos e classificá-los.
- ✓ Adicionar contexto aos eventos para torná-los mais úteis na solução de problemas.
- ✓ Gerar uma topologia com correlação de eventos que permita entender a conexão real entre todas as métricas, rastreamentos (*tracing*), *logs* capturados e dados de experiência do usuário (UX).

A camada de mecanismo de *machine learning* utiliza várias técnicas analíticas aplicadas em dados históricos e dados em tempo real.

Os algoritmos analisam e processam grandes conjuntos de dados de fluxo em busca de respostas e explicações prováveis para o comportamento do sistema. As técnicas de processamento de fluxo são utilizadas com apoio de bancos de dados, aprendizado de máquina e séries temporais para fornecer *insights* proativos ou preditivos.

Exemplos de dados consumidos pelas plataformas *AIOps* podem incluir, dependendo da área de atuação da empresa:

- ✓ Monitoração de infraestrutura e texto de aplicação ou dados numéricos.
- ✓ Dados da ferramenta de desenvolvimento de aplicativos.
- ✓ Dados e eventos da ferramenta de várias fabricantes de hardware.
- ✓ Dados da ferramenta de gerenciamento de identidade e acesso (*Identity and Access Management* – IAM).
- ✓ Dados do negócio do aplicativo.

- ✓ Dados de mídia social.
- ✓ Dados do dispositivo da internet das coisas (*Internet of Things* – IoT).
- ✓ Outros conteúdos externos (ex.: portais de notícias).

Como as plataformas *AIOps* oferecem uma abordagem agnóstica da fonte de dados, elas são cada vez mais usadas em combinação com várias ferramentas. Na maioria das vezes, as organizações empregam várias soluções para obter observabilidade considerando diferentes casos de uso e combinam diversas plataformas de monitoramento em seu portfólio de ferramentas.

As plataformas *AIOps* suportam uma variedade de dados estruturados e não estruturados. Dependendo da estratégia definida, haverá um maior impacto no consumo da rede ou no uso de armazenamento. Os métodos mais comuns de coleta e integração de fontes incluem: transmissão de dados (por exemplo, eventos e métricas) e integrações de API de outras ferramentas que coletam e geram dados.

Melhores práticas para alertas

Quais sinais de monitoramento geram valor ao negócio?

As equipes de TI devem passar a se concentrar nos *insights* mais importantes e a melhorar continuamente suas estratégias de monitoramento e resposta a incidentes com foco na resolução de erros no menor tempo possível, visando minimizar os impactos para as áreas de negócio. À medida que as equipes avançam nessa maturidade, elas desejam monitorar seus dados, organizar esses dados para fornecer análises proativas e, eventualmente, prever problemas e impedir que eles se repitam.

Portanto, com o foco na estratégia de criar valor para o negócio, as equipes devem reduzir o tempo de decisão para que possam agir de maneira mais rápida e inteligente ao resolver problemas de TI, adotando uma nova abordagem que permita à TI se tornar criadora de valor para os negócios, fornecendo decisões oportunas e confiáveis baseadas em dados. Para isso, os seguintes aspectos são importantes e podem ser apoiados por técnicas de aprendizagem de máquina (*machine learning*):

- ✓ **Monitorar**: obter visibilidade centralizada de toda a infraestrutura e aplicativos relevantes para auxiliar na cultura de observabilidade para impedir – e eventualmente prever – problemas recorrentes.

- ✓ **Colaborar**: compartilhar os dados entre silos da organização para gerenciar a resolução de incidentes e criar planos de ação importantes com todas as partes interessadas.
- ✓ **Automatizar**: automatizar ações para economizar tempo e se concentrar em indicadores estratégicos de negócios – por exemplo, orquestrando a intervenção humana no monitoramento, na análise de causa-raiz e na sua correção.

Depurando falhas

Na realidade tecnológica do mundo atual, a complexidade de identificar qual componente foi o responsável por uma determinada falha aumentou de forma exponencial. Os monolitos foram substituídos por microsserviços que executam suas funcionalidades muitas vezes em ambientes híbridos – parte em infraestrutura da própria organização (*on-premises*) e parte em ambientes de nuvem, que podem, inclusive, englobar diversas nuvens (*multi-cloud*).

Dessa forma, as abordagens tradicionais de monitoramento podem não ser mais suficientes. As empresas precisam ter visibilidade completa e dinâmica de todos os componentes do ambiente de microsserviços, pois a elasticidade dos ambientes de nuvem faz com que novos componentes sejam criados ou destruídos a qualquer momento para atender à carga de uso conforme a demanda. Portanto, as necessidades incluem:

- ✓ Análise dirigida a operações de TI, identificando de forma rápida e automática padrões e detalhes que os humanos dificilmente encontrariam por conta própria.
- ✓ Infraestruturas e aplicações em várias nuvens.
- ✓ Produtos em diversas linguagens de desenvolvimento.
- ✓ Fluxo ágil de integração contínua/entrega contínua com testes automatizados (*pipeline CI/CD*).
- ✓ Soluções de orquestração de contêineres como o Kubernetes para hospedar seus microsserviços, inclusive utilizando alguma ferramenta de *service mesh* para gerenciar a comunicação entre os contêineres.
- ✓ Correlação de eventos, comportamentos ou padrões.

Embora as plataformas *AIOps* sejam projetadas para coletar e analisar dados de qualquer origem, o sucesso requer disciplina de dados, pois ao combinar muitas fontes de informações há um alto custo de ingestão. Implementações bem-sucedidas da plataforma *AIOps* adotam uma abordagem em fases. Projetos muito longos falham com mais frequência devido a um escopo excessivamente ambicioso e uma quantidade insuficiente de recursos.

Profissionais que estejam envolvidos em projetos para aplicar a análise à modernização e adotar plataformas *AIOps* devem pensar em um escopo inicial modesto, garantindo os recursos adequados que possam suportar uma ampla variedade de tipos de dados (por exemplo, métricas, *logs* e *tracing*). Essa versatilidade ajudará a ampliar os recursos analíticos para mais casos de uso de TI no futuro.

Por fim, para exemplificar um caso de uso e ilustrar o papel que *AIOps* poderia desempenhar, segue um possível cenário de atuação:

- ✓ O usuário chega ao trabalho e começa a desempenhar suas atividades no período da manhã.
- ✓ A plataforma *AIOps* observa o desempenho das aplicações utilizadas pelo usuário final, o tráfego de rede, as métricas de infraestrutura, as métricas de CPU e memória do dispositivo do usuário e um fluxo de comunicação entre os microsserviços.
- ✓ O usuário começa a sentir uma degradação no uso de várias aplicações de negócio.
- ✓ Esse usuário entra na página *intranet* e abre um incidente relacionado na ferramenta de *service desk*.
- ✓ A partir da análise de diversas fontes, a plataforma *AIOps* determina que, entre 9h e 11h, diversas estações de trabalho de usuários experimentam uma lentidão geral, que se correlaciona às atualizações de antivírus que estão sendo implantadas durante essa janela.
- ✓ Com base nessa percepção, a plataforma *AIOps* sugere automaticamente a expansão dessa janela de implantação de atualização de antivírus para ser substituída: em vez de ocorrer das 9h às 11h, para ocorrer das 7h às 13h, uma vez que muitas estações de trabalho são ligadas a partir das 7h.

Com base no que foi apresentado, verifica-se que as plataformas *AIOps* podem atuar em conjunto com outras ferramentas de automação e orquestração, sendo de fundamental importância para identificar padrões de comportamento com anomalias, iniciar fluxos de trabalho em determinadas condições e desenvolver tarefas e fluxos de trabalho automatizados.

Olhando para o futuro: *OpenTelemetry* para melhor cobertura

O projeto de código-fonte aberto *OpenTelemetry* é liderado pela CNCF (*Cloud Native Computing Foundation*) com o objetivo de tornar o software mais observável e estabelecer a telemetria como um recurso interno dos softwares nativos em nuvem. O *OpenTelemetry* se concentra em melhorar a coleta de dados de observabilidade, especificamente métricas e rastreamentos distribuídos.

Depois que o *OpenTelemetry* for mais adotado como padrão, ele servirá como uma fonte de dados adicional que se estenderá e ajudará as empresas por meio de automação, mapeamento de topologia dos seus microsserviços e, mais importante, análises baseadas em mecanismos de IA para fornecer *insights* e possíveis respostas.

Conclusão

Plataformas como o Kubernetes resolveram vários problemas que as ferramentas tradicionais tinham, mas aumentaram a complexidade geral do sistema. Este capítulo forneceu uma visão geral dos desafios do monitoramento para ajudar a escolher a melhor estratégia de observabilidade para microsserviços. Foram explorados os três pilares da observabilidade moderna – criação de *log*, coleta de métricas e rastreamento de solicitações (*tracing*), demonstrando casos de uso e exemplos de ferramentas de monitoramento.

O que é importante para tudo isso: é essencial reconsiderar sua estratégia e modelo de fornecimento ao enfrentar uma demanda crescente por inovação digital nos negócios. No futuro, as equipes podem acabar sendo responsáveis por gerenciar uma camada de agentes inteligentes para monitoramento e automação, em vez da própria infraestrutura.

29. Segurança

Ronaldo Fernandes

Em seu livro *Web Application Security* (2020), Andrew Hoffman descreve:

> *Arquiteturas web modernas são difíceis de proteger por causa da forma como são projetadas. Elas são muito mais abertas e distribuídas; na verdade, uma aplicação moderna é uma coleção de iterações entre diferentes APIs, serviços, endpoints, máquinas etc.*

Uma arquitetura de microsserviços encontra-se nessa definição e realmente é complexo pensar em todo um modelo de segurança que tende a ser distribuído. Apesar disso, em qualquer produto, sistema ou serviço, segurança é fundamental para a confiança dos clientes, e isso não é diferente para os microsserviços. Conceitos básicos como confidencialidade, integridade e disponibilidade podem e devem ser utilizados sempre que aplicável.

Neste capítulo são apresentados tópicos essenciais assim como estratégias adotadas para tratar questões inerentes à segurança em arquiteturas de microsserviços.

Autenticação

Aqui são apresentados conceitos de identidade e autenticação para aplicações e um exemplo aplicado em microsserviços. Também são abordados diferentes modelos de autenticação, destacando vantagens e desvantagens.

Para falar de autenticação, primeiro é necessário falar de identidade. Uma pessoa pode ser identificada por um ou mais elementos que sejam únicos, como, por exemplo, a carteira de identidade (RG), a digital ou a íris. O RG, por exemplo, tem o nome completo escrito, mas não é suficiente. No entanto, o nome junto com o número do documento, o órgão de expedição, foto e outros elementos fazem do RG uma identificação única. Nos sistemas e *sites* o modo de autenticação mais conhecido é um *login* ou e-mail. No Brasil o CPF também é bastante utilizado.

Quando vamos ao médico ou a um escritório em um prédio empresarial, normalmente precisamos nos identificar na recepção apresentando um documento como o RG e com isso nossa entrada é registrada. Agora, como funcionário de uma empresa, quando chegamos no prédio para trabalhar, é normal passar o crachá em um dispositivo ou informar uma senha ou pressionar o dedo em um leitor digital. Essas são formas de autenticação, pois os dados informados são únicos e somente de conhecimento ou poder de cada funcionário. Ao utilizar a internet a analogia é a mesma: para ingressar em *sites* que solicitam uma autenticação, o modo mais difundido é através de um usuário e senha.

Aplicações *web* permitem diversos mecanismos de autenticação, como **Basic**, **Bearer Client-cert** e **Digest**. Os dois últimos envolvem chaves privadas e criptografia e não são normalmente conhecidos pelos clientes finais. O **Basic** é quando o cliente, por exemplo, recebe uma caixa de autenticação no navegador para informar usuário e senha. O **Basic** possivelmente é o método mais utilizado pelas aplicações *web*. Nesse modelo, o usuário informa as credenciais em um formulário de uma página *web*. A senha não é criptografada (apenas encodado em *Base64*), logo é imprescindível que o *site* esteja exposto em HTTPS. Esse tema é abordado mais à frente.

Em aplicações Java é bem comum encontrar serviços expostos com autenticação **Basic**. O exemplo a seguir é baseado nesse modelo. As regras de segurança podem ser configuradas em uma classe Java baseada em *Spring Security*.

```
@Override
protected void configure(HttpSecurity http) throws Exception {
   http.httpBasic()
           .and()
           .authorizeRequests().anyRequest().authenticated();
}
@Autowired
public void configureGlobal(AuthenticationManagerBuilder authentication)
throws Exception {
   authentication.inMemoryAuthentication()
           .withUser("admin")
           .password(passwordEncoder().encode("senha"))
           .authorities("GERENTE")
           .and()
           .withUser(" enerat")
           .password(passwordEncoder().encode("senha"))
           .authorities("CLIENTE");
}
```

Classe de configuração customizada do *Spring Security*.

A classe representada no trecho de código anterior configura um método (**protected void configure**) de autenticação do tipo **Basic**. No método **configureGlobal** são criados dois usuários em memória com credenciais de usuário e senha e seus respectivos papéis que serão utilizados na aplicação.

A classe **Livro** a seguir contém apenas informações básicas para formar o exemplo: **id**, **nome** e **autor**.

```
Public class Livro {
   private int id;
   private String nome;
   private String autor;

... demais códigos suprimidos
}
```

Classe básica Livro.java

Quando o exemplo é iniciado, são criadas duas instâncias do objeto livro que serão usadas na API de biblioteca.

```
@Override
public void run(String... args) throws Exception {
    Livro l1 = new Livro();
    l1.setId(1);
    l1.setNome("Livro 1");
    l1.setAutor("Autor 1");

    Livro l2 = new Livro();
    l2.setId(2);
    l2.setNome("Livro 2");
    l2.setAutor("Autor 2");

    service.adiciona(l1);
    service.adiciona(l2);
}
```

Trecho que código da classe que inicia a aplicação Spring Boot.

O recurso **/livros**, demonstrado a seguir, é disponibilizado através da classe **LivrosController**. O método **lista()** é acessível por *GET* e quando invocado solicitará a autenticação do usuário.

```
@RestController
@RequestMapping("/livros")
public class LivrosController {

@GetMapping(produces = MediaType.APPLICATION_JSON_VALUE)
    @RolesAllowed({"CLIENTE", "GERENTE"})
    public ResponseEntity<List<Livro>> lista() {
        return ResponseEntity.ok(service.lista());
    }
}
```

Recurso LivrosController.java.

Para simular o cenário é necessário realizar o *login* com um dos usuários configurados anteriormente na classe **CustomWebSecurityConfigurerAdapter**.

A compilação e inicialização do serviço, utilizando o Maven, são indicadas como:

```
mvn clean package spring-boot:run
```

Para testes em um terminal deve-se executar o Maven e, logo em seguida, chamar o serviço por meio do comando **curl**:

```
curl -u usuario:senha http://localhost:8080/ enera
```

A resposta será um JSON com os dois livros cadastrados anteriormente.

```
[{"id":1,"nome":"Livro 1","autor":"Autor 1"},{"id":2,"nome":"Livro 2","autor":"Autor 2"}]
```

Caso a mesma chamada seja realizada sem usuário e senha ou com um usuário ou senha inválidos, o retorno será o código HTTP 401 (não autorizado). Para consultar os detalhes da requisição recomenda-se o uso do parâmetro **-v** (*verbose*) no comando **curl**:

```
curl -v http://localhost:8080/livros
```

Uma das respostas da chamada anterior será:

```
> HTTP/1.1 401
> {"timestamp":"2021-05-30T20:57:05.864+00:00","status":401,
"error":"Unauthorized","path":"/livros"}
```

Até aqui foi apresentado um teste isolado. Mas, normalmente, após uma autenticação bem-sucedida em uma aplicação *web*, o sistema cria uma sessão do usuário e grava um *cookie* do lado do cliente (*browser*). Dessa forma, a autenticação só será solicitada novamente quando a sessão expirar.

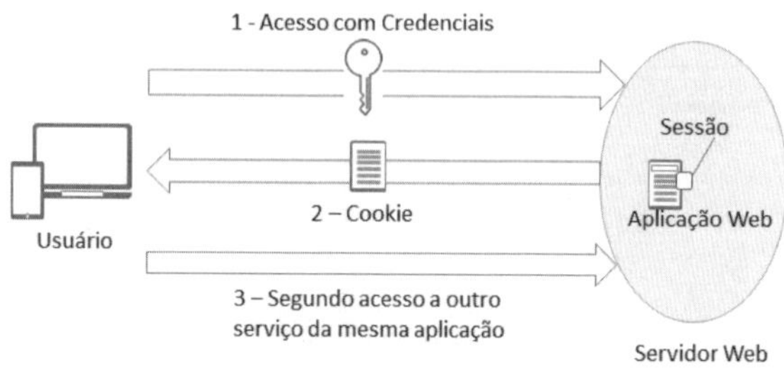

Figura 29.1. Autenticação *web* com criação de *cookie* no cliente. Fonte: adaptado de Hoffman (2020).

Nos sistemas monolíticos existem códigos que respondem pela segurança através de um módulo interno do produto, utilizando normalmente um diretório de usuários (*Lightweight Directory Access Protocol* – LDAP) e um produto de gerência de identidade e acessos (*Identity and Access Management* – IAM). Nesse cenário, os serviços fazem parte do mesmo sistema, logo a sessão do usuário está disponível para todos. Assim, um usuário autenticado, se autorizado, pode acessar qualquer serviço.

Com os microsserviços, o modelo de autenticação utilizado pelos sistemas monolíticos torna-se um problema. Como cada microsserviço é independente, por consequência cada um é responsável pela segurança de acesso. Logo, seguindo o mesmo modelo do monolito, cada microsserviço tem que autenticar e manter a sessão dos usuários. Nesse cenário, cada microsserviço pode ter um mecanismo de segurança diferente e possivelmente existirão implementações de segurança repetidas ou similares em grande parte dos serviços.

Figura 29.2. Autenticação em microsserviços com criação de *cookie* no cliente. Fonte: adaptado de Hoffman (2020).

Uma evolução desse modelo é a utilização de um provedor ou gerenciador de identidade, conhecidos em inglês pelos termos IDP (*Identity Provider*) e IAM (*Identity and Access Management*). Normalmente em arquiteturas *web* já existe uma solução responsável por segurança de acessos e identidades. É natural que os sistemas deleguem a responsabilidade de autenticação para esse componente. Nesse cenário, cada microsserviço, ao receber as credenciais do cliente, solicita que o IAM as verifique e, em caso positivo, a sessão do usuário é criada e mantida para permitir o acesso.

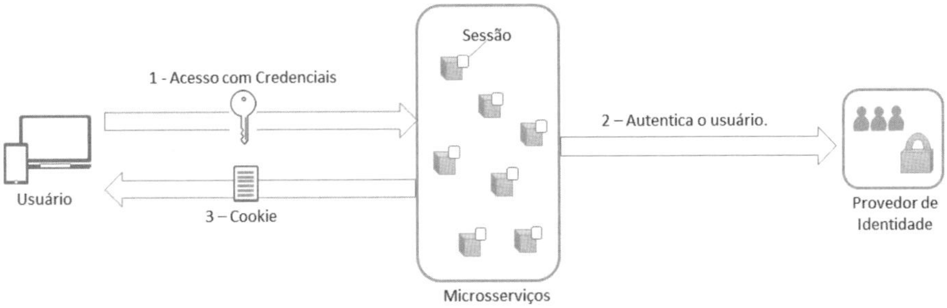

Figura 29.3. Autenticação em microsserviços com utilização de provedor de identidade. Fonte: adaptado de Hoffman (2020).

Perceba que nesse cenário todos os serviços dependem de uma entidade externa, o IAM, para autenticar os usuários.

Até aqui foram abordados cenários com foco em autenticação do cliente. A solução às vezes é passar o *login* do usuário por parâmetro, o que claramente é uma alternativa fraca, uma vez que expõe as credenciais.

A utilização de tecnologias de autenticação e propagação de identidade, como SAML ou *Oauth*, resolvem o problema de rastreamento do usuário, pois um *token* pode ser repassado para outro serviço ou inserido dentro de um novo *token*, mantendo os dados do usuário inicial. Soluções como essas podem ser bem complexas, mas veremos no tópico JWT como isso pode ser resolvido de forma mais simples no contexto de microsserviços.

Autorização

A identificação do usuário é essencial, mas não é suficiente para acessar um serviço. Nesta seção, também por meio de exemplos, será abordado o acesso a serviços somente aos usuários devidamente autenticados e autorizados.

As informações de negócio podem ser sensíveis e a sua manipulação deve estar restrita a determinadas condições, como, por exemplo, a função que o colaborador exerce na empresa. Um serviço, que manipula dados sensíveis, deve espelhar os acessos de acordo com o perfil de quem o está utilizando.

A autorização em um serviço verificará se um usuário, ao tentar acessá-lo, possui as devidas permissões. O mapeamento dessas funções depende da linguagem e da plataforma que estão sendo utilizadas, mas normalmente está vinculado às informações do usuário que estão no LDAP, como, por exemplo, a área da empresa ou o nível de gerência no qual ele atua. Às vezes, simplesmente são criados grupos específicos para o serviço em questão para representar cada um dos papéis daquela determinada área.

Seguindo o exemplo da seção anterior, a classe **LivrosController** possui alguns métodos para consultar e cadastrar livros. A função (*role*) "CLIENTE" só pode executar os métodos de consulta e a função (*role*) "GERENTE" pode executar os métodos de criação e atualização.

Nesse teste o usuário "usuario", que tem o papel (*role*) "CLIENTE", pode fazer a consulta para obter a lista de livros.

```
curl -u usuario:senha http://localhost:8080/livros
```

Resultado:

```
[{"autor":"Autor 1","id":1,"nome":"Livro 1"},{"autor":"Autor 2","id":2,"nome":"Livro 2"}]
```

O mesmo usuário falha ao tentar cadastrar o livro de id 3, pois não tem o papel de "GERENTE".

```
Curl -i -u  enerat:senha -H "Content-Type: application/json" -X POST
-d "{\"id\": 3, \"nome\": \"Livro 3\", \"autor\": \"Autor 3\"}" http://
localhost:8080/livros
```

Resultado:

```
{"timestamp":"2021-06-12T21:00:57.026+00:00","status":403,"error":"Forbidden",
"path":"/livros"}
```

Ao executar o mesmo comando com o usuário "admin", que tem o papel "GERENTE", obtém-se sucesso:

```
curl -i -u admin:senha -H "Content-Type: application/json" -X POST
-d "{\"id\": 3, \"nome\": \"Livro 3\", \"autor\": \"Autor 3\"}" http://
localhost:8080/livros
```

Resultado:

```
HTTP/1.1 201
Date: Sun, 10 May 2021 16:57:13 GMT
{"id":3,"nome":"Livro 3","autor":"Autor 3"}
```

Em um cenário comum, um serviço, ao receber uma requisição de um usuário, verifica com o IAM se o cliente tem os requisitos, através de atributos ou grupos, para acessar a operação desejada. Os problemas desse cenário são a dependência com o IAM, pois sempre serão verificadas as permissões dos usuários em cada chamada (latência de rede).

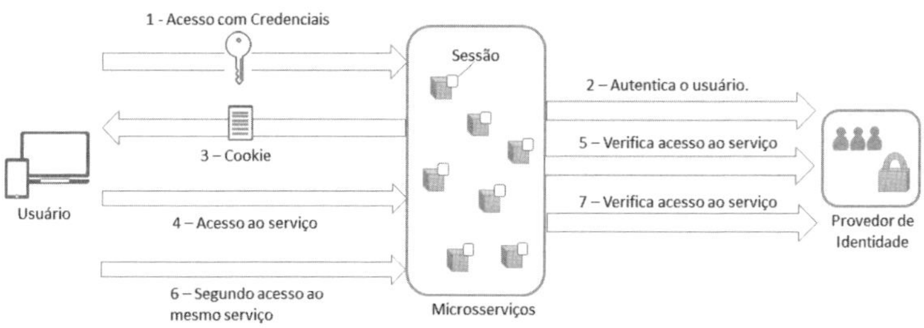

Figura 29.4. Autorização em microsserviços com provedor de identidade. Fonte: adaptado de Hoffman (2020).

Uma alternativa para evitar os problemas do cenário anterior seria, após a autenticação, cada serviço guardar a sessão do usuário junto com seus atributos. Dessa forma, cada verificação de acesso seria feita dentro do âmbito de cada serviço, não sendo mais necessária a comunicação com o provedor de identidade (passos 5 e 7 da figura anterior), o que melhora o desempenho.

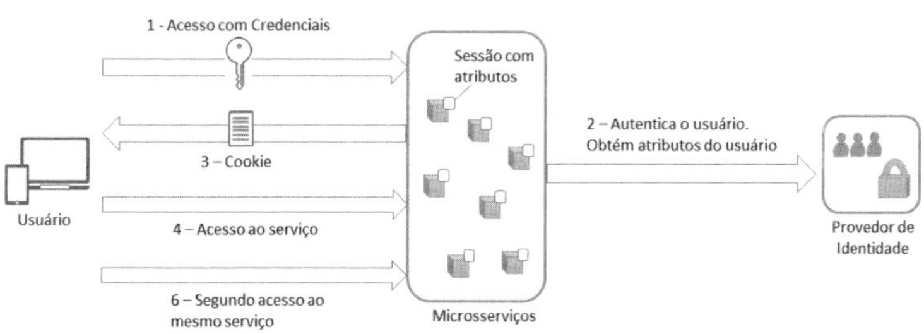

Figura 29.5. Autorização em microsserviços com provedor de identidade e mantendo os atributos do usuário na sessão. Fonte: adaptado de Hoffman (2020).

Entretanto, a desvantagem desse cenário é que cada serviço tem sua própria lógica de autorização, o que prejudica a manutenção, além de gerar código repetido entre os serviços.

Para resolver esses problemas, uma alternativa interessante a essas abordagens é o uso de JWT com *Oauth*, tema abordado mais à frente e que vem sendo adotado de forma crescente pelas empresas.

SSL/TLS

O protocolo SSL (*Secure Sockets Layer*) e o seu sucessor TLS (*Transport Layer Security*) são utilizados para criptografar o canal de transporte durante a troca de mensagens entre um *site* (servidor) e o navegador. Quando acessamos um *site* por HTTPS, as informações estão sendo trafegadas por esses protocolos.

Assim, o HTTPS é uma extensão segura para o protocolo HTTP. Quando configurado no servidor um certificado SSL/TLS, pode-se utilizar o protocolo HTTPS para estabelecer uma conexão segura entre o cliente e o servidor.

No SSL, o serviço tem uma chave privada que somente o provedor acessa. Com ela, o servidor pode retornar um conteúdo criptografado. Como toda chave privada tem uma chave pública correspondente, o cliente pode, através dela, validar se a informação oferecida por um *site* ou serviço tem integridade.

JWT

Ronaldo Fernandes
Abraão Santos
Sandro Giacomozzi

O modelo tradicional de autenticação e autorização de aplicações *web* não atendeu completamente à arquitetura de microsserviços. Esta seção descreve como **JWT** pode atender aos novos requisitos de segurança.

Segundo o site jwt.io, um ***JSON Web Token*** ou JWT é um padrão aberto (RFC 7519[48]) que define um modo compacto e autocontido para transmitir de forma segura informação entre partes através de um objeto JSON.

---

[48] Jones et al. (2015).

A utilização de *JSON Web Token* é uma forma simples de implementar um mecanismo mais eficiente de autenticação e autorização. O JWT tem o seguinte formato:

```
header.payload.signature.
```

O ***header*** é composto do tipo de *token* e do algoritmo de *hashing* utilizado. Exemplo:

```
{
  "alg": "HS256",
  "typ": "JWT"
}
```

O ***payload*** contém *claims*, ou, melhor explicando, atributos ou metadados. Exemplo:

```
{
  "sub": "1",
  "exp": 123456897897,
  "iss": "https://www.jornadas.io",
  "name": "Jornada Colaborativa",
  "admin": true
}
```

A última parte é a assinatura (***signature***), que torna possível verificar se o *token* é válido e se o seu conteúdo não foi modificado.

O algoritmo de encriptação do JWT segue o seguinte padrão:

header, convertido em ***base64***, concatenado com um ponto simples (.), mais o ***payload***, também convertido em ***base64***, mais a chave de decriptação ***secret***. O algoritmo tem a seguinte forma:

```
HMACSHA256(
  base64UrlEncode(header) + "." +
  base64UrlEncode(payload),
  secret
)
```

Um *token* JWT deve ser criado após a autenticação ser concluída com sucesso. Nesse ponto o serviço já tem todas as informações do usuário e pode incluir no *token* as informações necessárias para as próximas requisições do mesmo cliente. Se, por exemplo, o *payload* do *token* contiver a função do usuário na empresa, em uma segunda chamada é possível verificar esse atributo em vez de consultar um LDAP ou a base de dados de usuários. Dessa forma, existe menos uso de rede e a resposta final será mais rápida.

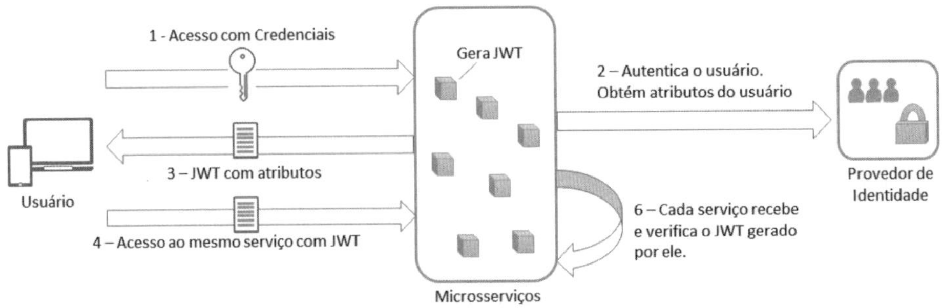

Figura 29.6. Autenticação e autorização em microsserviços com JWT.
Fonte: adaptado de Hoffman (2020).

Token

Como visto anteriormente, baseado na assinatura, a estrutura do *token* JWT é composta por três partes: *header, payload* e *signature*. Veja a seguir um exemplo de um *token* codificado em *base64* com todas essas informações:

```
eyJ0eXAiOiJKV1QiLCJhbGciOiJIUzI1NiJ9.eyJzdWIiOiIxIiwiaXNzIjoiaHR0cHM6Ly93d3c
uam9ybmFkYXMuaW8iLCJuYW1lIjoiSm9ybmFkYSBDb2xhYm9yYXRpdmEiLCJhZG1pbiI6dHJ1Zs
wiZXhwIjoxNTgxNjE4OTMwfQ.ARkwZXIn4NMZcRU3u-wiNv7 _ wjzDE54rwcMX4wglIPA
```

Para usar o *token* nas nossas requisições, devemos informar no *header* ***Authorization*** a *flag* ***Bearer***, conforme o exemplo a seguir:

```
Authorization: Bearer eyJ0eXAiOiJKV1QiLCJhbGciOiJIUzI1NiJ9.eyJzdWI
iOiIxIiwiaXNzIjoiaHR0cHM6Ly93d3cuam9ybmFkYXMuaW8iLCJuYW1lIjoiSm9yb
mFkYSBDb2xhYm9yYXRpdmEiLCJhZG1pbiI6dHJ1ZswiZXhwIjoxNTgxNjE4OTMwfQ.
ARkwZXIn4NMZcRU3u-wiNv7 _ wjzDE54rwcMX4wglIPA
```

Para trabalhar com JWT, uma nova versão do exemplo da livraria foi criada utilizando o *framework* Spring Boot (https://start.spring.io/) com as dependências do *spring security* e "java-jwt" do projeto "com.auth0".

O projeto completo pode ser acessado em <https://github.com/jornada-microsservicos/livro/tree/main/parte-05/14-seguranca-jwt>.

O teste do JWT envolve dois passos, onde o primeiro é solicitar o *token* através da chamada a seguir passando um usuário e senha. O resultado é um texto em *base64*. Perceba que há três partes separadas por ponto.

```
Curl -I -H "Content-Type: application/json" \
-d '{
     "login": "usuario",
     "senha": "senha"
}' \
http://localhost:8080/login
```

Resultado:


```
{"token":"eyJ0eXAiOiJKV1QiLCJhbGciOiJIUzI1NiJ9.eyJzdWIiOiIxIiwiaXNzIjoiaHR0cH
M6Ly93d3cuam9ybmFkYXMuaW8iLCJuYW1lIjoiSm9ybmFkYSBDb2xhYm9yYXRpdmEiLCJhZG1p
biI6dHJ1ZswiZXhwIjoxNjI0NzQ3Mzg3LCJsb2dpbiI6Impvcm5hZGEuY29sYWJvcmF0aXZhIn0.
Z4Vxa4ARKIAGzALaLfV9QrfbOZVv65E5AX9rnhp2yGY"}
```


O segundo passo é chamar os serviços da livraria passando o *token* obtido no passo anterior:

```
curl -H "Authorization: Bearer eyJ0eXAiOiJKV1QiLCJhbGciOiJIUzI1NiJ9.eyJzdWI
iOiIxIiwiaXNzIjoiaHR0cHM6Ly93d3cuam9ybmFkYXMuaW8iLCJuYW1lIjoiSm9ybmFkYSBDb2
xhYm9yYXRpdmEiLCJhZG1pbiI6dHJ1ZswiZXhwIjoxNjI0NzQ3Mzg3LCJsb2dpbiI6Impvcm5hZ
GEuY29sYWJvcmF0aXZhIn0.Z4Vxa4ARKIAGzALaLfV9QrfbOZVv65E5AX9rnhp2yGY" http://
localhost:8080/livros
```

Resultado:


```
[{"autor":"Autor 1","id":1,"nome":"Livro 1"},{"autor":"Autor 2","id":2,"nome":"Livro 2"}]
```


Essa solução apresentada melhora o desempenho do microsserviço, pois evita o uso de rede em cada chamada para verificar as permissões do usuário. No entanto, quando essa implementação é utilizada em todos os serviços, temos código e lógica repetidos. Uma alternativa para resolver isso é o uso de um *gateway*.

Com o *gateway* funcionando como ponto de entrada para todos os microsserviços, podemos concentrar nele os processos de autenticação e criação de *tokens*. Dessa forma, quando a chamada chega ao serviço, na primeira requisição a autenticação já foi verificada e nas subsequentes o *token* foi recebido.

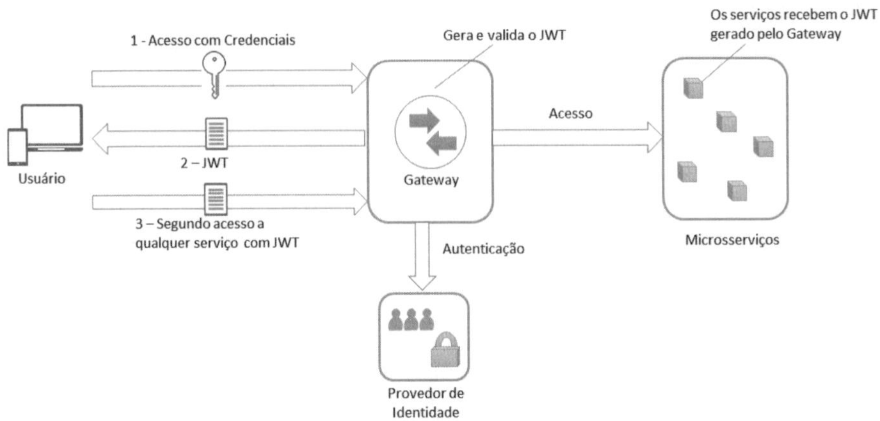

Figura 29.7. Autenticação e autorização em microsserviços com JWT através de um *gateway*. Fonte: adaptado de Hoffman (2020).

O ponto de atenção na solução que envolve JWT é que ele envia dados do cliente para ele mesmo. Ainda assim, são informações que estão sendo trafegadas pela rede e passíveis de ser interceptadas e modificadas.

O JWT deve ser trafegado por HTTPS sempre usando tecnologias de criptografia mais recentes, assim a mensagem não fica visível durante o transporte (confidencialidade). A mensagem está assinada pela chave (*secret key*) do lado do servidor. Sem essa chave não há como o cliente ou qualquer outra pessoa modificar o conteúdo do *token* sem que a mensagem deixe de ser válida (integridade).

As chances de um *token* ser roubado são as mesmas de uma sessão de usuário. A essência da comunicação é a mesma, então os riscos são os mesmos. Normalmente, um processo mais seguro na autenticação é a utilização de senhas complexas e de *two-factor authentication* (2FA), onde a autenticação ocorre em duas etapas, como, por exemplo, quando o usuário informa a senha e a seguir um código recebido por SMS. Logo, um *token* potencialmente é menos seguro que um processo de 2FA.

Se em algum momento for identificado que um *token* foi roubado e utilizado por alguém, algumas ações preventivas podem ser tomadas, como, por exemplo:

- ✓ O cliente deve mudar a senha.
- ✓ O aparelho do cliente deve ser inspecionado.
- ✓ Implementar mecanismos de prevenção, como o uso de *machine learning* para detectar se o *token* está sendo utilizado de outra região geográfica.

A utilização de JWT é muito conveniente para trafegar informações de usuários entre os diversos serviços. Cabe à empresa ou ao projeto analisar os requisitos de segurança e tomar as melhores decisões para mitigar os riscos inerentes do uso dessa tecnologia.

Frameworks de segurança

Ronaldo Fernandes

Quando uma empresa ou um time de desenvolvedores adota uma arquitetura de microsserviços, ou qualquer outra tendência de mercado, é sempre recomendável verificar se as funcionalidades mais atuais oferecidas, como *micro profile* ou *mesh*, atendem aos requerimentos desejados. A segurança é um requisito essencial. Os problemas resultantes de escolhas inadequadas de uma solução podem gerar a incapacidade de implementar algum requisito como *single sign-on* adequado ou mesmo abrir a empresa para ataques por vulnerabilidades.

Não existe a melhor solução de segurança, assim como não existe a melhor solução de microsserviços. Um *framework* deve ser escolhido pela capacidade de atender aos requerimentos necessários considerando fatores como estratégia da empresa, segurança da informação e custos.

É comum que cada *framework* tenha seu mecanismo de segurança com especificações bem definidas. Em todos encontraremos funcionalidades comuns e familiares, como autenticação, autorização, JWT e *single sign-on*.

Boas práticas

Além da implementação de segurança por cada *framework*, existem boas práticas que sempre devem ser consideradas em um âmbito do desenvolvimento e da segurança da informação:

✓ **Autenticação:** não crie novos mecanismos de autenticação. Procure utilizar tecnologias como JWT e *Oauth*, que são amplamente validados, testados e disponíveis.

✓ **Criptografia:** não escreva os algoritmos de criptografia. Pessoas e empresas investiram muito tempo em desenvolvimento e testes para que você não o faça. Além disso, o mais provável é que os parceiros só aceitem comunicações baseadas em implementações de criptografia de mercado.

- ✓ **Testes estáticos e dinâmicos:** utilize ferramentas de mercado para testar a qualidade da segurança dos microsserviços em tempo de desenvolvimento e execução. É importante que os testes estejam alinhados com as diretrizes da segurança da informação da empresa. Um exemplo de ferramenta é o SonarQube, que pode verificar vulnerabilidades do tipo OWASP Top 10.
- ✓ ***Defense in depth*:** a arquitetura em camadas permite que os microsserviços não fiquem diretamente expostos a ataques. Com *defense in depth*, podem ser criados mecanismos de segurança redundantes em cada camada, dificultando ataques.
- ✓ **Monitoração:** assim como qualquer sistema de informação, uma monitoração constante é essencial para detectar rapidamente qualquer problema de segurança e tomar ações de solução ou prevenção, seja no código ou na infraestrutura.
- ✓ ***Gateway*:** a utilização de uma *API Gateway*, além de trazer os benefícios de autenticação e *single sign-on*, também serve como um único ponto de entrada para os microsserviços.

Conclusão

Como foi discutido até aqui, segurança sempre é um fator crítico para uma empresa e para o ciclo de vida das aplicações.

Muitas implementações já conhecidas de autenticação e autorização podem ser aplicadas da mesma forma em microsserviços. Vimos que um dos grandes pontos dessa nova arquitetura é como trabalhar com JWT para alcançar benefícios como *single sign-on* e propagação do contexto do usuário, assim como entender os riscos associados.

Segurança vai muito além dos tópicos vistos neste capítulo e abrange diversas áreas como arquitetura, desenvolvimento, operações e infraestrutura. Independentemente do modelo adotado, é muito importante adotar essa cultura em todas as equipes de projetos.

30. Testes

Sandro Giacomozzi
Karina Moraes
Vitor Miranda
Jonas Santos

O teste é uma prática no desenvolvimento de software que visa garantir que este se comporte de acordo com o esperado. São vários os tipos existentes, sendo que neste capítulo são abordados os mais importantes e mais utilizados na arquitetura de microsserviços.

O **teste de unidade** (*unit test*) é o mais rápido de ser executado e testa a menor parte do software, como uma função, método ou parte dele. Num cenário mais amplo, é mostrado o uso de ***testcontainers*** – uma biblioteca que fornece *containers* Docker com instâncias leves e descartáveis de componentes necessários para executar testes de integração de forma simples e rápida. Além disso, serão apresentados os **testes de integração e testes de contrato**, que visam garantir a qualidade da aplicação como um conjunto, quando esta interage com outros componentes ou outras aplicações.

Testes de unidade[49]

O termo *unit tests* costuma ser traduzido para o português como "testes unitários", mas, para quem não é da área de tecnologia, isso dá a ideia de um teste único, não representando corretamente os inúmeros testes que são efetuados em um sistema. Assim, nas traduções mais apuradas usa-se o termo "testes de unidade", significando que não um, mas vários testes são executados, sendo estes quebrados em pequenas unidades.

Testes de unidade são os que validam a menor parte testável de um código, sendo que, em muitas linguagens, será o teste de um método enquanto em linguagens funcionais será o teste de uma função.

---

49 Baseado em Medeiros; Giacomozzi (2021).

É o tipo de teste mais simples, de menor custo, e com o *feedback* mais rápido em relação aos vários outros tipos existentes (testes funcionais, testes integrados etc.). Ele visa garantir que uma parte pequena e isolada do código funcionará da maneira esperada quando sujeita a condições específicas, conhecidas e determinadas pelo desenvolvedor. Utilizando adequadamente os testes de unidade, evitamos que, quando uma unidade de código for alterada, ela deixe de apresentar os resultados e comportamentos anteriormente previstos, ou seja, evita que, ao ajustar uma parte do código, crie-se um novo problema.

Vamos supor um programa que avalia o índice de massa corporal de uma pessoa (IMC). Nesse programa o usuário fornecerá seu peso e sua altura e o sistema informará sua situação corporal (abaixo do peso, peso ideal, sobrepeso etc.).

```
...
public SituacaoPeso avaliarPeso(final double peso, final double altura) {

        final double imc = calcularImc(peso, altura);
        if (imc < 18.5) {
            return SituacaoPeso.ABAIXO;
        } else if (imc >= 18.5 && imc <= 24.9) {
            return SituacaoPeso.IDEAL;
        } else if (imc >= 25.0 && imc <= 30.0) {
            return SituacaoPeso.SOBREPESO;
        } else if (imc >= 30.1 && imc <= 39.9) {
            return SituacaoPeso.OBESO;
        } else if (imc >= 40) {
            return SituacaoPeso.OBESO _ MORBIDO;
        }
        throw new IllegalArgumentException("IMC Inválido");
    }
...
```

Uma forma de testar essa funcionalidade seria imputando entradas conhecidas, validando o resultado e imprimindo na tela se o teste passou ou falhou.

Ao analisar o código, se passarmos o peso de 70.0 kg e altura de 1.68, deve retornar o *enum* **SituacaoPeso.IDEAL**. Essa é apenas uma das situações possíveis. Então vamos escrever um teste para ela:

```
public static void main(String[] args) {
        double peso = 70.0, altura = 1.68;
        SituacaoPeso situacaoPeso =  new CalculadoraImcService().
avaliarPeso(peso, altura);
        if (situacaoPeso == SituacaoPeso.IDEAL) {
            System.out.println("Teste passou!");
        }else {
            System.out.println("Teste falhou!");
        }
    }
```

Se a mensagem exibida no console for: "Teste passou", muito bem, significa que o código deste método está correto; caso contrário, significa que há algum problema com ele.

Esta é uma forma de testar o código, porém não é a forma adequada, pois o teste está junto com o código e precisa ser executado manualmente. Para organizar isso, temos o JUnit, que fornece toda a infraestrutura para a correta implementação dos testes.

JUnit

Para podermos escrever nossos testes de unidade, temos algumas bibliotecas que nos ajudam, como, por exemplo, o JUnit, amplamente usado em aplicações Java e já integrado com a maioria das IDEs. Adicione a dependência Maven ou Gradle no seu projeto.

Maven:

```
<dependency>
    <groupId>org.junit.jupiter</groupId>
    <artifactId>junit-jupiter-api</artifactId>
    <version>5.6.0</version>
    <scope>test</scope>
</dependency>
```

Gradle:

```
testCompile group: 'org.junit.jupiter', name: 'junit-jupiter-api', version: '5.6.0'
```

Agora veremos um exemplo de como ficaria uma parte da nossa classe de teste para testar o método **avaliarPeso()**:

```
@Test
void deveRetornarPesoIdeal() {
   // Arranjo
   double peso = 70.0;
   double altura = 1.68;
   //  Ação
   SituacaoPeso situacaoPeso = service.avaliarPeso(peso, altura);

   // Asserção
   assertEquals(SituacaoPeso.IDEAL, situacaoPeso);
}
```

Nesse ponto, duas coisas importantes a serem notadas: o nome que damos ao nosso teste e sua estrutura básica.

Um bom nome deve ser autoexplicativo, por isso a importância da clareza no nome do método de teste. Existem muitos bons exemplos, e você pode usar outros modelos. O importante, além de possibilitar o entendimento somente com a leitura do nome do teste, sem comentários adicionais sempre que possível, é ser consistente e utilizar o mesmo padrão de nomenclatura em um conjunto de testes que estejam agrupados.

Perceba também a estrutura básica do teste: arranjo-ação-asserção. Um teste de unidade bem escrito é reconhecido não somente pelo seu nome, mas por deixar clara essa divisão essencial em seu corpo. No arranjo são definidas todas as necessidades para a realização do teste: inicialização de variáveis, criação de objetos e expectativas de exceção. Todos os requisitos são estabelecidos na parte **arranjo**. Na **ação**, todo o bloco de código a ser testado é inserido, colhendo-se os valores de retorno. Na **asserção**, os resultados são checados a fim de saber se o código operou conforme o esperado.

Se nossa calculadora de IMC estivesse sendo desenvolvida com metodologia TDD, tudo o que precisaríamos agora seria criá-lo (o método) com um corpo vazio, apenas retornando **nulo**, com a intenção deliberada de NÃO PASSAR NO TESTE!

Posteriormente, o método seria modificado para que passasse no primeiro teste de unidade. À medida que outros testes vão sendo escritos, o desenvolvedor cria novos trechos de código para suprir a demanda exigida por cada teste acrescentado. Se alguma alteração fizer com que um teste que estava passando quebre, essa falha virá à tona na hora, evitando que uma atualização estrague um recurso já operacional.

Veja que cobrimos apenas uma das situações de peso. Potencialmente, ainda teríamos de escrever vários outros testes como estes a seguir, além de testar situações limites – que são valores que estão no limite de cada faixa de peso:

```
void deveRetornarPesoAbaixo()
void deveRetornarPesoIdeal()
void deveRetornarSobrepeso()
```

Isso não seria uma tarefa tão difícil, considerando que apenas pequenas modificações em relação ao primeiro exemplo já atenderiam às demais situações. O recomendado é que o teste verifique apenas uma situação, como o próprio nome do método sugere – para outras situações no mesmo método, devem ser criados novos testes. Então, para um método de negócio, poderemos ter um ou mais métodos de teste.

Já sabemos como é o formato de um teste de unidade. Agora precisamos saber como utilizá-lo em um projeto maior e como agrupá-lo para que possa rodar automaticamente. Em Java, assim como em outras linguagens de programação, isso é feito por meio de *frameworks*, que são estruturas "pré-fabricadas" que nos ajudam a resolver problemas comuns.

Em outras palavras, são bibliotecas e recursos incorporados ao código nativo da linguagem visando simplificar o desenvolvimento de estruturas comuns a qualquer software. Esse tipo de biblioteca recebe atualizações constantes, de maneira que, com o tempo, alguns detalhes são modificados. Atualmente, as IDEs já disponibilizam o JUnit5 por padrão. Outro exemplo é a Spock Framework, baseada em JUnit, mas que incorpora elementos variados, como jMock, Rspec, Groovy, Scala, Vulcans, entre outros.

A visão geral de um grupo de testes em JUnit5 fica assim:

```
public class TesteExemplo {

   @BeforeAll
   static void executarAntesDeTodosOsTestes() {
       //@BeforeAll: define um método que é executado antes de todo o
conjunto de testes da classe.
   }

   @BeforeEach
   void executarAntesDeCadaTeste() {
       //@BeforeEach: define um método que é executado antes de cada um
dos testes.
   }
```

```
    @Test
    public void test1() {
    }

    @Test
    @DisplayName("TESTE 2")
    @Tag("minha-tag")
    public void test2() {
        //@DisplayName(String): usada para dar um nome (String) para o teste,
        // que aparecerá em relatórios, logs... Podem ser usados inclusive
emojis e caracteres especiais.
        //@Tag: marca o método, ou até mesmo a classe inteira com um
identificador (tag),
        // que depois pode ser usado para selecionar, filtrar, e executar
testes de maneira automática.
    }

    @Test
    void testeQueFalha() {
        //fail: método utilizado para sinalizar uma falha no teste
        fail("um teste que falha");
    }

    @Test
    @Disabled("para propósito de demonstração")
    void testeDesabilitado() {
        //@Disabled(String): desabilita um teste ou uma classe de teste inteira
    }

    @Test
    void testeAbortado() {
        //assumeTrue(argumento): método que estabelece uma condição para que
o teste continue.
        // Nesse caso, assumeTrue checa se o argumento é True, caso
contrário o teste é abortado
        assumeTrue("abc".contains("Z"));
        fail("Teste deveria ser abortado");
    }

    @AfterEach
    void executarDepoisDeCadaTeste() {
        //@AfterEach: define um método que é executado depois de cada um
dos testes.
    }
```

```
    @AfterAll
    static void executarDepoisDeTodosOsTestes() {
        //@AfterAll: define um método que é executado depois de todo o
conjunto de testes.
    }

}
```

Este exemplo é baseado na documentação oficial do JUnit (BECHTOLD et al., 2021). Após as instruções **import**, teremos uma classe raiz onde serão inseridos métodos, que representam cada um dos testes de unidade. A anotação **@Test** é a chave que faz com que nossa IDE trate o método efetivamente como um teste, proporcionando as vantagens da automatização e integração a um fluxo ou projeto maior. Acesse a documentação do JUnit5 para ir a fundo sobre o funcionamento de cada recurso dessa biblioteca.

Além do mínimo necessário para o seu funcionamento, que é a classe teste raiz e a anotação **@Test** antes dos métodos de teste, também é possível executar outras tarefas relativas ao conjunto de testes, que, apesar de não serem obrigatórias, acabam se tornando indispensáveis na prática. Todos os exemplos de testes utilizando JUnit5 estão disponíveis no repositório do livro[50].

É importante destacar que os métodos anotados com **@Test** não seguem a execução na ordem conforme estão declarados na classe. Então uma das práticas mais importantes dos testes de unidade é que um teste não dependa do resultado de outros testes.

As ferramentas de *build* como Maven e Gradle também estão integradas com os *frameworks* de teste e permitem que todos os testes sejam executados no momento do *build* do projeto em uma ferramenta de integração contínua, por exemplo.

Mocks

Na fase de arranjo de um teste de unidade, pode ser necessário criar outros objetos para utilizar na fase de ação. A forma clássica de se lidar com essa questão é criar diretamente o objeto. Para coisas básicas como *strings*, inteiros e booleanos isso é feito sem muito problema. Mas quando se trata de objetos mais complexos, o teste, que deveria ser da "unidade", passa a depender de elementos externos, quase testando características que não fazem parte da proposta inicial do teste.

---

50 <https://github.com/jornada-microsservicos/livro>.

Considere que, por qualquer razão, ocorra uma falha na criação de um objeto na fase de arranjo do teste. O teste quebrou e ainda nem chegou no código que deveria ser realmente testado! Isso sem falar que, sob determinado ponto de vista, o teste não é mais da unidade, pois não está devidamente isolado.

Esse cenário deu origem à abordagem baseada em *mocks*, que nada mais é do que utilizar objetos *fake*, que são versões não reais das classes que não são o foco do teste onde são usadas. A vantagem é que, ainda que haja problemas nessas classes externas, o teste pode passar, pois não são criadas, de fato, instâncias verdadeiras dessas classes.

Mock, na engenharia de software, é uma técnica que simula objetos reais, mas de forma controlada, onde é possível definir um comportamento para substituir o comportamento real do objeto original. Por exemplo, podemos criar um *mock* que simula a chamada a uma API externa que precisa de acesso à internet ou uma classe que precisa de uma conexão a um banco de dados. Então é bom ir se acostumando com um novo verbo no seu dia a dia de programador: ***mockar***. Pois bem, para isolar o acesso dos nossos objetos ao mundo externo, criamos *mocks* em nossos testes de unidade. A figura a seguir ilustra esse conceito.

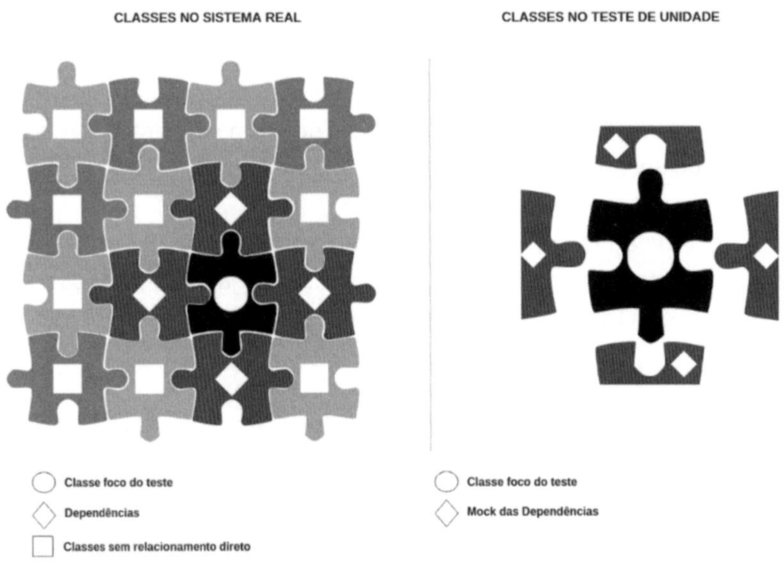

Figura 30.1. Comparação de um sistema com dependências reais e com *mocks*. Fonte: adaptado de JRebel (2016).

Para ir mais a fundo em exemplos que utilizam essa estratégia, consulte o repositório do livro.

Testcontainers

Sandro Giacomozzi

Testar muito bem o seu microsserviço é uma parte fundamental quando estamos falando em testes de integração e *deploys* contínuos. Neste tópico, trataremos de uma parte intermediária entre o teste de unidade e o teste de integração. Segundo Martin Fowler (2018), temos dois tipos de teste de integração:

- ✓ **Teste de integração amplo:** exige que todos os componentes estejam ativos, sejam eles sistemas externos ou bancos de dados.
- ✓ **Teste de integração restrito:** testa apenas os contratos com sistemas externos, sendo executado como se fosse um teste de unidade.

O *Testcontainers*[51] se encaixa perfeitamente na categoria de teste de integração com escopo mais restrito. Nesse tipo de teste, devemos garantir que o nosso serviço atenda exatamente ao que ele se propõe a fazer, seja um serviço de cadastro com acesso a um banco de dados que expõe suas APIs ou um serviço de processamento de mensagens assíncronas. Podemos ver na figura a seguir que o *Testcontainers* pode ser executado como um modo de teste de curta duração com dependências, que podem ser de bancos de dados, mensageria ou servidores *web* externos.

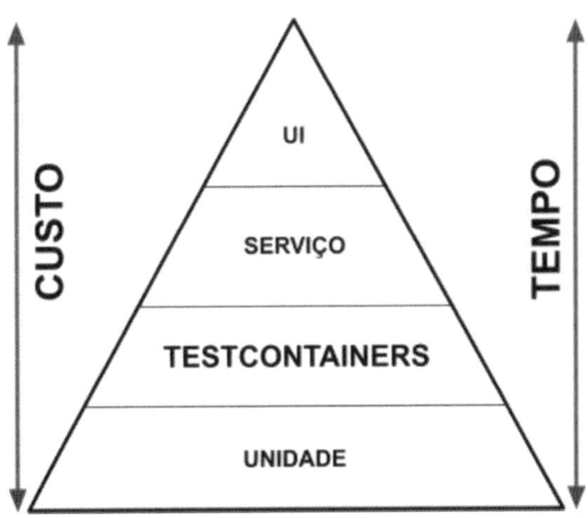

Figura 30.2. Pirâmide de testes.
Fonte: adaptado de Fowler (2012).

---

51 <https://www.testcontainers.org/>.

Pois bem, o *Testcontainers* é uma biblioteca Java (existem também versões para GO, .NET, Python etc.) que suporta testes JUnit, fornecendo instâncias leves e descartáveis de bancos de dados comuns, navegadores Selenium ou qualquer outra coisa que possa ser executada em um *container* Docker.

Isso permite que o desenvolvedor execute o mesmo teste que o servidor de integração contínua executa. Podemos ter o teste mais confiável e realista possível, pois, se utilizamos um banco de dados MySQL em produção, podemos executar o mesmo teste com o mesmo banco de dados e versão na máquina do desenvolvedor ou em qualquer outro ambiente. Com isso, evitamos a utilização de *scripts* externos ou bancos de dados em memória, por exemplo. Também evitaremos o uso excessivo de técnicas como *mocks*, testando realmente o nosso serviço e ainda isolando-o do mundo externo quando necessário. E a ideia do teste de integração restrita é exatamente essa: um teste que seja rápido de ser executado e fácil de ser mantido.

Para iniciar, podemos simplesmente adicionar uma dependência em nosso projeto Maven ou Gradle para que possamos utilizar todos os benefícios do mundo dos *containers* em Java. Essa biblioteca fará a ponte entre nosso código e os diversos módulos que ela suporta.

A seguir, alguns dos módulos disponíveis na biblioteca:

- ✓ Bancos de dados: Cassandra, CouchBase, DB2, Oracle, MySQL, MariaDB, SQL Server, MongoDB etc.
- ✓ Mensageria: Kafka, RabbitMQ e Pulsar.
- ✓ Docker Compose.
- ✓ ElasticSearch.
- ✓ LocalStack AWS.
- ✓ Mock Server.
- ✓ Web Driver.

Para uma lista completa dos seus módulos e funcionalidades, consulte a documentação oficial, pois sempre estão adicionando novos módulos e funcionalidades.

Banco de dados

Já que o MySQL foi citado, podemos colocar um estudo de caso utilizando esse banco de dados como exemplo. Para executarmos nosso exemplo, vamos precisar de algumas dependências. Nesse caso, vamos utilizar o Maven:

```
<dependency>
    <groupId>org.testcontainers</groupId>
    <artifactId>testcontainers</artifactId>
    <version>${testcontainers.version}</version>
    <scope>test</scope>
</dependency>
```

Como vamos utilizar o MySQL, precisamos também colocar a dependência deste módulo:

```
<dependency>
    <groupId>org.testcontainers</groupId>
    <artifactId>mysql</artifactId>
    <version>${testcontainers.version}</version>
    <scope>test</scope>
</dependency>
```

E, é claro, o *driver* do MySQL para que possamos fazer o acesso ao banco de dados:

```
<dependency>
    <groupId>mysql</groupId>
    <artifactId>mysql-connector-java</artifactId>
    <version>${mysql-connector-java.version}</version>
</dependency>
```

Agora, em nossa classe de teste, basta criar o *container* e realizar as operações com o banco de dados:

```
public class HelloContainerTest {

    @Rule
    public MySQLContainer mysql = new MySQLContainer();

    @Test
    public void checkContainer() {
        System.out.println(mysql.getJdbcUrl());
        Assertions.assertEquals(mysql.isRunning(), true);
    }
}
```

O *Testcontainers* suporta as *rules* do JUnit, mas pode ser utilizado sem essa funcionalidade, caso precise de mais controle quando iniciar e parar o *container*. A vantagem de utilizar as *rules* é que o ciclo de vida do *container* será gerenciado pelo JUnit.

A partir da linha de código anterior, podemos ver na figura a seguir a sequência de execução do teste:

Figura 30.3. Exemplo básico do ciclo de teste utilizando o *Testcontainers*.
Fonte: adaptado de Testcontainers (s.d.).

O teste imprimirá no console a URL de conexão com o banco de dados. Nesse ponto já podemos notar uma vantagem, que é a utilização de uma porta aleatória selecionada a partir de uma faixa definida pela biblioteca e que esteja livre, evitando assim o problema de porta em uso e permitindo a execução de vários testes em paralelo.

```
Jdbc:mysql://localhost:32769/test
```

Estudo de caso com Spring Boot

Nesta seção vamos ver como ficaria um serviço escrito em Spring Boot rodando os testes de integração utilizando o *Testcontainers*. Considere que temos um cadastro de usuários com dados persistidos em um banco de dados que pode ser **MySQL**, **Oracle** ou **PostgreSQL** e que expõe as operações através de APIs *REST*. Quando formos rodar o teste de integração, vamos precisar de um banco de dados rodando, certo? Afinal, nosso teste vai verificar se nossa API está funcionando de forma adequada e sem a necessidade de fazer *mocks*. Imagine que, no mesmo teste, precisamos validar a criação de um usuário em três bancos de dados diferentes.

O teste a seguir cria um usuário novo e verifica o retorno da API. Podemos considerar que, antes da execução do teste, precisamos estar com o ambiente preparado e configurado para a execução do teste:

```
@Test
    public void whenCreateUserThenReturnNewUser() {
        UserDTO userDTO = UserDTOBuilder
                .create()
                .withName("Jose")
                .withLastName("Junior")
                .withAge(39).build();

        given()
                .header("Content-Type", "application/json")
                .body(userDTO)
                .when()
                .post(USERS _ RESOURCE)
                .then()
                .statusCode(equalTo(HttpStatus.CREATED.value()))
                .and()
                .body("id", is(notNullValue()))
                .body("name", equalTo("Jose"))
                .body("lastName", equalTo("Junior"))
                .body("age", equalTo(39));
    }
```

Pois bem, com o *Testcontainers* e Spring, podemos criar, de forma bem simples, uma classe de configuração e incluir a seguinte anotação em nosso teste:

```
@ContextConfiguration(classes = TestConfigurations.class)
```

Nesta classe podemos implementar toda a lógica de suporte aos nossos testes que inclui a inicialização do banco de dados utilizado. Então receberemos como parâmetro o fornecedor de banco de dados no qual queremos rodar o teste. Lembrando que essa foi a estratégia escolhida nesse caso. É possível simular um caso utilizando um teste parametrizado que rode contra os três bancos de dados de uma só vez.

```
@TestConfiguration
public class TestConfigurations {

   AbstractDatabaseTest dbTest;
   private String dbVendor;

   @Autowired
   public TestConfigurations() throws InvalidDatabaseVendorException {
       this.dbVendor = System.getProperty("dbVendor", "mysql");
       dbTest = DatabaseFactory.getDatabase(dbVendor);
   }
```

```
    @Bean(name = "dataSource")
    public DataSource dataSource() {
        HikariConfig hikariConfig = new HikariConfig();
        hikariConfig.setMaximumPoolSize(5);
        hikariConfig.setDataSource(driverManagerDataSource());
        hikariConfig.setConnectionTimeout(2147483647L);
        hikariConfig.setAutoCommit(true);
        HikariDataSource ds = new HikariDataSource(hikariConfig);
        return ds;
    }

    private DriverManagerDataSource driverManagerDataSource() {
        DriverManagerDataSource driverManagerDataSource = new
DriverManagerDataSource(
                dbTest.getJdbcUrl(),
                dbTest.getUsername(),
                dbTest.getPassword());
        driverManagerDataSource.setDriverClassName(dbTest.getDriverClassName());
        return driverManagerDataSource;
    }

}
```

Obtemos o fornecedor do banco de dados através de uma propriedade e pedimos que nos devolva um *container* do banco de dados do fornecedor solicitado. A seguir, um exemplo de implementação com MySQL:

```
public class MySqlDatabaseTest extends AbstractDatabaseTest {

    MySQLContainer mysql;

    public MySqlDatabaseTest() {
        mysql = new MySQLContainer()
                .withConfigurationOverride("mysql _ conf _ override");
        mysql.start();
        setJdbcDatabaseContainer(mysql);
    }

   @Override
    public String getDriverClassName() {
        return mysql.getDriverClassName();
    }

}
```

Agora podemos fornecer ao Spring um *datasource* com o nosso banco de dados já inicializado e devidamente configurado. E, por fim, configuramos a nossa classe de teste com as anotações necessárias:

```
@RunWith(SpringRunner.class)
@SpringBootTest(webEnvironment = SpringBootTest.WebEnvironment.RANDOM_PORT)
@ContextConfiguration(classes = TestConfigurations.class)
```

Para executar os testes com outros fornecedores de banco de dados, passamos a propriedade **DdbVendor** para o teste. Por exemplo:

```
mvn verify -Pintegration-test -DdbVendor=postgresql
```

Veja a seguir, em alguns trechos de *log*, o que acontece ao rodar o comando anterior:

```
[postgres:9.6.12] - Creating container for image: postgres:9.6.12
[postgres:9.6.12] - Starting container with ID: f06c15781afc638e5b6f4b706fcc40
4da1d91c84960ebc7e4be912f5baf453b8
[postgres:9.6.12] - Container postgres:9.6.12 is starting: f06c15781afc638e5b6
f4b706fcc404da1d91c84960ebc7e4be912f5baf453b8
[postgres:9.6.12] - Container postgres:9.6.12 started in PT5.744471S
```

Trecho de *log* 1: inicializando o *container* do Postgres

```
com.zaxxer.hikari.HikariDataSource - HikariPool-1 - Starting...
com.zaxxer.hikari.HikariDataSource - HikariPool-1 - Start completed.
org.flywaydb.core.internal.license.VersionPrinter - Flyway Community Edition
6.4.4 by Redgate
org.flywaydb.core.internal.database.DatabaseFactory - Database:
jdbc:postgresql://localhost:32777/test (PostgreSQL 9.6)
org.flywaydb.core.internal.command.DbValidate - Successfully validated 1
migration (execution time 00:00.015s)
```

Trecho de *log* 2: inicializando o *datasource* e realizando a criação das tabelas.

```
{
    "id": "dd70b921-1791-43a4-8afa-1991ae3fa477",
    "name": "Jose",
    "lastName": "Junior",
    "age": 39
}
```

Trecho de *log* 3: resultado do teste de criação do usuário.

O exemplo completo deste caso de uso e vários outros estão disponíveis no repositório Git deste livro.

Conclusão

A cada *release*, o *Testcontainers* evolui incluindo suporte a novos tipos de banco de dados, serviços de mensageria e serviços *cloud*, como o LocalStack para API da AWS. Vale muito a pena consultar a documentação da biblioteca para saber se ela pode ajudá-lo em algum de seus projetos.

Testes de integração e de contrato

Karina Moraes

Como mencionado anteriormente, existem os testes de integração amplos, que necessitam que todos os componentes relacionados a uma funcionalidade ou fluxo a ser testado estejam ativos, sendo eles outros serviços, bancos de dados, sistemas de fila etc.

Acompanhando a criticidade da comunicação entre microsserviços para o total funcionamento de um sistema e a flexibilidade e volatilidade que ganhamos ao implementar uma arquitetura baseada em microsserviços, um dos pontos de atenção é como conseguimos validar e exercitar as interações durante a fase de desenvolvimento. E testar um sistema de forma abrangente pode se tornar uma tarefa muito custosa, demorada e difícil.

Um desafio muito grande também do teste de integração amplo é a criação e sincronização de dados entre os diversos microsserviços e banco de dados envolvidos no processo. Essa situação acaba direcionando várias empresas a adotar o teste de microsserviços diretamente em produção, muitas vezes com o auxílio de ferramentas que possibilitem a utilização de *feature toggle* (HODGSON, 2017), uma técnica na qual é possível ligar ou desligar um trecho de código sem necessidade da efetivação de uma nova implantação da aplicação.

Outra abordagem para testar a comunicação entre microsserviços é o teste de contrato, uma técnica baseada no ponto de integração. Ele testa as aplicações de forma isolada visando garantir que o envio e o recebimento de mensagens estejam de acordo com um contrato previamente definido. Neste tópico vamos nos basear no PACT (KRAKOW, 2022), considerado o *framework* mais genérico, com implementação oficial em diversas linguagens como Java, PHP, Ruby e amplamente utilizado.

Essa técnica é recomendada para qualquer cenário em que dois microsserviços se comuniquem, mas é sempre válido avaliar o custo de implementação. Por exemplo: quando há dentro de um sistema um único produtor e um único consumidor de uma requisição, o esforço para a manutenção desse tipo de teste talvez não seja um bom investimento, mas para ambientes mais complexos essa técnica ajuda a otimizar o tempo de processamento da integração e entrega contínua.

PACT

É um *framework* que possibilita a escrita de contratos do ponto de vista da aplicação cliente usando servidor HTTP de *mock* utilizando uma API fluida para definir uma requisição executada por uma aplicação cliente, que denominaremos consumidor, a uma outra aplicação, o produtor. Essas interações então são usadas para gerar o artefato que representa o contrato da API em questão.

Já a validação do ponto de vista do produtor é feita reproduzindo todas as interações feitas pelos consumidores contra um servidor real do produtor para garantir que as respostas das requisições estão seguindo o modelo esperado. Caso contrário, o teste sinaliza uma quebra de contrato.

O fluxo completo do teste de contrato passa pelas seguintes etapas:

- ✓ **Consumidor:** as aplicações clientes geram um servidor *mock* que simula a entrada e a saída da API, eliminando qualquer necessidade de conhecer ou implantar o produtor, fazendo com que a dependência de outra aplicação seja isolada e controlada pelo consumidor. Quando os testes são executados, os arquivos PACT são escritos contendo o contrato das interações.
- ✓ **Produtor:** os arquivos são enviados para o projeto do produtor, as interações são reproduzidas contra o servidor real e todas as respostas das requisições são validadas com o contrato definido.

Se o consumidor é capaz de produzir todas as requisições e as respostas estão de acordo com o contrato, os dois lados estão de acordo e o teste passa, já que foi confirmado que os serviços conseguem se comunicar. A imagem a seguir exemplifica esse processo.

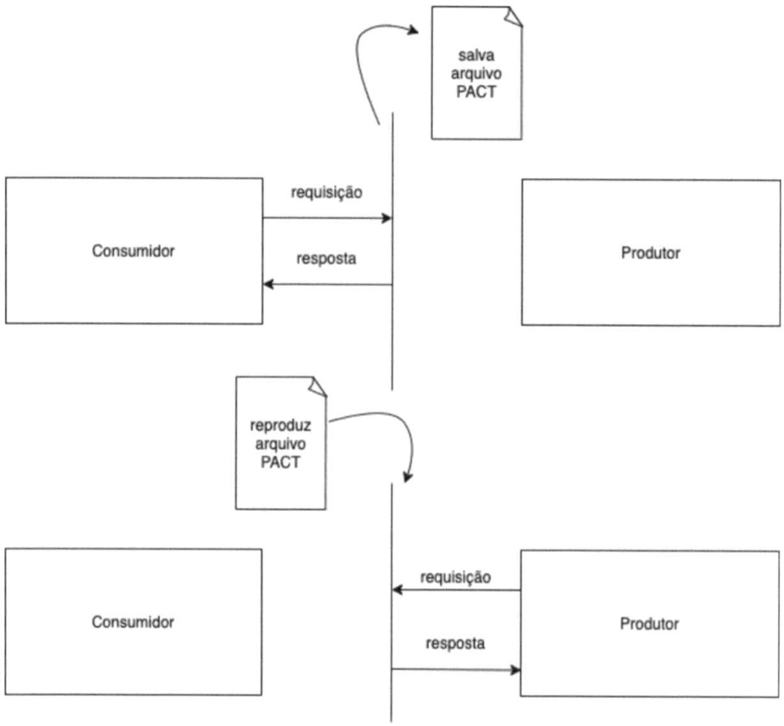

Figura 30.4. Requisições descentralizadas e síncronas.
Fonte: adaptado de Krakow (2022).

Implementação de teste de contrato no consumidor

PACT JVM (FELLOWS, 2021) provê uma implementação de servidor de *mock* e uma DSL Java para a definição dos contratos do lado do consumidor. Utilizaremos os exemplos da documentação oficial do próprio *framework* para demonstrar a implementação do PACT JVM JUnit (GITHUB ACTION, 2022a). No consumidor precisamos registrar a *rule* JUnit **@PactProviderRule**.

Essa *rule* é responsável por instanciar o servidor de *mock* e configurá-lo com as expectativas que forem definidas pelo consumidor, além de salvar os arquivos PACT quando os testes terminam com sucesso.

```
@Rule
public PactProviderRule mockProvider = new PactProviderRule("test _
provider", "localhost", 8080, this);
```

Exemplo 1: utilização da *rule* @PactProviderRule.

Depois, precisamos usar a *annotation* **@Pact** no método, que deve receber um argumento do tipo **PactDslWithProvider** e retornar **PactFragment**. O **PactFragment** pode ser um contrato inteiro ou apenas parte de um contrato.

```
@Pact(provider="test_provider", consumer="test_consumer")
public RequestResponsePact createPact(PactDslWithProvider builder) {
    return builder
        .given("test state")
        .uponReceiving("ExampleJavaConsumerPactRuleTest test interaction")
            .path("/")
            .method("GET")
        .willRespondWith()
            .status(200)
            .body("{\"responsetest\": true}")
        .toPact();
}
```

Exemplo 2: utilização da anotação @Pact.

Na anotação **@Pact** o nome do ***provider*** é algo muito importante: ele garante o mapeamento dos arquivos PACT a serem testados contra um produtor específico. No corpo do método, como podemos ver, conseguimos definir o contrato completo da API, desde informações básicas, como métodos HTTP utilizados na requisição e o status HTTP esperado como resposta, a validações mais elaboradas do conteúdo da resposta – por exemplo, podemos validar informações exatas ou aplicar uma expressão regular para validar uma informação de texto.

Também é possível validar estruturas JSON e tipadas utilizando a classe **PactDslJsonBody**, sendo um contrato inteiro ou apenas parte de um contrato.

```
PactDslJsonBody body = new PactDslJsonBody()
    .stringType("name")
    .booleanType("happy")
    .hexValue("hexCode")
    .id()
    .ipAddress("localAddress")
    .numberValue("age", 100)
    .timestamp();
```

Exemplo 3: utilização da classe PactDslJsonBody.

Outra recomendação na implementação de PACT é seguir o padrão de responsabilidade única. Isso ajudará a manter os testes com nível alto de compreensão e fácil manutenção.

Implementação de teste de contrato no produtor

Depois de executar os testes do lado do consumidor e publicar os arquivos PACT, é necessário fazer o reprocessamento de todos eles contra o produtor de verdade. O **@PactRunner** (GITHUB ACTION, 2022b) é um JUnit *runner* que provê um mecanismo automático para carregar todos os arquivos PACT gerados pelos consumidores e um *httpclient* que reexecuta todas as interações contra o provedor configurado.

É necessário registrar o JUnit *runner* e configurar a localização dos arquivos PACT utilizando a anotação **@PactFolder** e o endereço de rede do produtor utilizando a anotação **@TestTarget** em uma instância do tipo *HttpTarget*.

Não é necessária a implementação de nenhum **@Test**, já que o mecanismo rodará todas as validações existentes nos arquivos PACT de forma dinâmica. Também é possível configurar como origem dos arquivos um endereço *web*, que pode ser um servidor central, usando a anotação **@PactUrl** em vez de uma pasta local.

PACT states

De forma geral, as interações não mantêm estado ou *cache* entre as execuções. Caso seja necessário que o consumidor tenha algum tipo de interação com o produtor como requisito para um cenário de teste específico (por exemplo, salvar dados no banco de dados por meio de uma API para que seja possível consultá-los em uma próxima interação), o **@PactState** resolve essa situação de forma bem simples.

Precisamos usar a anotação **@State** no método a ser executado como auxiliar, para criar os dados necessários para o teste:

```
@State("data") // Método é executado antes de teste com o requisito "com-dados"
    public void populaBancoDeDados(Map dados) {
        ...
    }
```

Exemplo 4: utilização do @PactState.

E então, na criação do **PactFragment**, utilizamos o *state* como condição inicial.

```
@Pact(state="data", provider="test _ provider", consumer="test _ consumer")
public RequestResponsePact createPact(PactDslWithProvider builder) {
    ...
}
```

Exemplo 5: configuração para a utilização do *state*.

Conclusão

Testes de contrato têm execução mais rápida que testes de integração amplos e por natureza não sofrem instabilidades, já que mantêm o isolamento e não dependem de outros serviços ativos para que sejam executados. Também não há a necessidade de conhecer o processo de implantação de outros serviços, muitas vezes desenvolvidos por outros times. Outra vantagem é a colocação do consumidor como centro no design das suas APIs, o que é visto como uma boa prática.

31. Quando não utilizar microsserviços

Otavio Santana

O Santo Graal é um tesouro que serve como um motivo importante na literatura arturiana, além de aparecer em grandes filmes como *Indiana Jones*. Em algumas versões da lenda, um cálice sagrado é responsável por curar todas as doenças e problemas. O Santo Graal também se tornou sinônimo de solução para todos os problemas. Na área de TI também temos esse Santo Graal: uma única solução (bala de prata) para melhor desemprenho e escalabilidade. Essa bala de prata vem mudando técnicas por gerações e a atual são os microsserviços. Será que finalmente encontramos o Santo Graal da TI com os microsserviços? Neste capítulo falaremos um pouco sobre o grande problema do Santo Graal com os microsserviços.

O sonho do desempenho e da escalabilidade sempre foi um desejo forte entre os arquitetos de computação. E muitos deles começam a usar microsserviços pelo argumento do desempenho. E como sabemos em computação desde 1960: uma otimização prematura é a raiz de todo o mal.

As gerações de Santo Graal (*no clue generation*)

Obviamente, não tenho décadas de práticas, porém, nesse período, pude ver algumas gerações do Santo Graal ou: surge um problema de desempenho e eis que sai a típica solução "no clue" como bala de prata. O que chamo de "no clue", basicamente, é uma solução para todos os problemas possíveis que sai da manga de um arquiteto. Ao longo da minha caminhada, pude perceber essas soluções de Santo Graal mudarem com o tempo, porém, o seu conceito base não. Soluções rápidas, sem muita análise da arquitetura atual:

- ✓ **Aumentar a memória da JVM:** o problema da aplicação certamente consiste em pouca memória.
- ✓ **Colocar *cache* para o banco de dados:** o problema está no banco de dados, logo precisamos colocar um *cache*.

- ✓ **Mudar o banco relacional para NoSQL:** o banco de dados precisa ser escalável; logo, colocarei uma solução com NoSQL como Cassandra.
- ✓ **Mudar para microsserviços:** preciso criar escalabilidade da aplicação; logo, preciso dividir a aplicação.

Os problemas dos microsserviços

Existem diversos problemas que as palestras ou *workshops* não falam, a arquitetura de software do mundo real:

- ✓ **Complexidade de hardware:** uma vez que a nova arquitetura lidará com novas máquinas, é importante salientar que, além da criação, é importante manter esses serviços, ou seja, os bancos de dados precisam de mais operações de *backup*.
- ✓ **Segurança:** a segurança é importante e garantir o acesso entre as máquinas é trivial. Por exemplo, é importante garantir que os servidores do setor financeiro acessem os bancos de dados do setor financeiro e que as outras máquinas não os acessem.
- ✓ **Testes:** toda aplicação precisa de testes e com microsserviços isso não diminuirá – pelo contrário, esses testes precisam aumentar, uma vez que é necessário verificar integração. Sem falar a necessidade de checar quando tais serviços não estiverem disponíveis (*circuit break*).
- ✓ ***Log*:** uma aplicação com dificuldade de *log* se tornará ainda mais difícil com microsserviços. É importante ter ainda mais infraestrutura e máquinas para centralizar os *logs* e ter um *open trace id* para seguir o *log* entre os serviços disponíveis na aplicação.

Os erros mais comuns com microsserviços

É muito comum existir uma lista dos erros que todo software tem, principalmente quando existe uma mudança de paradigma. Por exemplo, quando houve a migração para os bancos de dados NoSQL, certamente o erro foi pensar em relacionamento em bancos de dados que não têm suporte a relacionamento, como Cassandra[52]. A lista a seguir apresenta os erros mais comuns que encontramos nos microsserviços:

- ✓ **Quebra de domínio:** o DDD (AVRAM; MARINESCU, 2006) trouxe vários benefícios, principalmente trazer o código para próximo do negócio com a

[52] <http://cassandra.apache.org/>.

linguagem ubíqua. Dentro do DDD temos o conceito de domínios e quando movemos para microsserviços é muito normal quebrar de maneira errada o negócio no domínio. Em termos de desempenho, a maneira mais eficiente para se comunicar entre domínios é a memória ou não reinventar a roda – por exemplo, em vez de orquestrar serviços, podemos simplesmente fazer um *join* e buscar as informações necessárias.

- ✓ **Não automatizar:** uma das boas práticas existentes quando falamos de microsserviços certamente é o CI/CD (SACOLICK, 2020). Essas técnicas são realmente importantes, uma vez que existe uma grande quantidade de máquinas a serem gerenciadas.
- ✓ **Diversidade de linguagens:** essa decisão certamente é a mais intrigante para mim. Até o momento não conheço um único projeto cujo objetivo é exibir alguma coisa no console, porém, é muito comum ouvir a decisão de um programador com base no número de linhas dentro de um "Hello World". É importante ter muito cuidado com esse tipo de decisão.
- ✓ **Sua aplicação não é grande suficiente para se tornar microsserviço:** nem toda aplicação grande precisará ser um microsserviço e é muito importante admitir isso (JOHN, 2020).
- ✓ **Escalabilidade individual:** um dos grandes argumentos para escolher microsserviços está na possibilidade de escalar um componente individualmente. Porém, eis que surge a seguinte pergunta: isso realmente faz sentido?
- ✓ Microsserviços precisam de informações. E, como todo banco de dados distribuído, eles enfrentam o teorema de CAP (WIKIPEDIA, s.d.). Realizando diversas atualizações em cada serviço, é necessário adicionar uma nova camada de complexidade na aplicação, como o padrão SAGA (DASHORA, 2019), e essa camada geralmente causa ainda mais impacto na consistência nos dados de todos os serviços envolvidos.
- ✓ Começar o projeto já como microsserviço tende a ser um grande erro (NEWMAN, 2020). Principalmente na instabilidade na definição dos domínios, um erro na quebra faz com que exista bastante dependência e acoplamento entre serviços, de modo que muitas orquestrações como boa prática poderiam ser *joins* para relacional ou subdocumentos, pensando num armazenamento de bancos NoSQL, como o MongoDB[53].

Outro ponto muito importante: utilizar microsserviços apenas porque grandes empresas utilizam esse tipo de arquitetura. No mundo da arquitetura de software, uma decisão não deve ser tomada apenas pela sua popularidade. Como o Edson Yanaga

---

53 <https://www.mongodb.com/>.

fala em seu livro (YANAGA, 2017): "certamente, sempre lemos grandes coisas sobre as arquiteturas de microsserviços implementadas por empresas como Netflix ou Amazon. Então, deixe-me fazer uma pergunta: quantas empresas no mundo podem ser Netflix e Amazon?".

Microsserviços, como toda decisão de arquitetura, tem suas vantagens e desvantagens.

> *Os microsserviços introduzem eventuais problemas de consistência, por causa de sua louvável insistência no gerenciamento de dados descentralizado. Com um monolito, podemos atualizar várias coisas juntas em uma única transação. Os microsserviços exigem vários recursos para atualizar, e as transações distribuídas são desaprovadas (por um bom motivo). Portanto, agora, os desenvolvedores precisam estar cientes dos problemas de consistência e descobrir como detectar quando as coisas estão fora de sincronia antes de fazer qualquer coisa da qual o código se arrependa. – Martin Fowler (2015b)*

A busca do Santo Graal ainda é um dos maiores mitos dentro do mundo da computação. Os microsserviços não foram a primeira e não serão a última bala de prata de desempenho que chamo de "no clue generation". Como engenheiros e arquitetos, devemos analisar carinhosamente tais decisões. Vale lembrar que, apesar da grande glamourização dos microsserviços em palestras, artigos e alguns livros, muitas vezes suas explicações se restringem à criação e não à manutenção e seus *trade-offs*.

É sempre muito importante, na escolha da arquitetura, verificar suas vantagens e desvantagens. Tenha muito medo quando apenas falam as vantagens – afinal, é mais um conteúdo em busca do Santo Graal.

32. Microsserviços e monitoração: quais os desafios?

Igor Simões

É inegável que a arquitetura de microsserviços revolucionou a maneira de desenvolver, entregar e manter aplicações. É inegável que o conceito de microsserviços permitiu aos desenvolvedores mais flexibilidade para inovar suas aplicações. O ponto importante é que junto com toda essa inovação e flexibilidade surgem novos desafios.

No passado era comum sabermos os nomes dos servidores das aplicações de cor, e esses servidores (e os processos nele rodando) normalmente pertenciam a uma única aplicação de negócio. Sendo assim, era mais simples, em momentos de desvios de comportamento, entender o impacto.

A figura a seguir exemplifica bem esse desafio:

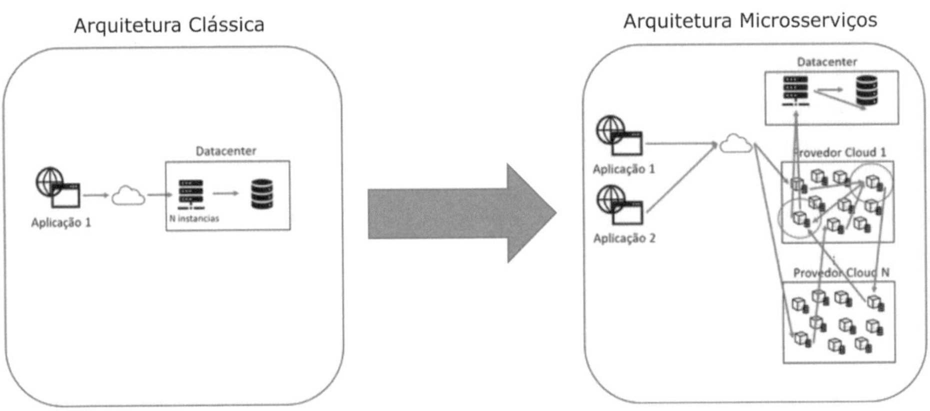

Figura 32.1. Visão de arquitetura legada e microsserviços. Os círculos mostram como um mesmo serviço pode fazer parte de dois fluxos de negócio diferentes. Fonte: o autor.

Apesar de o diagrama anterior estar bem simplificado, ele mostra como as complexidades de uma aplicação cresceram, inclusive com o surgimento de serviços lógicos que atendem a aplicações de negócio diferentes. Quando um serviço desses se degrada, pode acontecer de tudo: desde a(s) arquitetura(s) ser(em) resiliente(s) e a(s) aplicação(ões) não ficar(em) indisponível(eis) até todas as aplicações ficarem inacessíveis, passando por todo o espectro de problemas nesse intervalo.

Adicionalmente, a monitoração da saúde da aplicação não se resume somente a desempenho (tempos de resposta e taxas de erros); existem diversos outros pontos que podem ser importantes: indicadores financeiros, taxa de erros de serviços de parceiros estratégicos e até métricas do próprio negócio, como receita e volume de vendas. Importante também saber qual canal está sendo impactado, já que a "porta de entrada" dos usuários aos nossos serviços pode ser bastante diversa: *browser*, aplicativo *mobile*, *call center* etc.

Como superar esse desafio? A palavra do momento é observabilidade, mas o que isso quer dizer exatamente? O conceito de observabilidade dita que devemos ter métricas, *logs* e *traces* de todos os pontos dos nossos serviços. Entretanto, esses três pilares não servem de nada se não conseguirmos extrair dados úteis para garantir o bom funcionamento e eventual *troubleshoot* em momentos de crise. Dessa forma, temos que expandir esse conceito para a criação de SLIs/SLOs e acompanhar se estamos ou não atingindo os nossos objetivos.

Estudo de caso: instituição bancária brasileira

O estudo de caso a seguir mostra bem claramente os desafios explicados antes. O objetivo dessa instituição era ter mais controle sobre o seu serviço de PIX. Como todos sabemos, o PIX tem participação compulsória dos bancos brasileiros, é o método de pagamento que mais cresce, tem sua arquitetura bastante assíncrona totalmente definida pelo BACEN e inclusive tem SLAs que, se não forem cumpridos pelas instituições, acarretam multas.

O fato de ter arquitetura bastante assíncrona confere maior complexidade à arquitetura do PIX. Isso quer dizer que uma transação de negócio (uma transferência PIX, por exemplo) pode ser composta por inúmeras transações diferentes nos diversos microsserviços que compõem a aplicação. No caso dessa instituição bancária, ainda existe um desafio adicional: parte dos microsserviços do PIX é desenvolvida por uma *software house* parceira.

Para a correta observabilidade desses serviços, foi adotada a seguinte estratégia:

- ✓ Coleta de métricas de desempenho de todos os microsserviços: tempo de resposta, taxa de falhas, *throughput* etc.
- ✓ Coleta de *traces* de todos os microsserviços: assim é possível entender como eles interagem entre si.
- ✓ Criação de SLOs com base nos SLAs definidos pelo BACEN.
- ✓ Coleta de erros específicos do PIX que podem indicar problemas terceiros como:
  - BACEN indisponível ou lento.
  - Instituição de destino indisponível ou lenta.
  - Resposta inválida do BACEN.

As coletas das informações citadas podem ser feitas de diversas formas. Instituições menores tendem a usar ferramentas *open source*: Prometheus, Grafana, Jaeger etc. Instituições com serviços maiores e mais complexos irão se apoiar em ferramentas de mercado. Para o caso específico desse banco, eles já contavam com Elastic APM para a monitoração, mas que não garantia a correlação necessária entre os vários serviços e não gerava os indicadores necessários para o acompanhamento da saúde. No atendimento a essa instituição, o primeiro objetivo foi entender as penalidades às quais eles estavam expostos em caso de falhas. Essas penalidades ou SLAs seriam a nossa entrega com o objetivo de um maior controle do comportamento de todos os microsserviços.

Outro ponto importante da monitoração foi classificar tudo o que era desenvolvimento próprio e o que era desenvolvimento de terceiros. Assim no caso de um desvio, seria possível saber de forma rápida quais equipes deveriam ser acionadas. Outro ponto importante aqui é que o PIX tem um conjunto de mensagerias próprias do tipo PACS. Essas mensagens envolvem todas as ações dos usuários e têm informações relevantes sobre a direção da transação: transferência a outros bancos (saída) ou transferências provenientes de outros bancos (entrada). Sendo assim, era importante que as métricas fossem classificadas pela direção das transações.

Para atingir esse objetivo foi adotada a plataforma Dynatrace. Os pontos principais que definiram a adoção dessa plataforma foram:

- ✓ **Instrumentação sem a necessidade de alteração do código da aplicação:** melhor controle para as aplicações internas e possibilidade de monitorar as aplicações terceiras sem dependência de alterações por parte dos parceiros.

- ✓ **Monitoração completa do que se passa no *browser/app mobile* do usuário:** aqui, além de monitorar todo o *backend* e os microsserviços do PIX, foi possível ver cada clique dos usuários e o seu fluxo dentro do *datacenter*.
- ✓ **Acompanhamento automático dos SLOs:** definição das regras de métricas e *error budgets*, com a plataforma calculando esses pontos automaticamente.
- ✓ **Inteligência artificial para detecção de anomalias:** este passo garante agilidade, já que não é necessária a criação de alertas manuais.

Importante aqui destacar que o conceito de observabilidade pode ser aplicado independentemente da plataforma escolhida. Porém, dependendo do tamanho do parque monitorado e da sua complexidade, a operação da plataforma de monitoração pode ser um desafio considerável. Esse é um ponto que deve ser levado em conta ao adotar uma estratégia de observabilidade.

Ao final, depois de algumas reuniões com os desenvolvedores para entender os fluxos específicos do PIX, caminhamos para coletar os seguintes indicadores:

- ✓ Status das comunicações do PIX com o *mainframe*:
  - Tempo de resposta e taxa de erros.
- ✓ Status de *web services* terceiros:
  - Outros serviços do próprio banco ou serviços de outras instituições.
  - Tempo de resposta e taxa de erros, classificados por método remoto executado.
- ✓ Tempos de respostas de todos os serviços classificados por serviços próprios ou de terceiros e seus métodos HTTP.
- ✓ 90 percentil e 50 percentil do tempo de resposta das transações fim a fim, para acompanhamento dos SLAs do BACEN.

Adicionalmente a isso, foram coletados:

- ✓ **Canal que está iniciando a transação:** assim é possível entender se um canal específico apresenta problemas ou não.
- ✓ **EndToEndID:** este é um indicador poderoso para *troubleshooting* – nos casos de falha, é possível acompanhar cada ID e verificar em qual serviço interno do banco a transação parou.

Dessa forma, foi possível a criação do seguinte painel, que deixa claro para todos os envolvidos na operação do PIX a saúde atual do serviço como um todo:

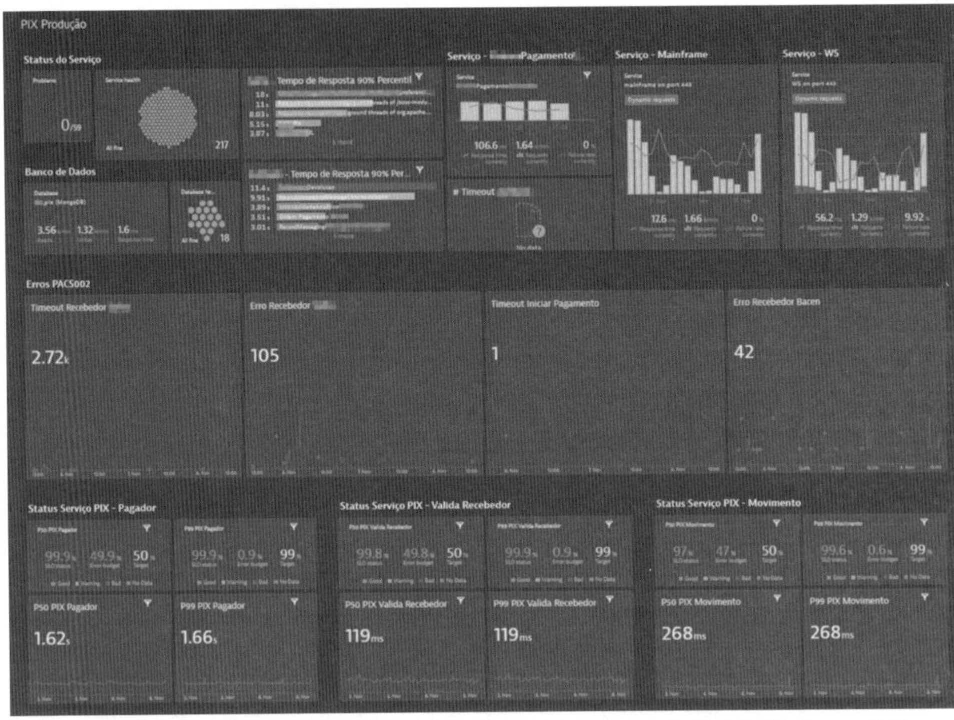

Figura 32.2. *Dashboard* de saúde do PIX. A qualquer momento os principais indicadores e SLOs podem ser acompanhados, mostrando a saúde da aplicação como um todo.
Fonte: o autor.

Importante salientar aqui que nesse caso as equipes técnicas têm a informação de que precisam para iniciar suas análises e as equipes de negócio têm os indicadores para garantir ao BACEN que o serviço está estável.

A partir daí ações de correção/análise podem ser tomadas, inclusive avaliando os *traces* completos de transações específicas:

Figura 32.3. Com o *trace* é possível entender todos os tempos de resposta de uma requisição da aplicação, inclusive compreender o impacto de cada serviço no tempo total. Fonte: o autor.

Conclusão: observabilidade como ferramenta de análise da arquitetura

A observabilidade está muito ligada à monitoração. Mas sabemos que em diversos casos problemas de performance ou indisponibilidades estão ligados a arquiteturas equivocadas ou serviços que hoje desempenham papel diverso do original e terminam por não dar conta da demanda atual. Nesse caso, a observabilidade auxilia muito a identificar esses pontos e serve como base para os arquitetos definirem o melhor caminho para correção.

No exemplo da imagem anterior vemos que um serviço terceiro é responsável pela quase totalidade do tempo de resposta. No caso específico, foi feita uma reunião com o desenvolvedor, que nos explicou a regra de negócio envolvida:

1. Cliente solicita nova transação.
2. Define o destinatário/valor.
3. Serviço terceiro define o valor das taxas envolvidas:
   a. Este serviço tem SLA de 2,5s.
   b. Se o serviço não responde dentro desse tempo, a transação segue SEM COBRANÇA DE TAXAS do cliente.

O que podemos ver no exemplo é que o serviço terceiro impacta consideravelmente no tempo de resposta e contribuirá para o não atingimento do SLO do BACEN. Mas existe um problema mais grave: as transações nesse caso seguem sem a cobrança de taxas, que é a fonte de receita para o banco.

Analisar esses tempos de resposta de forma isolada não nos traz muita informação, mas quando vemos esses mesmos tempos de resposta de forma correlacionada, como no *trace* anterior, fica evidente que uma nova proposição de arquitetura é necessária.

Dessa forma, fica claro que, independentemente da plataforma de observabilidade escolhida, o contexto de relações e topologia entre os diversos microsserviços é peça fundamental para uma observabilidade completa, que dê resultados em lugar de apenas indicadores e remova os silos entre negócio/operação/desenvolvimento.

No caso dessa instituição, nos primeiros dias dessa monitoração foi possível impedir a subida de código ruim para a produção por parte do terceiro, evitando assim a indisponibilidade total do PIX e as multas por essa indisponibilidade. O resultado é positivo para todas as áreas do banco:

1. Negócio:
    a. Serviço estável e clientes satisfeitos.
2. Operação/Desenvolvimento:
    a. Desenvolvedores trabalharam na correção sem a pressão de ter a produção indisponível.
    b. Operação evitou horas de *war room* e *troubleshooting*.
3. Acionistas:
    a. Multa do BACEN evitada.

Referências bibliográficas

ACETOZI, J. Por que usar Kubernetes? **iMasters**, 23 ago. 2017. Disponível em: <https://imasters.com.br/devsecops/por-que-usar-kubernetes>. Acesso em: 11 fev. 2022.

ANIL, N. et al. Communication in a microservice architecture. **Microsoft Docs**, Sep. 15, 2021. Disponível em: <https://docs.microsoft.com/en-us/dotnet/architecture/microservices/architect-microservice-container-applications/communication-in-microservice-architecture>. Acesso em: 11 fev. 2022.

ANSIBLE. Site. Disponível em: <https://www.ansible.com>. Acesso em: 11 fev. 2022.

APACHE CASSANDRA. Site. Disponível em: <https://cassandra.apache.org/_/index.html>. Acesso em: 12 fev. 2022.

APACHE ZOOKEEPER. **Welcome to Apache ZooKeeper.** Disponível em: <https://zookeeper.apache.org/>. Acesso em: 11 fev. 2022.

APICURIO. Site. Disponível em: <https://www.apicur.io/>. Acesso em: 10 fev. 2022.

AVRAM, A.; MARINESCU, F. **Domain-Driven Design Quickly:** a summary of Eric Evans' Domain-Driven Design. (Enterprise Software Development Series) S.l.: InfoQ, Dec. 08, 2006. Disponível em: <https://www.infoq.com/minibooks/domain-driven-design-quickly/>. Acesso em: 12 fev. 2022.

AWS. **Amazon Elastic Container Service (Amazon ECS):** execute contêineres altamente seguros, confiáveis e escaláveis. Disponível em: <https://aws.amazon.com/pt/ecs/>. Acesso em: 11 fev. 2022.

AWS. **Getting started with Amazon EKS.** Disponível em: <https://docs.aws.amazon.com/eks/latest/userguide/getting-started.html>. Acesso em: 11 fev. 2022.

AWS. **Implante um aplicativo no Kubernetes:** com o Amazon Elastic Container Service for Kubernetes. Disponível em: <https://aws.amazon.com/pt/getting-started/hands-on/deploy-kubernetes-app-amazon-eks/>. Acesso em: 11 fev. 2022.

AWS. **Instalar, atualizar e desinstalar a AWS CLI versão 2.** Disponível em: <https://docs.aws.amazon.com/pt_br/cli/latest/userguide/install-cliv2.html>. Acesso em: 11 fev. 2022.

AWS. **Microservices on AWS.** Amazon Web Services, Sep. 2017. Disponível em: <https://d1.awsstatic.com/training-and-certification/docs-devops-pro/microservices-on-aws.pdf>. Acesso em: 09 fev. 2022.

AWS. **Sem servidor na AWS:** construir e executar aplicações sem se preocupar com servidores. Disponível em: <https://aws.amazon.com/pt/serverless/>. Acesso em: 11 fev. 2022.

AZURE. **Serviços de contêiner:** acelere o desenvolvimento de aplicativos em contêineres sem comprometer a segurança. Disponível em: <https://azure.microsoft.com/pt-br/product-categories/containers/>. Acesso em: 11 fev. 2022.

BAELDUNG. **The difference between RxJava API and the Java 9 Flow API.** Jan. 01, 2022. Disponível em: <https://www.baeldung.com/rxjava-vs-java-flow-api>. Acesso em: 11 fev. 2022.

BECHTOLD, S. et al. **Junit 5 User Guide.** Version 5.8.2. Apr. 12, 2021. Disponível em: <https://junit.org/junit5/docs/current/user-guide/>. Acesso em: 12 fev. 2022.

BELLEMORE, A. **Building Event-Driven Microservices:** leveraging organizational data at scale. Sebastopol, CA: O'Reilly, 2020.

BORGES, A. P. Eventos, Event-Driven Architecture e Async APIs. **Sensedia**, 18 jul. 2019. Disponível em: <https://br.sensedia.com/post/events-event-driven-architecture-and-async-apis-wt>. Acesso em: 11 fev. 2022.

BRYANT, D. **Containerizing Continuous Delivery in Java.** E-book. [S.l.]: O'Reilly/Nginx, s.d.

BURNS, B. **Designing Distributed Services:** patterns and paradigms for scalable, reliable services. Sebastopol, CA: O'Reilly, 2018.

CALÇADO, P. Site. Disponível em: <https://philcalcado.com/>. Acesso em: 10 fev. 2022.

CHEN, C. Choreography vs Orchestration. **Medium**, June 14, 2019. Disponível em: <https://medium.com/ingeniouslysimple/choreography-vs-orchestration-a6f21cfaccae>. Acesso em: 10 fev. 2022.

CLOUD FOUNDRY. Java Client Library for Cloud Foundry. **GitHub**, Jan. 24, 2022. Disponível em: <https://github.com/cloudfoundry/cf-java-client>. Acesso em: 11 fev. 2022.

CLOUD NATIVE COMPUTING FOUNDATION. **CNCF Cloud Native Interactive Landscape.** Last uptaded Feb. 10, 2022. Disponível em: <https://landscape.cncf.io/>. Acesso em: 10 fev. 2022.

CLOUD NATIVE COMPUTING FOUNDATION. Site. Disponível em: <https://www.cncf.io/>. Acesso em: 10 fev. 2022.

CNCF. Charter.md. **GitHub**, July 31, 2021. Disponível em: <https://github.com/cncf/foundation/blob/main/charter.md>. Acesso em: 10 fev. 2022.

CNCF. CNCF Cloud Native Definition v1.0. **GitHub**, June 11, 2018. Disponível em: <https://github.com/cncf/toc/blob/main/DEFINITION.md>. Acesso em: 10 fev. 2022.

CNCF. Trailmap. **GitHub**, May 1st, 2020. Disponível em: <https://github.com/cncf/trailmap>. Acesso em: 10 fev. 2022.

COCKBURN, A. **Hexagonal architecture.** Jan. 4th, 2005. Disponível em: <https://alistair.cockburn.us/hexagonal-architecture/>. Acesso em: 10 fev. 2022.

CODE WITH DILIP. Reactive Streams Specification – Build Reactive API Using Spring Boot/Spring WebFlux. **YouTube**, s.d. Disponível em: <https://www.youtube.com/watch?v=FbM_CfCHugE>. Acesso em: 11 fev. 2022.

CODE WITH DILIP. Why Reactive Programming – Part 1? – Build Reactive API Using Spring Boot/Spring WebFlux. **YouTube**, s.d. Disponível em: <https://www.youtube.com/watch?v=IK26KdGRl48&list=PLnXn1AViWyL70R5GuXt_nIDZytYBnvBdd>. Acesso em: 11 fev. 2022.

CODE WITH DILIP. Why Reactive Programming – Part 2? – Build Reactive API Using Spring Boot/Spring WebFlux. **YouTube**, s.d. Disponível em: <https://www.youtube.com/watch?v=IGekSCoJav0>. Acesso em: 11 fev. 2022.

CODIN GAME. **Introduction to Reactive Programming.** Disponível em: <https://www.codingame.com/playgrounds/929/reactive-programming-with-reactor-3/Intro>. Acesso em: 11 fev. 2022.

CRILLY, L. Deploying NGINX as an API Gateway, Part 1. **NGINX**, Jan. 20, 2021. Disponível em: <https://www.nginx.com/blog/deploying-nginx-plus-as-an-api-gateway-part-1/>. Acesso em: 11 fev. 2022.

CUI, Y. Capture and forward correlation Ids through different Lambda event sources. **Medium**, Sep. 01, 2017. Disponível em: <https://medium.com/hackernoon/capture-and-forward-correlation-ids-through-different-lambda-event-sources-220c227c65f5>. Acesso em: 11 fev. 2022.

DASHORA, S. Microservices Using the Saga Pattern. **DZone**, May 02, 2019. Disponível em: <https://dzone.com/articles/microservices-using-saga-pattern>. Acesso em: 12 fev. 2022.

DB DIAGRAM. Site. Disponível em: <https://dbdiagram.io/>. Acesso em: 10 fev. 2022.

DEVOXX POLAND. Four Distributed Systems Architectural Patterns by Tim Berglund. **YouTube**, s.d. Disponível em: <https://www.youtube.com/watch?v=BO761Fj6HH8>.

DIGITAL AI. **Periodic Table of DevOps Tools.** Sep. 10, 2021. Disponível em: <https://digital.ai/periodic-table-of-devops-tools>. Acesso em: 11 fev. 2022.

DOCKER DOCS. **Overview of Docker Compose.** Disponível em: <https://docs.docker.com/compose/>. Acesso em: 11 fev. 2022.

DOCKER. **Use containers to build, share and run your applications.** Disponível em: <https://www.docker.com/resources/what-container>. Acesso em: 11 fev. 2022.

DOMAIN STORYTELLING. Site. Disponível em: <https://domainstorytelling.org/>. Acesso em: 10 fev. 2022.

DUVALL, P.; MATYAS, S.; GLOVER, A. **Continuous Integration:** improving software quality and reducing risk. (The Addison-Wesley Signature Series) Upper Saddle River, NJ: Addison-Wesley, 2007.

ELASTIC. **APM.** Disponível em: <https://demo.elastic.co/app/apm>. Acesso em: 12 fev. 2022.

ELASTIC. **Logs.** Disponível em: <https://demo.elastic.co/app/logs/>. Acesso em: 12 fev. 2022.

ENTERPRISE INTEGRATION PATTERNS. Site. Disponível em: <https://www.enterpriseintegrationpatterns.com/>. Acesso em: 11 fev. 2022.

EVANS, E. **Domain-Driven Design:** tackling complexity in the heart of software. Upper Saddle River, NJ: Addison-Wesley, 2003.

FELLOWS, M. Overview. **Pact**, Apr. 19, 2021. Disponível em: <https://docs.pact.io/implementation_guides/jvm/>. Acesso em: 12 fev. 2022.

FIELDING, R. et al. **Hypertext Transfer Protocol -- HTTP/1.1.** RFC 2616. The Internet Society, 1999. Disponível em: <https://datatracker.ietf.org/doc/html/rfc2616>. Acesso em: 09 fev. 2022.

FIELDING, R. T. **Representation State Transfer (REST).** Chapter 5. *In:* FIELDING, R. T. Architectural Styles and the Design of Network-based Software Architectures. Dissertation. Doctor of Philosophy in Information and Computer Science – University of California, Irvine, 2000.

FORD, N; PARSONS, R.; KUA, P. **Building Evolutionary Architectures:** support constant change. Sebastopol, CA: O'Reilly, 2017.

FOWLER, M. **BoundedContext.** Jan. 15, 2014a. Disponível em: <https://martinfowler.com/bliki/BoundedContext.html>. Acesso em: 10 fev. 2022.

FOWLER, M. **CircuitBreaker.** Mar. 06, 2014b. Disponível em: <https://martinfowler.com/bliki/CircuitBreaker.html>. Acesso em: 11 fev. 2022.

FOWLER, M. **Continuous Integration.** May 01, 2006. Disponível em: <https://martinfowler.com/articles/continuousIntegration.html>. Acesso em: 11 fev. 2022.

FOWLER, M. **IntegrationTest.** Jan. 16, 2018. Disponível em: <https://martinfowler.com/bliki/IntegrationTest.html>. Acesso em: 12 fev. 2022.

FOWLER, M. **Microservice Trade-Offs.** July 01, 2015b. Disponível em: <https://martinfowler.com/articles/microservice-trade-offs.html#consistency>. Acesso em: 12 fev. 2022.

FOWLER, M. **MonolithFirst.** Jun 3, 2015a. Disponível em: <https://martinfowler.com/bliki/MonolithFirst.html>. Acesso em: 09 fev. 2022.

FOWLER, M. **TestPyramid.** May 01, 2012. Disponível em: <https://martinfowler.com/bliki/TestPyramid.html>. Acesso em: 12 fev. 2022.

GEORGIEVA, V. Reactive Web 101: WebFlux, WebClient, and Reactor Netty. **SlideShare**, June 18, 2019. Disponível em: <https://pt.slideshare.net/Pivotal/reactive-web-101-webflux-webclient-and-reactor-netty>. Acesso em: 11 fev. 2022.

GITHUB ACTION. Pact junit runner. **Pact**, Feb. 11, 2022b. Disponível em: <https://docs.pact.io/implementation_guides/jvm/provider/junit>. Acesso em: 12 fev. 2022.

GITHUB ACTION. pact-jvm-consumer-junit. **Pact**, Feb. 11, 2022a. Disponível em: <https://docs.pact.io/implementation_guides/jvm/consumer/junit/>. Acesso em: 12 fev. 2022.

GITHUB ACTIONS. **Automate your workflow from idea to production.** Disponível em: <https://github.com/features/actions>. Acesso em: 11 fev. 2022.

GITHUB DOCS. **GitHub Actions.** Disponível em: <https://docs.github.com/pt/actions>. Acesso em: 11 fev. 2022.

GOMES, B. E. G. **Análise e Projeto Orientados a Objetos:** Aula IX – Modelo Conceitual do Sistema (Modelo de Domínio). Instituto Federal de Educação, Ciência e Tecnologia, Rio Grande do Norte, s.d. Disponível em: <https://livrozilla.com/doc/1351573/modelo-de-dom%C3%ADnio>. Acesso em: 04 mar. 2022.

GOOGLE CLOUD. **Contêineres no Cloud:** uma maneira melhor de desenvolver e implantar aplicativos. Disponível em: <https://cloud.google.com/containers?hl=pt-br>. Acesso em: 11 fev. 2022.

GOOGLE CLOUD. **O que é Cloud Storage?** Feb. 09, 2022. Disponível em: <https://cloud.google.com/storage/docs/introduction>. Acesso em: 11 fev. 2022.

GOOGLE CLOUD. **What is Serverless?** White paper. Jan. 25, 2021. Disponível em: <https://cloud.google.com/serverless/whitepaper>. Acesso em: 11 fev. 2022.

GUPTA, P. Patterns for Microservices – Sync vs. Async. **DZone**, June 05, 2018. Disponível em: <https://dzone.com/articles/patterns-for-microservices-sync-vs-async>. Acesso em: 11 fev. 2022.

HASHICORP LEARN. **Install Terraform.** Disponível em: <https://learn.hashicorp.com/tutorials/terraform/install-cli>. Acesso em: 1 fev. 2022.

HASHICORP LEARN. **What is Infrastructure as Code with Terraform?** Disponível em: <https://learn.hashicorp.com/tutorials/terraform/infrastructure-as-code>. Acesso em: 11 fev. 2022.

HASHICORP. Terraform provider AWS. **GitHub**, Feb. 10, 2022. Disponível em: <https://github.com/terraform-providers/terraform-provider-aws/tree/master/examples>. Acesso em: 11 fev. 2022.

HELIDON. **About Helidon SE Components.** Disponível em: <https://helidon.io/docs/latest/#/se/introduction/01_introduction>. Acesso em: 10 fev. 2022.

HELIDON. Site. Disponível em: <https://helidon.io/>. Acesso em: 10 fev. 2022.

HODGSON, P. Feature Toggles (aka Feature Flags). **MartinFowler.com**, Oct. 09, 2017. Disponível em: <https://www.martinfowler.com/articles/feature-toggles.html>. Acesso em: 12 fev. 2022.

HOFFMAN, A. **Web Application Security:** exploitation and countermeasures for modern web applications. Sebastopol, CA: O'Reilly, 2020.

HOHPE, G.; WOOLF, B. Competing Consumers. **Enterprise Integration Patterns**, 2019b. Disponível em: <https://www.enterpriseintegrationpatterns.com/patterns/messaging/CompetingConsumers.html>. Acesso em: 11 fev. 2022.

HOHPE, G.; WOOLF, B. Point-to-Point Channels. **Enterprise Integration Patterns**, 2019a. Disponível em: <https://www.enterpriseintegrationpatterns.com/patterns/messaging/PointToPointChannel.html>. Acesso em: 11 fev. 2022.

HOHPE; G.; WOOLF, B. Publish-Subscribe Channel. **Enterprise Integration Patterns**, 2019c. Disponível em: <https://www.enterpriseintegrationpatterns.com/patterns/messaging/PublishSubscribeChannel.html>. Acesso em: 11 fev. 2022.

IBM CLOUD EDUCATION. Infrastructure as Code. **IBM**, Dec. 02, 2019. Disponível em: <https://www.ibm.com/cloud/learn/infrastructure-as-code>. Acesso em: 11 fev. 2022.

IBM CLOUD EDUCATION. SOA (Service-Oriented Architecture). **IBM**, Apr. 07, 2021. Disponível em: <https://www.ibm.com/cloud/learn/soa>. Acesso em: 10 fev. 2022.

INFOQ. Quebrando o monolito! Desacoplando uma aplicação monolítica legada. **QCon 2019**, São Paulo, SP, 06-08 maio 2019. Disponível em: <https://www.infoq.com/br/presentations/quebrando-o-monolito/>. Acesso em: 11 fev. 2022.

INSOMNIA. Site. Disponível em: <https://insomnia.rest/>. Acesso em: 10 fev. 2022.

ISTIO. Site. Disponível em: <https://istio.io>. Acesso em: 11 fev. 2022.

ISTIO. **Visualizing Your Mesh.** Disponível em: <https://istio.io/latest/docs/tasks/observability/kiali/>. Acesso em: 12 fev. 2022.

ISTIO. **Zipkin.** Disponível em: <https://istio.io/latest/docs/tasks/observability/distributed-tracing/zipkin/>. Acesso em: 12 fev. 2022.

JAMES, S. The 3 Pillars of System Observability: Logs, Metrics, and Tracing. **IOD**, Dec. 15, 2020. Disponível em: <https://iamondemand.com/blog/the-3-pillars-of-system-observability-logs-metrics-and-tracing/>. Acesso em: 04 mar. 2022.

JOHN, E. STOP!! You don't need microservices. **Medium**, Feb. 07, 2020. Disponível em: <https://medium.com/swlh/stop-you-dont-need-microservices-dc732d70b3e0>. Acesso em: 12 fev. 2022.

JOHNSON, R. **Expert One-on-One J2EE Design and Development.** Indianapolis, IN: Wiley Pub/Wrox, 2002.

JOHNSON, R.; HOELLER, J. **Expert One-on-One J2EE Development without EJB.** Indianapolis, IN: Wiley Pub/Wrox, 2004.

JONES, M. et al. **JSON Web Token (JWT).** RFC 7519. The Internet Engineering Task Force (IETF), May 2015. Disponível em: <https://datatracker.ietf.org/doc/html/rfc7519>. Acesso em: 12 fev. 2022.

JREBEL. **How to Mock Test With Mockito.** Dec. 02, 2016. Disponível em: <https://www.jrebel.com/blog/mock-unit-testing-with-mockito>. Acesso em: 12 fev. 2022.

JÚNIOR, E. Uma breve entrevista com Vaughn Vernon sobre Domain-Driven Design. **EximiaCo**, 03 fev. 2020. Disponível em: <https://eximia.co/uma-breve-entrevista-com-vaughn-vernon-sobre-domain-driven-design/>. Acesso em: 10 fev. 2022.

KAFKA. Site. Disponível em: <https://kafka.apache.org/>. Acesso em: 11 fev. 2022.

KONG. **Kong.** Disponível em: <https://konghq.com/kong/>. Acesso em: 11 fev. 2022.

KRAKOW, P. Introduction. **Pact**, Feb. 08, 2022. Disponível em: <https://docs.pact.io>. Acesso em: 12 fev. 2022.

LEWIS, J.; FOWLER, M. **Microservices:** a definition of this new architectural term. Mar. 25, 2014. Disponível em: <https://martinfowler.com/articles/microservices.html>. Acesso em: 09 fev. 2022.

LONGBOTTOM, C. Tools and techniques to master API management in production. **TechTarget**, Aug. 13, 2020. Disponível em: <https://searchitoperations.techtarget.com/tip/Tools-and-techniques-to-master-API-management-in-production>. Acesso em: 11 fev. 2022.

MALDINI, S.; GEORGIEVA, V. **Reactor Netty Reference Guide.** Version 1.0.15. Jan. 11, 2022. Disponível em: <https://projectreactor.io/docs/netty/release/reference/index.html>. Acesso em: 11 fev. 2022.

MARTIN, R. C. The Single Responsibility Principle. **The Clean Code Blog**, May 08, 2014. Disponível em: <https://blog.cleancoder.com/uncle-bob/2014/05/08/SingleReponsibilityPrinciple.html>. Acesso em: 09 fev. 2022.

MCILROY, M. D.; PINSON, E. N.; TAGUE, B. A. UNIX Time-Sharing System: Foreword. **The Bell System Technical Journal**, vol. 57, n. 6, July-Aug. 1978. Disponível em: <https://archive.org/details/bstj57-6-1899/mode/2up>. Acesso em: 09 fev. 2022.

MEDEIROS, A.; GIACOMOZZI, S. Testes de unidade. *In*: MUNIZ, A. et al. **Jornada Java:** unindo práticas para construção de código limpo e implantação que entregue valor ao cliente. Rio de Janeiro: Brasport, 2021.

MEHRA, A. Understanding the CAP Theorem. **DZone**, Apr. 30, 2019. Disponível em: <https://dzone.com/articles/understanding-the-cap-theorem>. Acesso em: 10 fev. 2022.

MICROSOFT DOCS. **Controlando a versão de uma API da Web RESTful.** 07 fev. 2022. Disponível em: <https://docs.microsoft.com/pt-br/azure/architecture/best-practices/api-design#versioning-a-restful-web-api>. Acesso em: 10 fev. 2022.

MICROSOFT DOCS. **Padrão de coreografia.** 09 dez. 2021. Disponível em: <https://docs.microsoft.com/pt-br/azure/architecture/patterns/choreography>. Acesso em: 10 fev. 2022.

MONGODB. Site. Disponível em: <https://www.mongodb.com/>. Acesso em: 12 fev. 2022.

MSV, J. Comparison: AWS Fargate vs. Google Cloud Run vs. Azure Container Instances. **The New Stack**, Dec. 20, 2019. Disponível em: <https://thenewstack.io/comparison-aws-fargate-vs-google-cloud-run-vs-azure-container-instances/>. Acesso em: 11 fev. 2022.

MYERS, T. et al. Introduction to Azure Blob storage. **Microsoft Docs**, Mar. 29, 2021. Disponível em: <https://docs.microsoft.com/en-us/azure/storage/blobs/storage-blobs-introduction>. Acesso em: 11 fev. 2022.

NEMER, J. Advantages and Disadvantages of Microservices Architecture. **Cloud Academy**, Nov. 13, 2019. Disponível em: <https://cloudacademy.com/blog/microservices-architecture-challenge-advantage-drawback/>. Acesso em: 09 fev. 2022.

NEWMAN, S. **Building Microservices:** designing fine-grained systems. Sebastopol, CA: O'Reilly, 2015.

NEWMAN, S. **Monolith to Microservices:** evolutionary patterns to transform your monolith. Sebastopol, CA: O'Reilly, 2019.

NEWMAN, S. Should I use microservices? Considerations for when – and when not – to apply microservices in your organization. **O'Reilly**, Feb. 11, 2020. Disponível em: <https://www.oreilly.com/content/should-i-use-microservices/>. Acesso em: 12 fev. 2022.

O MANIFESTO REATIVO. **O Manifesto Reativo.** 16 set. 2014. (v. 2.0). Disponível em: <https://www.reactivemanifesto.org/pt-BR>. Acesso em: 11 fev. 2022.

O'REILLY. Velocity 09: John Allspaw and Paul Hammond, '10+ Deploys Per Day: Dev and Ops Cooperation at Flickr'. **YouTube**, 2019. Disponível em: <https://www.youtube.com/watch?v=LdOe18KhtT4>. Acesso em: 11 fev. 2022.

OSLAKE, M. et al. Azure SQL Database serverless. **Microsoft Docs**, Dec. 08, 2021. Disponível em: <https://docs.microsoft.com/en-us/azure/azure-sql/database/serverless-tier-overview>. Acesso em: 11 fev. 2022.

PASKIN, S. Why AIOps Needs Big Data and What That Means for You. **BMC blogs**, Nov. 16, 2017. Disponível em: <https://www.bmc.com/blogs/why-aiops-needs-big-data-and-what-that-means-for-you/>. Acesso em: 12 fev. 2022.

PRICE, E. et al. Backends for Frontends pattern. **Microsoft Docs**, 11 set. 2021. Disponível em: <https://docs.microsoft.com/en-us/azure/architecture/patterns/backends-for-frontends>. Acesso em: 10 fev. 2022.

PRODAN, S. Dockprom. **GitHub**, Dec. 22, 2021. Disponível em: <https://github.com/stefanprodan/dockprom>. Acesso em: 12 fev. 2022.

PROGRESS CHEF. Site. Disponível em: <https://www.chef.io/>. Acesso em: 11 fev. 2022.

PROJECT REACTOR. **Class Flux<T>.** Disponível em: <https://projectreactor.io/docs/core/release/api/reactor/core/publisher/Flux.html>. Acesso em: 11 fev. 2022.

PROJECT REACTOR. **Class Mono<T>.** Disponível em: <https://projectreactor.io/docs/core/release/api/reactor/core/publisher/Mono.html>. Acesso em: 11 fev. 2022.

PROJECT REACTOR. **Reactor-core 3.4.14.** Disponível em: <https://projectreactor.io/docs/core/release/api/>. Acesso em: 11 fev. 2022.

PROJECT REACTOR. Site. Disponível em: <https://projectreactor.io/>. Acesso em: 11 fev. 2022.

PUPPET. Site. Disponível em: <https://puppet.com/>. Acesso em: 11 fev. 2022.

QUERINO, D. Cloud AWS do Zero ao Deploy: uma aplicação Spring Boot na nuvem da AWS. **Medium**, 10 abr. 2020. Disponível em: <https://medium.com/@dorivalq/cloud-do-zero-ao-deploy-uma-aplica%C3%A7%C3%A3o-spring-boot-na-nuvem-da-aws-200398a731cf>. Acesso em: 11 fev. 2022.

R2DBC. Site. Disponível em: <https://r2dbc.io/>. Acesso em: 11 fev. 2022.

REACTIVE STREAMS. Reactive Streams Specification for the JVM. **GitHub**, June 15, 2021. Disponível em: <https://github.com/reactive-streams/reactive-streams-jvm>. Acesso em: 11 fev. 2022.

REACTIVE STREAMS. Site. Disponível em: <https://www.reactive-streams.org>. Acesso em: 11 fev. 2022.

REACTIVEX. **Class Subscriber<T>.** Disponível em: <http://reactivex.io/RxJava/javadoc/rx/Subscriber.html>. Acesso em: 11 fev. 2022.

REACTIVEX. Creating Observables. **GitHub**, Mar. 21, 2019. Disponível em: <https://github.com/ReactiveX/RxJava/wiki/Creating-Observables>. Acesso em: 11 fev. 2022.

REACTIVEX. RxJava – Reactive Extensions for the JVM. **GitHub**, Feb. 10, 2022. Disponível em: <https://github.com/ReactiveX/RxJava>. Acesso em: 11 fev. 2022.

REACTOR. Reactive-streams-commons. **GitHub**, Mar. 21, 2019. Disponível em: <https://github.com/reactor/reactive-streams-commons>. Acesso em: 11 fev. 2022.

RED HAT DEVELOPERS. **Istio Service Mesh Deep Dive.** Disponível em: <https://developers.redhat.com/devnation/deep-dive/istio>. Acesso em: 11 fev. 2022.

RED HAT. **Red Hat OpenShift x Kubernetes.** 30 jul. 2020. Disponível em: <https://www.redhat.com/pt-br/topics/containers/red-hat-openshift-kubernetes>. Acesso em: 11 fev. 2022.

REDHAT HYBRID CLOUD. **What was CoreOS and CoreOS Container Linux?** May 26, 2020. Disponível em: <https://cloud.redhat.com/learn/topics/coreos>. Acesso em: 11 fev. 2022.

REDOCLY. Redoc. **GitHub**, Feb. 09 2022. Disponível em: <https://github.com/Redocly/redoc>. Acesso em: 10 fev. 2022.

RICHARDSON, C. **Microservices Patterns:** with examples in Java. Shelter Island, NY: Manning, 2019.

RICHARDSON, C. Pattern: 3rd Party Registration. **Microservices Architecture**, s.d. Disponível em: <https://microservices.io/patterns/3rd-party-registration>. Acesso em: 10 fev. 2022.

RICHARDSON, C. Pattern: API Gateway/Backends for Frontends. **Microservice Architecture**, s.d. Disponível em: <https://microservices.io/patterns/apigateway.html>. Acesso em: 10 fev. 2022.

RICHARDSON, C. Pattern: Client-side service discovery. **Microservices Architecture**, s.d. Disponível em: <https://microservices.io/patterns/client-side-discovery>. Acesso em: 11 fev. 2022.

RICHARDSON, C. Pattern: Monolithic Architecture. **Microservice Architecture**, s.d. Disponível em: <https://microservices.io/patterns/monolithic.html>. Acesso em: 10 fev. 2022.

RICHARDSON, C. Pattern: Self Registration. **Microservices Architecture**, s.d. Disponível em: <https://microservices.io/patterns/self-registration>. Acesso em: 10 fev. 2022.

RICHARDSON, C. Pattern: Server-side discovery. **Microservices Architecture**, s.d. Disponível em: <https://microservices.io/patterns/server-side-discovery>. Acesso em: 10 fev. 2022.

RICHARDSON, C. Pattern: Service registry. **Microservices Architecture**, s.d. Disponível em: <https://microservices.io/patterns/service-registry>. Acesso em: 10 fev. 2022.

RICHARDSON, C. Refactoring a monolith to microservices. **Microservices Architecture**, s.d. Disponível em: <https://microservices.io/refactoring/>. Acesso em: 17 fev. 2022.

RICHARDSON, C. Service Discovery in a Microservices Architecture. **Nginx**, Oct. 12, 2015. Disponível em: <https://www.nginx.com/blog/service-discovery-in-a-microservices-architecture>. Acesso em: 10 fev. 2022.

ROBERTS, M. Serverless Architectures. **MartinFowler.com**, May 22, 2018. Disponível em: <https://martinfowler.com/articles/serverless.html>. Acesso em: 11 fev. 2022.

RSOCKET. Site. Disponível em: <https://rsocket.io/>. Acesso em: 11 fev. 2022.

SACOLICK, I. What is CI/CD? Continuous integration and continuous delivery explained. **InfoWorld**, Jan. 17, 2020. Disponível em: <https://www.infoworld.com/article/3271126/what-is-cicd-continuous-integration-and-continuous-delivery-explained.html>. Acesso em: 12 fev. 2022.

SADALAGE, P. J.; FOWLER, M. **NoSQL Essencial:** um guia conciso para o mundo emergente da persistência poliglota. Rio de Janeiro: Novatec, 2013.

SALT PROJECT. Site. Disponível em: <https://saltproject.io/>. Acesso em: 11 fev. 2022.

SCHABOWSKY, J. Microservices Choreography vs Orchestration: the benefits of choreography. **Solace**, Nov. 26, 2019. Disponível em: <https://solace.com/blog/microservices-choreography-vs-orchestration/>. Acesso em: 10 fev. 2022.

SINGH, R. Microservice Orchestration Vs Choreography. **Softobiz**, Aug. 09, 2019. Disponível em: <https://softobiz.com/microservice-orchestration-vs-choreography/>. Acesso em: 10 fev. 2022.

SPINNAKER. **Concepts.** Disponível em: <https://spinnaker.io/docs/concepts/>. Acesso em: 12 fev. 2022.

SPRING I/O. Benefits of reactive programming with Reactor and Spring Boot 2 by Violeta Georgieva. **YouTube**, 2019. Disponível em: <https://www.youtube.com/watch?v=ODzY5uJfzDI&t=7s>. Acesso em: 11 fev. 2022.

SPRING INITIALIZR. Site. Disponível em: <https://start.spring.io/>. Acesso em: 11 fev. 2022.

SPRING. **Building a RESTful Web Service.** Disponível em: <https://spring.io/guides/gs/rest-service/>. Acesso em: 11 fev. 2022.

SPRING. **Cloud.** Disponível em: <https://spring.io/cloud>. Acesso em: 10 fev. 2022.

SPRING. **Microservices.** Disponível em: <https://spring.io/microservices>. Acesso em: 10 fev. 2022.

SPRING. **Projects.** Disponível em: <https://spring.io/projects>. Acesso em: 10 fev. 2022.

SPRING. **Reactive.** Disponível em: <https://spring.io/reactive>. Acesso em: 11 fev. 2022.

SPRING. **Web on Reactive Stack.** Version 5.3.15. Last updated Jan. 13, 2022. Disponível em: <https://docs.spring.io/spring-framework/docs/current/reference/html/web-reactive.html>. Acesso em: 11 fev. 2022.

SPRING. **WebFlux framework:** Part V. The Web. Disponível em: <https://docs.spring.io/spring-framework/docs/5.0.0.M5/spring-framework-reference/html/web-reactive.html>. Acesso em: 11 fev. 2022.

STACK OVERFLOW. **Orchestration vs. Choreography.** Last active 12 nov. 2021. Disponível em: <https://stackoverflow.com/questions/4127241/orchestration-vs-choreography>. Acesso em: 10 fev. 2022.

STETSON, C. MRA, Part 6: implementing the circuit breaker pattern with NGINX Plus. **NGINX**, Nov. 10, 2016. Disponível em: <https://www.nginx.com/blog/microservices-reference-architecture-nginx-circuit-breaker-pattern/>. Acesso em: 11 fev. 2022.

STOPLIGHT. Site. Disponível em: <https://stoplight.io/>. Acesso em: 10 fev. 2022.

SUN. **System Administration Guide, Volume 1.** Palo Alto, CA: Sun Microsystems, Feb. 2000.

SURIANARAYANAN, C.; GANAPATHY, G.; RAJ, P. **Essentials of Microservices Architecture:** paradigms, applications, and techniques. Boca Raton, FL: CRC Press, 2019.

SWAGGER EDITOR. Site. Disponível em: <https://editor.swagger.io/>. Acesso em: 10 fev. 2022.

TABER, N. Deploying Java Microservices on Amazon Elastic Container Service. **AWS Compute Blog**, July 11, 2017. Disponível em: <https://aws.amazon.com/pt/blogs/compute/deploying-java-microservices-on-amazon-ec2-container-service/>. Acesso em: 11 fev. 2022.

TANENBAUM, A. S.; VAN STEEN, M. **Sistemas Distribuídos:** princípios e paradigmas. 2.ed. São Paulo: Pearson Prentice Hall, 2007.

TERRAFORM. **Download Terraform.** Disponível em: <https://www.terraform.io/downloads>. Acesso em: 11 fev. 2022.

TERRAFORM. **Providers.** Disponível em: <https://www.terraform.io/language/providers>. Acesso em: 11 fev. 2022.

TERRAFORM. **What is Terraform?** Disponível em: <https://www.terraform.io/intro>. Acesso em: 11 fev. 2022.

TESTCONTAINERS. Site. Disponível em: <https://www.testcontainers.org/>. Acesso em: 12 fev. 2022.

THE TWELVE-FACTOR APP. Site. Disponível em: <https://12factor.net/pt_br/>. Acesso em: 10 fev. 2022.

VERNON, V. **Domain-Driven Design Distilled.** Upper Saddle River, NJ: Addison-Wesley, 2016.

VICTOR, J. Micronaut: uma visão geral. **Medium**, May 22, 2019. Disponível em: <https://medium.com/@jvoliveiran/micronaut-uma-vis%C3%A3o-geral-1f640c5a7ad4>. Acesso em: 10 fev. 2022.

VMWARE TANZU. **Cloud native applications:** ship faster, reduce risk, and grow your business. Disponível em: <https://tanzu.vmware.com/cloud-native>. Acesso em: 10 fev. 2022.

WIKIPEDIA. **CAP theorem.** Disponível em: <https://en.wikipedia.org/wiki/CAP_theorem>. Acesso em: 12 fev. 2022.

WIKIPÉDIA. **Lei de Amdahl.** Disponível em: <https://pt.wikipedia.org/wiki/Lei_de_Amdahl>. Acesso em: 11 fev. 2022.

WIKIPÉDIA. **Neil J. Gunther.** Disponível em: <https://en.wikipedia.org/wiki/Neil_J._Gunther>. Acesso em: 11 fev. 2022.

WOLF, O. Lower coupling because of choreography. **Specify.io**, s.d. Disponível em: <https://specify.io/concepts/microservices#choreography>. Acesso em: 10 fev. 2022.

YANAGA, E. **Migrating to Microservice Databases:** from relational monolith to distributed data. Sebastopol, CA: O'Reilly, 2017. Disponível em: <https://developers.redhat.com/books/

migrating-microservice-databases-relational-monolith-distributed-data/>. Acesso em: 12 fev. 2022.

ZEMEL, T. Melhores práticas para uma API RESTful pragmática (parte 1). **DPW**, 12 set. 2016. Disponível em: <https://desenvolvimentoparaweb.com/miscelanea/api-restful-melhores-praticas-parte-1/>. Acesso em: 10 fev. 2022.

Dedicatória e agradecimentos

Dedico mais um livro aos amores da minha vida: meus filhos Lucas e Luisa, minha esposa Keila, meus pais Iracema e José Prado e meus irmãos Simone, Paulo e Sandra. Agradeço a Deus essa nova conquista e parabenizo o time organizador pelo comprometimento na curadoria e os coautores pela dedicação e excelência que resultou em mais uma obra incrível para nossa série da Jornada Colaborativa. Parabenizo o time organizador pela revisão técnica e em especial aos amigos Dorival Querino, Roan Brasil e Sandro Giacomozzi, pelo *sprint* final para a conclusão do livro. Agradeço a meus familiares e amigos da SulAmérica, Jornada Colaborativa e ADAXL pelas oportunidades de aprendizado e aos milhares de alunos, leitores e participantes das minhas palestras pela grande receptividade e troca de experiências que me tornam uma pessoa melhor a cada dia.

Antonio Muniz
Fundador da Jornada Colaborativa

Dedico minha participação neste livro à minha família, em especial à minha esposa Karina, pela compreensão e apoio nas longas horas de escrita e revisão. Registro também minha gratidão aos colegas que aqui conheci numa intensa jornada de compartilhamento de conhecimento cujo objetivo maior é a transformação pela educação.

Albert Xavier
Organizador e coautor da Jornada Microsserviços

Inicialmente, gostaria de agradecer a oportunidade de trocar experiências com os demais integrantes deste livro, pois realmente foi uma jornada com compartilhamento de conhecimento muito especial. Dedico esses esforços a toda a minha família, alunos e amigos; em especial, a minha esposa Charliana, meu filho Miguel, meus pais Luiz e Sandra e minha irmã Larissa. Acredito que os conhecimentos agregados neste livro poderão contribuir com o aprimoramento dos profissionais de TI na construção de serviços de organizações dos mais diferentes segmentos e tamanhos.

André Pontes Sampaio
Organizador e coautor da Jornada Microsserviços

Dedico todo esse esforço a minha família e a meus pais (Rômulo Terra Monteiro e Ana Maria Brasil Monteiro), que sempre trabalharam para me dar uma educação e poder atingir o sucesso na carreira. A meu irmão Rômulo Brasil Monteiro e seu filho (meu sobrinho). Dedico principalmente a minha esposa Bianca Bohs e meu filho Matheus Bohs Brasil Monteiro. Muitas vezes deixei de estar com eles para escrever este livro. A todas as pessoas que se beneficiarão com as vendas deste livro: que possam ter o mínimo de dignidade com essa ajuda de todos que se dedicaram em prol do próximo. Aos meus amigos e seguidores, espero que curtam e possam aproveitar esta obra.

Roan Brasil Monteiro
Líder da Jornada Microsserviços

Dedico esta obra a meu pai, Osvaldo Querino, e minha mãe, Maria das Mercês, que, com sacrifício, criaram oito filhos e, mesmo sem ter formação alguma e enfrentando condições muito difíceis, incutiram nos filhos a integridade e o espírito de luta na busca por uma vida melhor. Nossa mãe muitas vezes trabalhou na roça junto ao pai para não deixar faltar o pão de cada dia, enquanto incentivava os filhos a estudar, apontando o estudo como caminho para a realização dos sonhos.

Aos meus irmãos e irmãs, por todas as dificuldades que passamos juntos e vencemos, eles que sempre me incentivam a ser exemplo e ajudar outros a superar seus limites.

À minha esposa Marlene, meu filho Rafael, aos filhos que criei como se fossem meus próprios – Vagner Mattos e Carlos Eduardo Mattos –, pelos desafios que passamos juntos, pelas vezes que choramos e sorrimos, sabendo que tudo trouxe crescimento e uma experiência única que levaremos para toda a vida.

Aos idealizadores deste livro e tantos outros professores, mentores, criadores de conteúdo e influenciadores, que inspiram as pessoas a acreditar, a lutar pelos seus sonhos e a construir uma versão melhor de si mesmas.

Dorival Querino da Silva
Organizador e coautor da Jornada Microsserviços

Primeiramente, dedico este livro em especial à minha querida e amada esposa, pessoa especial e iluminada, Valquíria Bertossi, sempre presente nos momentos mais desafiadores da minha vida. Ao meu pai Issamu Enomoto (*in memoriam*) e à minha mãe Hisayo Enomoto, os quais sempre me apoiaram nas minhas iniciativas e nunca mediram esforços para que eu tivesse acesso à educação de qualidade. Ao meu irmão Juliano Hideo Enomoto e à minha irmã Fabiana Naomi Enomoto, o meu agradecimento, apesar da distância.

Dedico também aos meus amigos Antonio Muniz e Analia Irigoyen, por me apresentarem ao projeto Jornada Colaborativa e terem me concedido a honra de participar dessa incrível iniciativa.

Também agradeço aos meus grandes amigos Carmem Pereira e Enoque Borges pelo apoio incondicional e também pelas longas conversas e conselhos.

Norberto Hideaki Enomoto
Organizador e coautor da Jornada Microsserviços

Primeiramente, agradeço a oportunidade de estar rodeado de pessoas incríveis, que proporcionam um ambiente saudável, positivo e de crescimento. Minha família, que sempre me deu o suporte necessário para que pudesse correr atrás dos meus sonhos. Minha esposa Adriana e filha Isabela, que amo demais e são exemplos de organização e disciplina. Sem elas não teria forças para desempenhar um trabalho da mais alta qualidade exigido por este livro. Vocês duas me inspiram e me fornecem a energia necessária para essa escalada diária. Agradeço aos amigos da Jornada Colaborativa e em especial ao amigo Antonio Muniz pela confiança depositada.

Sandro Giacomozzi
Organizador e coautor da Jornada Microsserviços

Meus sinceros agradecimentos a todos que contribuíram com a escrita deste livro. Foi uma grande satisfação ajudar na coordenação deste time que demonstrou a força do trabalho em equipe. Ofereço este trabalho aos leitores que dedicam seu tempo e esforço para adquirir conhecimento e se preparar tecnicamente, pois acredito na equação Sorte = Preparo + Oportunidade. Este livro irá ajudá-lo a se preparar e espero que também lhe traga novas oportunidade para atingir seus objetivos. Quando alcançar seu objetivo alguns dirão que foi sorte, mas só você saberá o quanto se esforçou.

Eduardo Costa
Organizador e coautor da Jornada Microsserviços

Sobre os autores e curadores

Abraão Santos	<https://www.linkedin.com/in/abraao-santos/>	Nascido em Campinas-SP, formado em Ciência da Computação pela Universidade Federal de Campina Grande (UFCG). Atua na área de TI desde 2008 passando por empresas como Accenture e Qintess. Trabalha atualmente na Astek Canadá atuando como líder técnico em um projeto para um cliente do setor financeiro.
Albert Xavier	<https://www.linkedin.com/in/albertcx/>	Bacharel em Ciência da Computação (2001) e mestre em Engenharia Elétrica/Inteligência Artificial (2011). Atualmente é professor e coordenador de pós-graduação em regime parcial na Fiap. Possui experiência na área de ciência da computação com ênfase em desenvolvimento, arquitetura de sistemas, *machine learning* e visão computacional.
André Pontes Sampaio	<https://www.linkedin.com/in/andre-pontes-sampaio/>	Mestre em Engenharia de Telecomunicações, MBA em Gerenciamento de Projetos e formado em Ciência da Computação. Mais de 15 anos de experiência no mercado de TI. Experiência profissional como Diretor de Operações e Infraestrutura, além de ter atuado como líder e consultor técnico em instituição do governo do estado de SP e empresas do setor financeiro e de telecomunicações. Professor de cursos de MBA da FIAP.
Antonio Muniz	<https://www.linkedin.com/in/muniz-antonio1/>	Apaixonado por pessoas, agilidade, colaboração, comunidades, *DevOps*, empreendedorismo, inovação, *lean*, liderança, *startups*, tecnologia, facilitação e palestras. Fundador da Jornada Colaborativa, *host* do JornadaCast, professor de MBA, mentor, escritor e produtor de videoaulas.
Carmem Pereira	<http://www.linkedin.com/in/carmemalcantara>	Casada, mãe do Pedro e do Lucas, que são sua maior realização pessoal. Adora estar com a família vivendo alegrias contidas em simples momentos. Possui mais de 20 anos de experiência em TI atuando em análise, design e desenvolvimento de soluções para empresas no segmento de telecomunicações. Na busca contínua de aprendizado tem focado nos modelos ágeis e em transformação digital. Acredita no sucesso do trabalho em equipe onde há colaboração e troca de boa energia! Atualmente é colaboradora da DXC Technology desempenhando o papel de especialista de integração.

Daniel Gomes	<http://linkedin.com/in/daniel-gomes-97525523>	Formado em Ciência da Computação e Mestre em Sistema e Computação, com mais de 10 anos de experiência na área de TI. Atua há cinco anos como Arquiteto de Software e em projetos de integração e entrega contínua como solução de entrega. Também um entusiasta de *DevOps* e *cloud native*.
Dorival Querino	<dorival.querino@gmail.com>	*Tech Lead* na empresa Zup Innovation, especialista em *cloud* e AWS, coordenador e coautor na Jornada Colaborativa, ajuda *Devs* Java a obter o melhor da computação em nuvem e da arquitetura de microsserviços.
Edgar Silva	<https://www.linkedin.com/in/jedgarsilva/>	Profissional de tecnologia desde 1997. Antes de atuar como líder de desenvolvimento de negócios na 42Crunch Inc, uma empresa da Inglaterra focada em segurança de APIs, passou por diversos fabricantes de tecnologia, como Borland, Sun, Red Hat, Oracle, MuleSoft e WSO2. Atuou em vários projetos e iniciativas de APIs e integrações, especialmente relacionados à transformação de negócios em diversos setores e países. Palestrante em eventos no Brasil e exterior, está sempre em busca de novas oportunidades de resolver problemas complexos da maneira mais simples possível.
Eduardo Costa	<https://www.linkedin.com/in/educostadev/>	Desenvolvedor especialista em arquitetura microsserviços e *cloud*, adora compartilhar conhecimento, mentorar e contribuir para o desenvolvimento das pessoas. Sua missão é ajudar desenvolvedores a construir e "deployar" aplicações nativas para as nuvens que sejam seguras, escaláveis e resilientes.
Felipe Santos	<https://www.linkedin.com/in/felipesantos-architect-solutions/>	Arquiteto de soluções, com mais de 12 anos de experiência na área de tecnologia, é apaixonado pela profissão e busca conhecimento contínuo. Participa ativamente como criador e multiplicador em eventos de *cloud* nos estados do Rio Grande do Sul e Santa Catarina. Palestrante e idealizador do CloudUP e Cloudtalks.
Igor Simões	<https://www.linkedin.com/in/krishnarupa/>	Profissional com 10 anos de experiência na área de monitoração e desempenho de aplicações. Trabalha desde os primeiros dias do APM até os conceitos mais atuais de observabilidade, SRE e *AIOps*. Possui vasta experiência com empresas de grande porte auxiliando na monitoração e na análise de comportamento das aplicações. No momento atua como *Principal Sales Engineer* para LATAM. Nas horas vagas dedica-se a pedalar e voar de parapente.
João Gilberto Magalhães	<https://www.linkedin.com/in/joaogilberto>	Carioca, desde 1992 trabalhando profissionalmente com computadores, contribuiu ativamente para o crescimento das *startups* de que participou, como Peixe Urbano e Maxmilhas.

Jonas Santos	https://www.linkedin.com/in/jonasvsantos/	Engenheiro de Software na AgileThought com mais de 10 anos de experiência. Formado em análise e desenvolvimento de sistemas e pós-graduado em arquitetura de software distribuídos, entusiasta de *cloud* e *DevOps*. Apaixonado por tecnologia, rock e churrasco.
Kamila Santos	<https://www.linkedin.com/in/kamila-santos-oliveira/>	Desenvolvedora *backend* na Ame Digital, trabalhando desde 2017 na área de tecnologia. Microsoft MVP na categoria de *Developer Technologies*, coautora do livro "Jornada Java", co-organizadora das comunidades WomakersCode, Perifacode e DevsJavagirls e criadora de conteúdo no Instagram e YouTube (kamila_code).
Karina Moraes	<https://www.linkedin.com/in/karinamoraes/>	Bacharel em ciência da computação com mais de 10 anos de experiência como engenheira de software no Brasil e na Austrália. Amplo conhecimento e experiência em sistemas de alta disponibilidade, arquitetura *cloud* e de microsseviços, sistemas de busca, *big data* e qualidade de software. Atualmente é engenheira e *tech manager* do time responsável pelas ferramentas e plataforma de *continuous integration* e *continuous delivery* no Nubank.
Natália Gonçalves Rosa	<https://www.linkedin.com/in/nataliagoncalvesrosa>	Desenvolvedora Java na Cartões Elo, atuando em projetos de desenvolvimento de software utilizando comunicação assíncrona em microsserviços para a área financeira. É incentivadora de mulheres na programação, apaixonada por ensinar e viajar o mundo.
Norberto Hideaki Enomoto	<norberto.enomoto@gmail.com>	Arquiteto de Soluções com perfil mão na massa. Formado em Ciência da Computação pela Universidade Federal de Viçosa. Pós-graduado em Gerenciamento de Projetos pela Universidade Federal do Rio de Janeiro e Internet das Coisas (IoT) pelo Instituto Nacional de Telecomunicações. Atualmente tem liderado projetos de transformação digital utilizando tecnologias como arquitetura de microsserviços, APIs, *DevSecOps* e internet das coisas.
Otavio Santana	<https://www.linkedin.com/in/otaviojava/>	Engenheiro de software com grande experiência em desenvolvimento *open source*, com diversas contribuições ao JBoss Weld, Hibernate, Apache Commons e outros projetos. Focado em desenvolvimento poliglota e aplicações de alto desempenho, trabalhou em grandes projetos nas áreas de finanças, governo, mídias sociais e *e-commerce*. Membro do comitê executivo do JCP e de vários *Expert Groups* de JSRs, é também *Java Champion* e recebeu os prêmios *JCP Outstanding Award* e *Duke's Choice Award*.
Pedro Luiz da Silva Pereira	<https://www.linkedin.com/in/pedro-luiz-da-silva-pereira/>	Especialista em TI com mais de 21 anos de experiência trabalhando com foco em desenvolvimento, coordenação, implantação e análise, *briefings* de soluções, provas de conceito, sessões de design de arquitetura, integração, planejamento, organização, resolução de problemas e responsável por garantir a solução: qualidade, desempenho, inovação e segurança.

Regiane Moura Mendonça	<https://www.linkedin.com/in/regianemendoncarh/>	Consultora Especialista em RH, mais de 20 anos de experiência na área e atuação em empresas de várias nacionalidades e segmentos em cargos de gestão. Envolvida com o segmento de tecnologia, participa de projetos voltados para práticas ágeis com foco em RH Ágil. Proprietária da consultoria Regiane Mendonça Consult Training e *Head* de Gente e Gestão de empresa de tecnologia. Administradora de Empresas, com MBA em Gestão de Pessoas, pós-graduada em Design Instrucional e pós-graduanda em Gestão Ágil, Gestão Estratégica de RH e Gestão *Tech-Driven* de Negócios.
Roan Brasil Monteiro	<https://www.linkedin.com/in/roanbrasil/>	Nascido em Cachoeiro de Itapemirim (ES) e criado na Bahia. Bacharelado em Sistemas de Informação na UNIME, especialização em Engenharia de Software na Unicamp e MBA em Gestão em Tecnologia da Informação na FGV. Tem trabalhado com TI há mais de 14 anos (já trabalhou na IBM, Getnet, FATEC-Americana, Cielo, Comexport e FIAP) e vive hoje em Montreal trabalhando alocado pela Astek Canada em um grande banco canadense. Escreveu o livro "Jornada Microsserviços", está envolvido no projeto Eclipse NoSQL na revisão da documentação e escreve artigos em diversas fontes. Além disso, é JCP Member e um dos organizadores do Jornada Summit.
Rodrigo Branas	<https://www.linkedin.com/in/rodrigobranas/>	Arquiteto de software, professor, autor e palestrante, especializado na linguagem *JavaScript* e com mais de 20 anos de experiência. Atualmente é CTO de uma empresa que desenvolve soluções para a área de educação, com mais de mil clientes em todo o país. Além disso, possui um canal no YouTube onde fala sobre Vue.js, Node, *JavaScript*, testes, microsserviços, API, HTTP, *REST*, GraphQL e muito mais!
Rodrigo Moutinho	<https://www.linkedin.com/in/rcmoutinho/>	Engenheiro de software e entusiasta *DevOps*, dedica sua carreira a ajudar desenvolvedores a automatizar a entrega do projeto sem precisar perder fins de semana ou depender de uma única pessoa (o herói do time). Palestrante e coordenador em eventos como Campus Party, The Developer's Conference e Oracle CodeOne, compartilha dicas de *DevOps* e automação de software no projeto cyborgdeveloper.tech.
Ronaldo Fernandes	<https://www.linkedin.com/in/ronaldolf/>	Consultor e Arquiteto de Soluções com mais de 20 anos de experiência na definição de arquiteturas, *mentoring*, liderança técnica, solução de problemas críticos, desenvolvimento de software e suporte a vendas. Já trabalhou em projetos para diversas áreas, como saúde, comunicação, educação e petróleo e gás. É um desenvolvedor e arquiteto de software prático e possui fortes habilidades em nuvem, segurança, SOA, microsserviços, desenvolvimento e integração de sistemas.

Sandro Giacomozzi	<https://www.linkedin.com/in/sandrogiacomozzi>	Especialista em TI. Ajuda desenvolvedores Java que trabalham em aplicativos corporativos a se tornar especialistas em Java e *DevOps* praticando as habilidades certas. Voluntário e palestrante. Seu objetivo na indústria de software é tornar as organizações e as pessoas mais ágeis por meio de processos e ferramentas, com entregas mais rápidas, eficientes e de qualidade. Pessoas e tecnologia alinhadas à satisfação e entrega do cliente.
Vinicius Ferraz	<https://www.linkedin.com/in/viniciusfcf/>	Arquiteto de Soluções e Especialista em *middleware* na Red Hat. Atua no desenvolvimento e na arquitetura de soluções Java, Jakarta EE e MicroProfile com grandes volumes de transações. Gosta de compartilhar seu conhecimento sobre Quarkus e MicroProfile no YouTube.
Vitor Miranda	<https://www.linkedin.com/in/vitorgomesmiranda/>	Bacharel em Sistemas de Informação, atualmente *Tech Lead* na Saks, entusiasta de tecnologia e desenvolvimento, com vasta experiência em desenvolvimento de software desde 2010, passando por empresas como BRQ, Santander, BTG/Beyond, e atuando em diversos projetos com várias tecnologias diferentes, como Kotlin, Spring Boot, Microunaut, Dropwizard, NodeJs, dentre outras.

Jornada Kanban na prática

Jornada Business Agility

Jornada do Ágil Escalado

Jornada Ágil de Liderança

Jornada Ágil do Produto

Jornada Saudável

Jornada Ágil de Qualidade

Jornada Ágil e Digital

Jornada DevOps 2ª edição

À venda em: www.brasport.com.br

Este livro foi impresso nas oficinas gráficas da Editora Vozes Ltda.,
Rua Frei Luís, 100 – Petrópolis, RJ.